中等职业学校示范校建设成果教材

基础会计

主　编　陈祥锦
副主编　兰享华　郑秋燕　曾荔军　林晓楠
参　编　姜亚南　陈文霞　陈文贞　林　琦
陈一方　董悠然　陈如凯　刘世娟　刘千千

机械工业出版社

本书紧密结合会计岗位的实际工作，共设计了 9 个模块的内容，即基础会计的认知、会计科目与账户、复式记账、会计凭证、工业企业主要经济业务核算、账簿、财产清查、财务会计报告和账务处理程序。每个模块都设置了岗位工作情景、岗位学习目标、工作案例、活动资料、基础知识和拓展知识，充分体现了理实一体化教学的理念，注重培养学生的实际操作能力，也完全符合中职教学倡导的“岗位主导、因能分层”工学结合的人才培养模式。

本书可作为中等职业学校会计及会计电算化专业的教材，也可作为会计人员培训或自学的参考用书。

图书在版编目（CIP）数据

基础会计/陈祥锦主编．—北京：机械工业出版社，2014.8（2020.10 重印）
中等职业学校示范校建设成果教材
ISBN 978-7-111-48027-3

Ⅰ．①基…　Ⅱ．①陈…　Ⅲ．①会计学—中等专业学校—教材
Ⅳ．①F230

中国版本图书馆 CIP 数据核字（2014）第 216539 号

机械工业出版社（北京市百万庄大街 22 号　邮政编码 100037）
策划编辑：李　兴　　责任编辑：李　兴　及美玲
版式设计：霍永明　　责任校对：马丽婷
封面设计：路恩中　　责任印制：常天培
涿州市般润文化传播有限公司印刷
2020 年 10 月第 1 版第 5 次印刷
184mm×260mm・14 印张・345 千字
标准书号：ISBN 978-7-111-48027-3
定价：34.00 元

电话服务　　网络服务
客服电话：010-88361066　　机　工　官　网：www.cmpbook.com
010-88379833　　机　工　官　博：weibo.com/cmp1952
010-68326294　　金　书　网：www.golden-book.com
封底无防伪标均为盗版　　机工教育服务网：www.cmpedu.com

前　　言

基础会计是中等职业学校会计及会计电算化专业的主干课程。为了更好地对学生进行专业知识和技能教育，提高其岗位从业能力，以满足市场经济和社会发展对实用型人才的迫切需要，我们精心编写了这本以“岗位行动为导向，工学结合”的《基础会计》教材。

本教材的主要特点如下：

（1）岗位主导、因能分层。本教材根据会计岗位的要求，以岗位技能为导向，做到课程对接岗位；同时，考虑到学生的水平参差不齐，将内容分为基本知识和拓展知识，做到因能分层、因材施教。

（2）理实一体、强化技能。本教材以通俗易懂的文字阐述了会计的基本理论、基本方法。同时，根据中等职业教育“以能力为本位”的要求，结合中等职业学生的特点，大量引用企业实际的经济业务案例，强化技能训练，以培养学生的实际操作能力。

（3）内容精练、简明易懂。本教材以基础理论适用、够用为原则，尽量压缩篇幅，删繁就简。

（4）校企合作、工学结合。本教材由多年教学经验丰富的教师们编写，校企合作的企业家参与了有关情况的调研、大纲的拟定和教材定稿工作，可以说凝聚着校企双方的智慧。

本教材由福建经济学校高级讲师陈祥锦任主编，与福州诚仕达税务师事务所所长、高级会计师曾政林，福州浩然光电有限公司财务总监、高级会计师黄福泉共同负责调研、拟定编写大纲及全书的统稿、修改、定稿工作。兰享华、郑秋燕、曾荔军、林晓楠任副主编。其他参编人员有：姜亚南、陈文霞、陈文贞、林琦、陈一方、董悠然、陈如凯、刘世娟、刘千千。

由于水平有限，加之时间仓促，虽然编者作出了极大努力，但书中难免仍存在疏漏和不足之处，敬请广大专家、读者批评指正。

编　者

目　录

模块一 基础会计的认知

【岗位工作情景】

在古代，人们以“银子”作为货币进行交易，通常店铺老板想要知道当期是赚还是亏，要由算账先生使用算盘计算出当期的账目。现如今，随着人类社会的发展，货币的形式已经发生改变，交易的方式也变得多样化，那么，算账的方式又发生了怎样的变化呢？

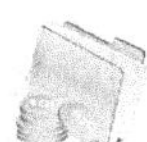

【岗位学习目标】

一、岗位知识目标

1. 理解会计的概念、职能和特点。
2. 理解并掌握会计的对象、六大会计要素的概念、特征和分类。

3. 理解并掌握会计等式的不同表现形式和会计事项引起资产和权益变化的类型。
4. 明确会计核算方法的组成内容和相互联系。
5. 了解会计机构、会计人员和会计规范的相关知识。
6. 了解会计核算的基础。

二、岗位能力目标

1. 了解企业会计工作机构和工作内容，熟悉企业资金运作情况。
2. 通过实际操作，能够独立对企业发生的业务进行要素分析。
3. 具有较强的确认各会计要素的能力，以及分析经济业务对会计等式的影响的能力。

三、职业素养目标

1. 了解财务、会计基本法规制度，树立法制观念。
2. 熟悉企业对会计人员的素质要求，增强责任意识，初步建立对会计工作的职业情感。
3. 认识会计在企业中的意义，树立为企业理财的使命感。

任务一　认识会计的由来

工作案例

将西方历史上各会计发展的产物与各时期画线对应。

意大利　　威尼斯簿记法
古埃及　　录事
原始社会　　结绳记事

活动资料

将我国历史上各会计发展的产物与各时期画线对应。

会计名词出现	唐朝
账簿	西周
四柱清册结账法	明清时期
龙门账	宋朝

基础知识

一、会计概述

1．会计的产生和发展

物质资料的生产是人类社会赖以存在和发展的基础。在人类社会发展的初级阶段，人们就逐步认识到了记录生产过程、计算生产成果数量以及对比“所耗”与“所得”关系的必要性。人们在进行生产活动的同时，必然会产生对生产耗费和生产成果进行观察、计量以至记录和比较的要求，这正是会计产生的根本原因。

我国“会计”一词最早出现在西周，管钱粮的专职官员进行“月计月会”。宋朝初期出现了采用“四柱清册”，即“旧管”（上期结存）+“新收”（本期收入）−“开除”（本期支出）=“实在”（本期结存）的平衡公式进行记账。这是我国会计学科发展过程中的一个重大成就，为我国传统的记账方法奠定了理论基础。明朝开始以货币作为统一计量单位，明末清初民间商业组织使用“龙门账”把会计科目划分为“进（各项收入）”“缴（各项支出）”“存（各项资产）”“该（各项负债及资本）”，其相互关系为“进−缴=存−该”，分别编制“进缴表”和“存该表”，双轨计算盈亏，并在办理结算时验证两方差额是否相等，人们把这种检查账目平衡的方法形象地称为“合龙门”，“龙门账”也由此而来。

在西方，会计的萌芽也很早。如古埃及法老设有专职“录事”，管理宫廷的税赋收入和官吏俸禄、军饷等各项支出。古巴比伦在金属或瓦片上作商业交易的记录。在古印度，有公社记账员等，它们对会计的发展都作出了很大的贡献。但作为专门的记账方法，是13世纪以后才出现的。13世纪初期，在欧洲，地中海沿岸封建社会开始解体，资本主义开始萌芽。意大利的佛罗伦萨出现高利贷者，他们从官吏、富商手中将闲散钱财聚集起来，放给手工业者。用“借”和“贷”分别反映其业务，这是借贷记账法的萌芽，称为“威尼斯簿记法”。1494年，意大利数学家卢卡·帕乔利在《算术、几何、比与比例概要》中的“簿记论”一章中，系统地总结了借贷记账法。被公认为是最早形成文字的复式记账法，也是会计发展史上的一个重要里程碑。

2．会计的概念

会计是以货币为主要计量单位，采用专门的方法，对单位的经济活动进行核算和监督，旨在向企业内、外部的会计信息使用者提供反映企业财务状况、经营成果和现金流量相关信息的管理活动。

二、会计的特点

1．以货币为主要计量单位

对于经济活动过程和结果的数量反映，可以采用三种会计计量的尺度：实物量度（千克、台、件等）、劳动量度（劳动日、工时等）、货币量度（元、角、分等），由于经济活动的复杂性，只有使用统一的货币量度才能综合反映和比较不同类别的经济活动及其结果，取得经营管理所必需的核算资料。因此，会计应以货币量度为主要计量单位，将实物量度和劳动量度作为辅助计量单位。

2．以会计凭证为核算依据

会计凭证是记录经济业务发生或完成情况的书面证明。只有严格以审核无误的合法凭证为依据，才能取得真实可靠的经济信息，保证核算资料的真实性和合法性。

3．所提供的会计信息具有全面性、综合性、连续性和系统性

会计具有一整套科学实用的专门方法，它以货币为主要计量单位，对本单位发生的能以货币计量的全部经济业务进行核算，休现出会计信息具有仝面性和综合性，会计以专门的技术方法，按照经济业务发生的顺序进行连续、系统、全面地记录和计算，为企业经营管理提供必要的经济信息。

三、会计的职能

会计职能是指会计在经济管理中所具有的功能，即会计是做什么的。会计的职能很多，但会计界已达成共识的只有两个，称之为基本职能。会计的基本职能可以概括为：会计核算和会计监督。

1．会计核算职能

会计核算职能也称反映职能，会计核算是以货币为主要计量单位，通过确认、计量、记录、计算和报告等环节，对各单位的经济活动进行记账、算账和报账，以便真实、完整、准确、及时地反映企业、单位的经济活动情况。

2．会计监督职能

会计监督职能也称控制职能，利用会计核算的信息对经济活动全过程的合法性、合理性和有效性进行控制和指导。会计监督是对经济活动全过程的监督；会计主要利用货币计价进行监督，同时也要进行实物监督。会计监督是单位的内部监督，是外部监督不可替代的。

四、会计工作组织

会计工作组织是会计工作的基本环节，主要包括会计机构的设置、会计人员的配备以及会计规范的制定和执行。科学、正确地组织会计工作，对于顺利完成会计任务，充分发挥会计在经济管理中的作用具有重要意义。

1．会计机构

（1）会计机构的设置。《中华人民共和国会计法》（以下简称《会计法》）对各单位是否设置会计机构和如何设置会计机构，提出了三个层次的规定：一是单独设置会计机构；二是在有关机构中设置会计人员并指定会计主管人员；三是不具备设置条件的，应当委托批准设立从事代理记账业务的中介机构代理记账，代理记账的中介机构一般是指会计咨询、服务机构，以及会计师事务所等。

内部会计机构设置上，要以内部稽查制度和钱账分管制度为前提。内部稽查制度是指会计机构内部指定专人对会计核算工作进行自我检查或审核的制度；钱账分管制度又称内部牵制制度，是指凡是涉及款项和财务收付、结算以及登记的任何一项工作，必须由两人或两人以上分工办理的一种工作制度。

（2）会计工作岗位的设置。会计工作岗位是指一个单位会计机构内部根据业务分工而设置的职能岗位。会计工作岗位一般可分为：总会计师（或行使总会计师职权）、会计机构负责人或者会计主管人员、出纳、财产物资核算、工资核算、成本费用核算、财务成果核算、资金核算、往来结算、总账报表、稽核、档案管理等。

会计工作岗位可以一人一岗、一人多岗或者一岗多人。但出纳人员不得兼管稽核、会计档案保管和收入、费用、债权债务账目的登记工作。在会计机构内部设置会计工作岗位，有利于明确分工和确定岗位职责，建立岗位责任制。会计人员的工作岗位应当有计划地进行轮换。通过定期轮换，有利于会计人员全面熟悉会计业务，不断提高业务素质，而且也有助于防止违法乱纪的发生，保护会计人员。

2．会计人员

会计人员是指具体承担一个单位会计工作的人员，是从事会计工作的专职人员。合理配备会

计人员是各单位会计工作得以正常开展的重要条件。

（1）会计人员的从业资格。我国《会计法》和《会计从业资格管理办法》规定：会计人员必须具有相应的会计从业资格。而会计从业资格证书则是会计人员从事会计工作的必备资格证书，也是从事会计行业所必须的、唯一的、合法的有效证件，是会计人员进入会计行业的门槛。

（2）会计人员的专业职务。会计人员的专业职务，由各单位根据会计工作需要，在规定的限额和批准的编制内，依据会计人员的学历、从事会计工作的年限、业务水平和工作能力等任职条件，并通过国家组织的会计人员专业技术资格统一考试，评聘相应的专业技术职务。会计人员专业职务分为高级会计师、会计师、助理会计师和会计员，高级会计师为高级职务，会计师为中级职务。助理会计师和会计员为初级职务。

目前，国家每年定期对初级、中级会计专业技术职务资格实行全国统一考试，以考代评，确认任职资格。从2003年开始，确定高级会计专业技术职务资格实行考试与评审相结合的评价办法，经考试合格后才能参与评审。

（3）会计人员的职责权限

1）会计人员的职责。

① 进行会计核算。会计人员必须根据实际发生的经济业务事项进行会计核算，填制会计凭证，登记会计账簿，编制财务会计报表。真正做到账证相符、账账相符、账表相符；做到手续完备、内容真实、数字准确，如实反映财务状况和经营成果。

② 实行会计监督。会计人员必须按照有关规定，对本单位经济活动的合法性、合理性进行监督。

③ 拟定适合本单位办理会计事项的具体办法。各单位要根据国家各项会计法规和其他相关规定结合本单位的实际情况，制定办理会计事项的具体办法。

2）会计人员的权限。

① 会计人员有权要求本单位有关部门、人员严格遵守国家的财经纪律和财务会计制度，认真执行国家和上级主管部门批准的计划和预算。

② 会计人员有权履行其管理的职能，即有权参与本单位编制计划、制定定额、签订经济合同，参加有关生产、经营管理的会议并提出自己的意见和建议。

③ 会计人员有权监督和检查本单位有关部门的财务收支、资金使用和财产保管、收发、计量、检验等情况。

④ 会计人员有权要求本单位领导、上级机关或执法部门对会计人员如实反映的严重损害国家利益和严重违法乱纪行为进行认真、及时地调查处理，并及时反馈处理决定。

3．会计法规

目前我国已经建立了以《会计法》为中心，国家统一会计制度为基础，以及与其他相关规章相配合的，比较系统、完整的会计法规体系。我国会计法规体系可分为会计法律、会计法规、会计制度三个层次。

（1）会计法律。会计法律是指全国人民代表大会及其常务委员会经过一定立法程序制定的有关会计工作的法律。它是调整我国经济生活中会计关系的法律总规范。《会计法》是我国会计工作的根本大法，是会计行为的最高法律规范。

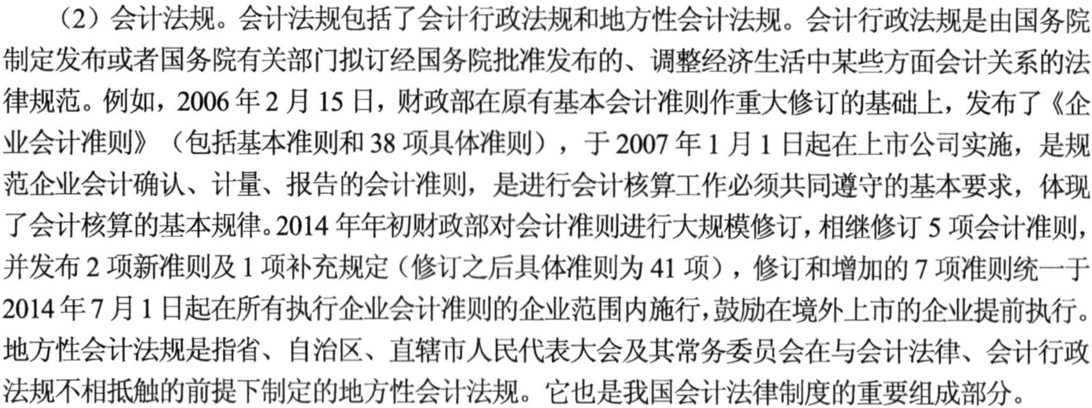

（2）会计法规。会计法规包括了会计行政法规和地方性会计法规。会计行政法规是由国务院制定发布或者国务院有关部门拟订经国务院批准发布的、调整经济生活中某些方面会计关系的法律规范。例如，2006年2月15日，财政部在原有基本会计准则作重大修订的基础上，发布了《企业会计准则》（包括基本准则和38项具体准则），于2007年1月1日起在上市公司实施，是规范企业会计确认、计量、报告的会计准则，是进行会计核算工作必须共同遵守的基本要求，体现了会计核算的基本规律。2014年年初财政部对会计准则进行大规模修订，相继修订5项会计准则，并发布2项新准则及1项补充规定（修订之后具体准则为41项），修订和增加的7项准则统一于2014年7月1日起在所有执行企业会计准则的企业范围内施行，鼓励在境外上市的企业提前执行。地方性会计法规是指省、自治区、直辖市人民代表大会及其常务委员会在与会计法律、会计行政法规不相抵触的前提下制定的地方性会计法规。它也是我国会计法律制度的重要组成部分。

4．会计制度

会计制度是对商业交易和财务往来在账簿中进行分类、登录、归总，并进行分析、核实和上报结果的制度，是进行会计工作所应遵循的规则、方法、程序的总称。国家统一的会计制度是指国务院财政部门（即财政部）根据会计法制定的关于会计核算、会计监督、会计机构和会计人员以及会计工作管理的制度。

5．会计档案

会计档案是指会计凭证、会计账簿、财务会计报告等会计核算专业资料。它是记录和反映经济业务的重要历史资料和证据。会计档案是对一个单位经济活动的记录和反映，通过会计档案，可以了解每项经济业务的来龙去脉；可以检查一个单位是否遵守财经纪律，在会计资料中有无弄虚作假、违法乱纪等行为。因此，各单位必须加强对会计档案的管理，建立健全会计档案归档、保管、调阅和销毁等管理制度。

（1）会计档案的保管期限。会计档案的重要程度不同，其保管期限也有所不同。会计档案的保管期限，根据其特点，分为永久、定期两类。永久档案即长期保管，不可以销毁的档案；定期档案根据保管期限分为10年、30年两类。会计档案的保管期限，从会计年度终了后的第一天算起。

（2）会计档案的调阅和移交。各单位应建立健全会计档案查阅、复制登记制度。会计档案原件不得借出，如果确实有需要，财务部门需建立会计档案清册和借阅登记清册。凡需借阅会计档案的人员，须经财务负责人或单位领导批准后，方可办理调阅手续。

会计机构在向单位档案部门移交会计档案时需要编制移交清册详细登记所移交档案的名称、卷号、册数、起止年度、应保管期限、已保管期限等内容，便于分清责任，加强会计档案管理。

（3）会计档案的销毁。会计档案保管期满，需要销毁时，由本单位档案机构会同会计机构共同提出销毁意见，会同财务会计部门共同鉴定、严格审查，编造会计档案销毁清册。会计档案保管期满，但其中未了结的债权债务的原始凭证，应单独抽出，另行立卷，由档案部门保管到结清债权债务时为止；建设单位在建设期间的会计档案，不得销毁。

销毁档案前，应按会计档案销毁清册所列的项目逐一清查核对；各单位销毁会计档案时应由档案部门和财会部门共同派员监销；各级主管部门销毁会计档案时，应由同级财政部门、审计部门派员参加监销；财务部门销毁会计档案时，应由同级审计部门派员参加监销。

拓展知识

一、会计核算与监督职能的关系

会计核算与会计监督是相辅相成，辩证统一的关系。会计核算是会计监督的基础和前提。没有会计核算所提供的各种信息，会计监督就失去依据；会计监督又是会计核算的质量保证，只有会计核算没有会计监督，就难以保证会计信息的真实性。

二、区分会计法律与会计法规以及会计制度

我国会计法规体系可分为会计法律、会计法规（包括会计行政法规以及地方性会计法规）、会计制度三个层次。这三个层次具体的区别见表1-1。

表1-1 会计法规体系三个层次的具体区别

区　别	会计法律	会计行政法规	地方性会计法规	会计制度
制定内容不同	经过一定的法律程序制定的有关会计工作的法律	调整经济生活中某些方面会计关系的法律规范	在与会计法律、会计行政法规不相抵触的前提下制定的地方性会计法规	关于会计核算、会计监督、会计机构和会计人员以及会计工作管理的制度
地位不同	会计法律是会计法律制度的最高层次，是制定其他会计法规的依据，是指导会计工作的最高准则，也是指导会计机构、会计人员工作的根本大法	权威性和法律效力仅次于由全国人民代表大会及其常务委员会制定的法律，是一种重要的法律形式。会计行政法规的效力仅次于会计基本法	地方性会计法规是我国会计法律制度的重要组成部分	由国务院财政部门根据《会计法》制定企业会计准则、统一会计制度，规范会计工作，逐步形成我国的会计制度体系，为我国会计管理的一大特色
制定者不同	由全国人民代表大会及其常务委员会制定	由国务院制定	由省、自治区、直辖市人民代表大会及其常务委员会制定	由国务院所属财政部制定

三、不同会计档案的保管期限

会计档案的保管期限从会计年度终了后的第一天算起，不同的会计档案保管的期限也不同。有关会计档案保管期限见表1-2。

表1-2 会计档案的保管期限

序　号	档案名称	保管期限	备　注
一	会计凭证		
1	原始凭证	30年	
2	记账凭证	30年	
二	会计账簿		
3	总账	30年	
4	明细账	30年	
5	日记账	30年	
6	固定资产卡片		固定资产报废清理后保管5年
7	其他辅助性账簿	30年	

（续）

序　号	档案名称	保管期限	备　注
三	财务会计报告		
8	月、季度、半年度财务报告	10年	
9	年度财务报告（决算）	永久	
四	其他会计资料		
10	银行存款余额调节表	10年	
11	莨行对账单	10年	
12	纳税申报表	10年	
13	会计档案移交清册	30年	
14	会计档案保管清册	永久	
15	会计档案销毁清册	永久	
16	会计档案鉴定意见书	永久	

任务二　会计的对象

工作案例

一、判断以下经济业务所涉及的会计要素

（1）甲企业从银行提取现金30 000元。
资产类

（2）甲企业用短期借款1 500元偿还前欠某单位货款。
负债类

（3）乙企业用资本公积60 000元转增资本。
所有者权益类

（4）丙企业收到投资者投入资金100 000元存入银行。
所有者权益类　　　　资产类

（5）丁企业用银行存款支付购料款200 000元。
负债类　　　　资产类

二、判断以下经济业务所涉及的会计要素及其增减变动

（1）甲企业从银行提取现金30 000元。
一项资产增加，一项资产减少。

（2）甲企业用短期借款1 500元偿还前欠某单位货款。
一项负债增加，一项负债减少。

（3）乙企业用资本公积60 000元转增资本。
一项所有者权益增加，一项所有者权益减少。

（4）丙企业收到投资者投入资金 100000 元存入银行。

一项资产增加，一项所有者权益增加。

（5）丁企业用银行存款支付购料款 200000 元。

一项资产减少，一项负债减少。

活动资料

2013 年 3 月 1 日，东方企业发生如下经济业务：

（1）4 日，以银行存款支付购料款 10000 元。

（2）8 日，收回货款 40000 元存入银行。

（3）15 日，收到投资者投入资金 150000 元，存入银行。

（4）24 日，以银行存款购买机器设备一台，价值 30000 元。

（5）28 日，向银行借入一年期的短期借款 60000 元。

要求：1．写出以上经济业务所涉及的会计要素。

2．写出以上经济业务所涉及的会计要素的增减变动。

基础知识

一、会计对象

1．会计对象的概述

会计对象是指会计核算和监督的内容，即会计工作的客体。由于会计需要以货币为主要计量单位，对特定单位的经济活动进行核算和监督，所以会计并不能核算和监督社会再生产过程中的所有经济活动，而只能核算和监督社会再生产过程中能够用货币表现的各项经济活动。因此，可以将会计对象概括为：特定单位能用货币表现的经济活动，也可以说是各单位的资金运动或价值运动。

2．会计对象在企业中的具体表现

由于各单位性质不同，经济活动也不同，因此会计的具体对象都不尽相同。工业企业是从事产品生产、销售的经济组织，其资金运动最具代表性。本书以工业企业的资金运动为例，说明会计对象在企业中的具体表现。资金的运动主要包括资金的投入、资金的运用和资金的退出三个环节。

（1）资金投入。

资金的投入是指资金进入企业。工业企业在生产经营之前需要一定资金的投入，企业进行经营生产活动的前提是拥有一定数量的资金投入，包括投资者的资金投入和债权人的资金投入。这时的资金主要以货币形态表现，有时也以实物形态表现。

（2）资金运动——周转与循环。工业企业进行生产经营活动，首先，要用货币资金去购买生产设备和材料物资，为生产过程作准备。然后，将其投入到企业的生产过程中，生产出产品。最后，还要将所生产出来的产品对外出售并收回因出售产品而取得的货币资金。这样，工业企业的资金就经过了供应过程、生产过程和销售过程三个环节。

（3）资金退出。资金退出是指资金退出企业的循环和周转，它包括按法定程序返回投资者的投资、偿还各项债务、上缴税费、向所有者分配利润等内容。

企业的资金运动过程如图 1-1 所示。

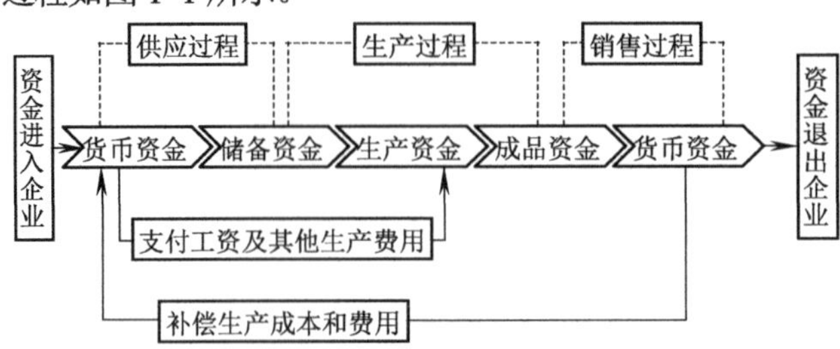

图 1-1　企业的资金运动过程

二、会计要素

会计要素是对会计对象所作的基本分类，是会计核算对象的具体化，是用于反映会计主体财务状况和经营成果的基本单位。我国的《企业会计准则》将会计要素界定为六个，即资产、负债、所有者权益、收入、费用和利润。

1．**资产**

（1）资产的概念。资产是指企业过去的交易或事项形成的，由企业拥有或控制的，预期会给企业带来经济利益的资源。

（2）资产特征

1）资产是由企业过去的交易或者事项形成的。

2）资产应为企业拥有或者控制的资源。

3）资产预期会给企业带来经济利益。

（3）资产分类。资产按照流动性分类，可以分为流动资产和非流动资产。

1）流动资产。流动资产是指预计在一个正常的营业周期内变现、出售或者运用的资产，是企业资产中必不可少的组成部分。主要包括以下几种。

① 货币资金。货币资金是指以货币形态表现的资金，包括库存现金、银行存款和其他货币资金。

② 交易性金融资产。交易性金融资产是指随时能够变现，企业持有的以公允价值计量且其变动计入当期损益的、以交易性为目的而持有债券投资、股票投资、基金投资、权证投资等金融资产。例如，企业以赚取差价为目的而持有的股票、债券等。

③ 应收及预付款项。应收及预付款项是指企业在日常生产经营过程中发生的各项债权，包括应收款项和预付款项。

④ 存货。存货是指企业在生产经营过程中为了销售、生产或耗用而储存的各种有形资产。包括库存商品、原材料、在产品、半成品等各类材料。

2）非流动资产。非流动资产是指流动资产以外的资产，主要包括长期股权投资、固定资产、在建工程、无形资产和其他资产等。

① 长期股权投资。长期股权投资是指持有时间超过 1 年（不含 1 年）、不能变现或不准备随时变现的股票和其他投资。

② 固定资产。固定资产是指企业以经营使用为目的，而不是向客户转售为目的购入的，使用期限较长的资产。固定资产是指使用年限在 1 年以上，单位价值在规定标准以上，并在使用过程中保持原来物质形态的资产，包括房屋及建筑物、机器设备、运输设备、工具器具等。

③ 无形资产。无形资产是指没有实物形态的可辨认非货币性资产，主要包括专利权、商标权、土地使用权、著作权、特许权、非专利技术等。

④ 其他资产。其他资产是指除上述各项资产以外的资产，主要包括长期待摊费用和其他长期资产。

2．负债

（1）负债的概念。负债是指企业过去的交易或者事项形成的，预期会导致经济利益流出企业的现时义务。负债可以分为流动负债和非流动负债。

（2）负债的特征

1）负债是企业承担的现时义务。

2）负债的清偿预期会导致经济利益流出企业。

3）负债是由过去的交易或事项形成的。

（3）负债的分类。按照流动性分类，负债可以分为流动负债和非流动负债。

1）流动负债。流动负债是指将在 1 年（含 1 年）或者超过 1 年的一个营业周期内偿还的债务，包括短期借款、应付账款、预收账款、应付职工薪酬、应交税费等。

① 短期借款。短期借款是指企业为维持正常的生产经营所需的资金或为抵偿某项债务而向银行或其他金融机构等外单位借入的、还款期限在 1 年以下（含 1 年）的各种借款。

② 应付账款。应付账款是指因购买材料、商品或接受劳务供应等而发生的债务，这是买卖双方在购销活动中由于取得物资与支付贷款在时间上不一致而产生的负债。

③ 预收账款。预收账款是指企业按照合同规定或交易双方之间约定，向购买单位或接受劳务的单位在未发出商品或提供劳务时预先收取的款项。

④ 应付职工薪酬。应付职工薪酬是指企业根据有关规定应付给职工的各种薪酬，包括工资、职工福利、社会保险、住房公积金、工会经费、职工教育经费、非货币性福利、其他与获得职工提供的服务相关的支出等。

⑤ 应交税费。企业必须按照国家规定履行纳税义务，对其经营所得依法向国家缴纳各种税费。

2）非流动负债。非流动负债是指偿还期在 1 年或者超过 1 年的一个营业周期以上的债务，包括长期借款、应付债券、长期应付款等。

① 长期借款。长期借款是指企业向银行或其他金融机构借入的期限在 1 年以上（不含 1 年）或超过 1 年的一个营业周期以上的各项借款。

② 应付债券。应付债券是指企业为筹集长期资金而实际发行的债券及应付的利息，它是企业筹集长期资金的一种重要方式。

③ 长期应付款。长期应付款是指除了长期借款和应付债券以外的其他多种长期应付款，主要有应付补偿贸易引进设备款和应付融资租入固定资产租赁费等。

3．所有者权益

（1）所有者权益概念。所有者权益是指企业资产扣除负债后，由所有者享有的剩余权益。所有者权益的来源包括所有者投入的资本、直接计入所有者权益的利得和损失、留存收益等，通常由股本（或实收资本）、资本公积（含股本溢价或资本溢价、其他资本公积）、盈余公积和未分配利润构成。

（2）所有者权益特征

1）所有者权益表明企业的产权关系。

2）在正常经营情况下，企业不需要偿还所有者权益。

3）所有者仅对企业净资产享有所有权，净资产是资产减去负债后的余额。当企业进行清算时，只有在清偿全部债务后剩余的财产才能返还给所有者。

（3）所有者权益的内容。所有者权益包括实收资本（股本）、资本公积、盈余公积和未分配利润。实收资本是指投资者实际投入企业开展经营活动的资本金，形态上表现为各种财产物资，国家、集体、法人、个人资本。资本公积包括企业受到投资者出资超过其在注册资本或股本中所占份额的部分，以及直接计入所有者权益的利得和损失。盈余公积是指企业从税后利润中提取形成的、留存于企业内部、具有特定用途的收益积累。未分配利润是指企业留待以后年度分配的利润。盈余公积和未分配利润又统称为留存收益。

4．收入

（1）收入的概念。收入是指企业在日常活动中形成的，会导致所有者权益增加的，与所有者投入资本无关的经济利益的总流入。

（2）收入的特征

1）收入从企业的日常活动中产生，而不是从偶发的交易或事项中产生。

2）收入是与所有者投入资本无关的经济利益总流入。

3）收入必然能导致企业所有者权益的增加。

（3）收入的分类。企业的收入可分为主营业务收入和其他业务收入

1）主营业务收入。主营业务收入是指企业从事某种主要生产、经营活动所取得的营业收入。例如，企业销售产品、提供劳务等的收入。

2）其他业务收入。其他业务收入是指企业主营业务收入以外的所有通过销售商品、提供劳务收入及让渡资产使用权等日常活动中所形成的经济利益的流入。例如，企业销售材料、出租固定资产、转让无形资产使用权等的收入。

5．费用

（1）费用的概念。费用是指企业在日常活动中形成的，会导致所有者权益减少的，与向所有者分配利润无关的经济利益的总流出。

（2）费用的特征

1）费用是在企业日常生产经营活动中产生的，而不是从偶发的交易或事项中产生的。

2）费用最终会减少企业的所有者权益。

3）费用可能表现为资产的减少或负债的增加，或者二者兼而有之。

（3）费用的分类。按照费用和收入的关系，费用可分为营业成本和期间费用两部分。

1）营业成本。营业成本是指企业销售商品或者提供劳务的成本。营业成本应当与销售商品或者所提供劳务所取得的收入进行配比。营业成本又分为主营业务成本和其他业务成本。

2）期间费用。期间费用是指企业本期发生的、不能直接或间接归入营业成本，而是直接计入当期损益的各项费用，包括销售费用、管理费用和财务费用等。

6．利润

（1）利润的概念。利润是指企业在一定会计期间的经营成果，包括收入减去费用后的余额、直接计入当期利润的利得和损失。

（2）利润的特征

1）企业的利润具有较强的获取现金的能力，最终导致所有者权益发生变动。

2）利润是收入与费用两个会计要素相配比的结果。

（3）利润的分类。利润按其来源分类，可分为营业利润和直接计入所有者权益的利得和损失。

1）营业利润可以用公式表现为，营业利润=营业收入–营业成本–税金及附加–销售费用–管理费用–财务费用–资产减值损失+公允价值变动净收益+投资净收益。

2）直接计入所有者权益的利得和损失是指不应计入当期损益、会导致所有者权益变动的、与所有者投入资本或向所有者分配利润无关的利得或损失。

三、会计等式

会计等式是表明各会计要素之间基本关系的恒等式，即对各会计要素的内在经济关系利用数学公式所作的概括表达。也是各会计主体设置账户进行复式记账和编制会计报表的理论依据。

1．会计等式

（1）会计等式一。任何企业要从事生产经营活动，必定有一定数量的资产。而每一项资产都是按照一定的渠道进入企业的，或由投资者投入，或通过银行借入等，即必定有其提供者。显然，一般人们不会无偿地将经济资源（即资产）让渡出去，也就是说，企业中任何资产都有其相应的权益要求，谁提供了资产谁就对资产拥有索偿权。这种索偿权在会计上称为权益。由此可见，资产和权益是同一事物的两个方面：一方面是归企业所有的一系列财产（资产）；另一方面是对这些财产的一系列所有权（权益）。而且，由于权益要求表明资产的来源，而全部来源又必与全部资产相等，所以全部资产必须等于全部权益。两者在数额上必然相等，这样就形成了最初的会计等式

资产=权益

（2）会计基本等式。企业的资产来源于权益，而权益通常分为两种：一是以投资者的身份向企业投入资产而形成的权益，称为所有者权益；二是以债权人的身份向企业提供资产而形成的权益，称为债权人权益或负债。因此，上述公式又可表述为

资产=负债+所有者权益

会计基本等式示意图如图 1-2 所示。

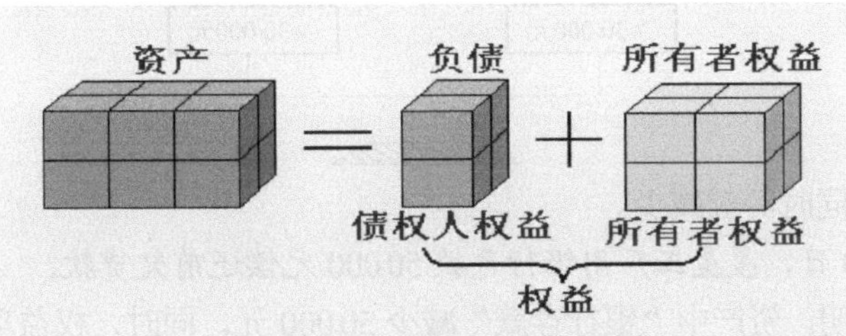

图 1-2　会计基本等式示意图

这一会计等式是最基本的会计等式，也称为会计恒等式或会计的平衡公式，又称静态会计等式，反映了企业在某一特定时点资产、负债、所有者权益三者的平衡关系，它是设置账户、复式记账以及编制资产负债表的理论基础。

（3）会计等式二。企业的目标是从生产经营活动中获取收入，实现盈利。企业在取得收入的同时，必然会产生一定的费用，将一定会计期间的收入和费用进行配比，可以确定企业的盈亏情况。收入大于费用的差额为利润；反之，收入小于费用的差额则为亏损。因此，收入、费用和利

润三要素之间的关系可以用公式表达为

收入–费用=利润

收入费用和利润三要素之间的关系如图 1-3 所示。

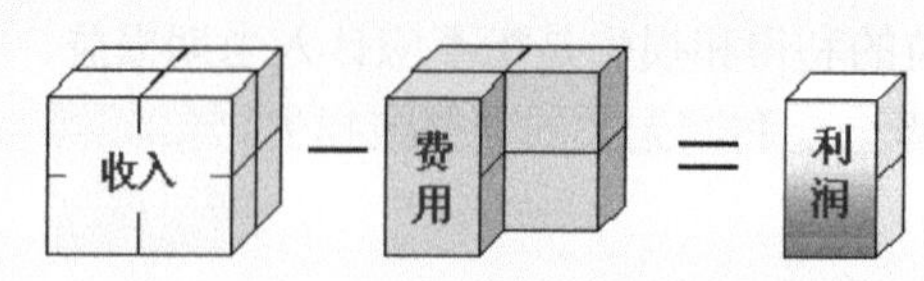

图 1-3　收入费用和利润三要素之间的关系

这一等式也称为第二会计等式或动态会计等式，反映了企业某一时期收入、费用和利润的恒等关系，表明企业在某一会计期间所取得的经营成果，是编制利润表的理论依据。

2．经济业务与会计等式

经济业务又称会计事项，是指在经济活动中使会计要素发生增减变动的交易或者事项。企业在日常生产经营过程中，不断发生各种经济业务。经济业务的发生会对会计要素产生影响，但是无论经济业务如何变化，都不会破坏会计基本等式的数量平衡关系。在“资产=权益”等式下，经济业务的变化不外乎四种类型，即资产与权益同时增加，资产与权益同时减少，资产之间有增有减，权益之间有增有减。这些经济业务代表了企业资金运动引起资产和权益发生增减变化的四种类型。

（1）资产与权益同时等额增加。

【例 1-1】3 月 6 日，星星工厂收到甲投资者投入资金 30 000 元，存入开户银行。

这项经济业务的发生，使企业资产项目“银行存款”增加了 30 000 元，同时使权益项目中“实收资本”增加 30 000 元。由于资产和权益分别在会计等式的左方和右方，体现等式两边同时等额增加 30 000 元。

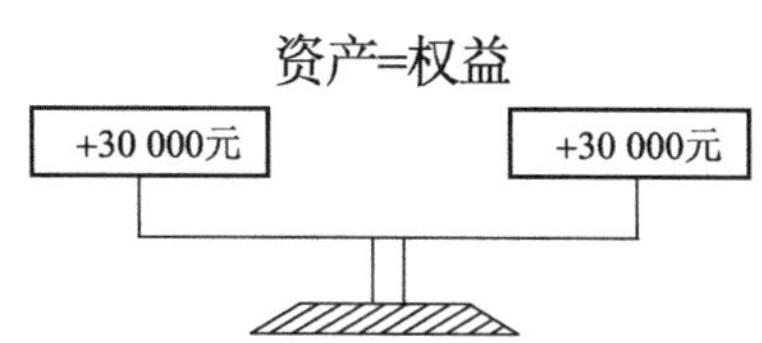

（2）资产与权益同时等额减少。

【例 1-2】3 月 10 日，星星工厂用银行存款 50 000 元偿还前欠货款。

这项经济业务表明，资产中“银行存款”减少 50 000 元，同时，权益项目中“应付账款”减少 50 000 元，由于资产和权益分别在会计等式的左方和右方，体现等式两边同时等额减少 50 000 元。资产和权益总额保持平衡。

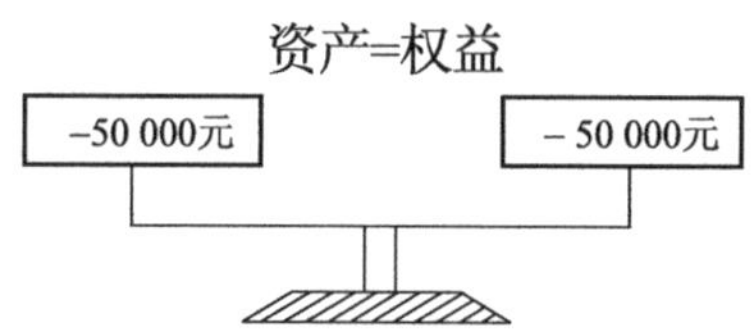

（3）资产方内部等额有增有减，权益不变。

【例 1-3】3 月 15 日，星星工厂从银行提取现金 3 000 元。

这项经济业务的发生，使得资产项目中“库存现金”增加 3 000 元，同时，资产项目中“银行存款”减少 3 000 元。此时，只涉及资产方内部等额一增一减 3 000 元，资产总额不变，资产和权益总额保持平衡。

资产=权益

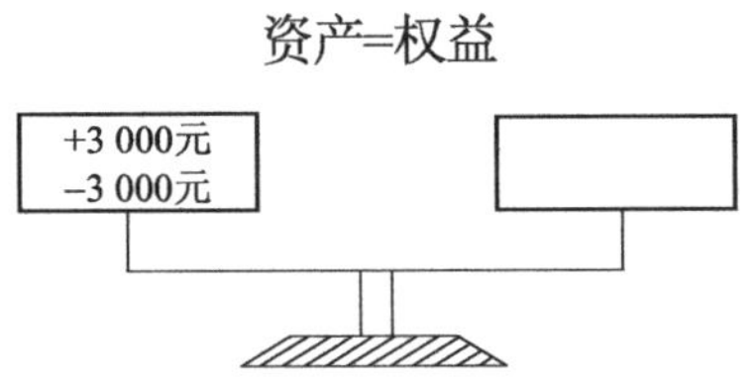

（4）权益方内部等额有增有减，资产不变。

【例 1-4】3 月 20 日，星星工厂将资本公积 20 000 元转为对本单位的投资。

这项经济业务的发生。使得权益项目中“资本公积”减少 20 000 元，同时权益项目中“实收资本”增加 20 000 元。由于资本公积与实收资本都属于所有者权益，只涉及权益方内部等额一增一减 20 000 元，权益总额不变，资产和权益总额保持平衡。

资产=负债+所有者权益

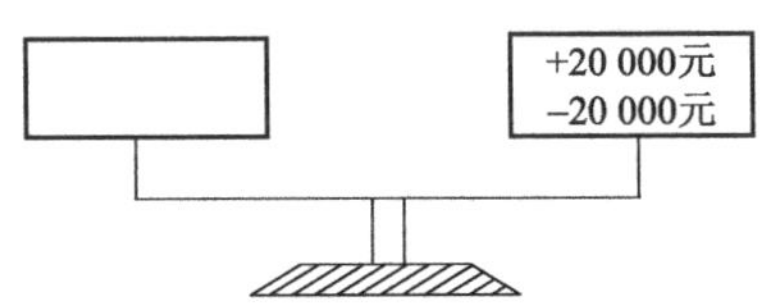

由上述四种业务可见，每一项经济业务的发生，都必然会引起会计等式的一方或双方有关项目的等量变化，但无论如何变化，始终不会破坏会计等式的平衡关系。

拓展知识

一、会计要素的确认条件

1．资产的确认条件

将一项资源确认为资产，需要符合资产的定义，还应同时满足以下两个条件：一是与该资源有关的经济利益很可能流入企业；二是该资源的成本或者价值能够可靠地计量。

2．负债的确认条件

将一项现时义务确认为负债，除应符合负债的定义外，还要同时满足两个条件：一是与该义务有关的经济利益很可能流出企业；二是未来流出的经济利益的金额能够可靠地计量。

3．所有者权益的确认条件

由于所有者权益体现的是所有者在企业中的剩余权益，因此，所有者权益的确认主要依赖于其他会计要素，尤其是资产和负债的确认；所有者权益金额的确定也主要取决于资产和负债的计量。

4．收入的确认条件

一般而言，收入只有在经济利益很可能流入从而导致企业资产增加或者负债减少，且经济利益的流入额能够可靠计量时才能予以确认。收入的确认至少应当符合以下条件：一是与收入相关的经济利益应当很可能流入企业；二是经济利益流入企业的结果会导致资产的增加或者负债的减少；三是经济利益的流入额能够可靠地计量。

5．费用的确认条件

费用的确认应当符合以下条件：一是与费用相关的经济利益应当很可能流出企业；二是经济利益流出企业的结果会导致资产的减少或者负债的增加；三是经济利益的流出额能够可靠地计量。

6．利润的确认条件

利润反映的是收入减去费用、利得减去损失后的净额的概念。因此，利润的确认主要依赖于收入和费用以及利得和损失的确认，其金额的确定也主要取决于收入、费用、利得、损失金额的计量。

二、扩展的会计等式

企业生产经营成果必然会影响到所有者权益，企业取得收入，可能使资产增加或者负债减少，最终增加所有者权益；如果产生费用，则可能导致资产减少或者负债增加，最终减少所有者权益。由此可见，因收入、费用的变化可能会导致所有者权益发生增减变化，因此可将前面所述的会计等式扩展为

资产=负债+所有者权益+（收入–费用）

=负债+所有者权益+利润（亏损）

或

资产+费用=负债+所有者权益+收入

三、九种经济业务情况对会计等式的影响

权益来源包括了投资者向企业投入资产而形成的权益，称为所有者权益；债权人向企业提供资产而形成的权益，称为负债。由此可见，权益可以划分为负债和所有者权益，在“资产=负债+所有者权益”会计等式下，可将经济业务的变化类型相应扩展为九种。

（1）资产和权益同时增加，可细分为：

1）资产和负债要素同时等额增加。

2）资产和所有者权益要素同时等额增加。

（2）资产和权益同时减少，可细分为：

1）资产和负债要素同时等额减少。

2）资产和所有者权益要素同时等额减少。

（3）资产方内部等额有增有减，权益不变，具体情况为：

资产要素内部项目等额有增有减，负债和所有者权益要素不变。

（4）权益方内部等额有增有减，资产不变，可细分为：

1）负债要素内部项目等额有增有减，资产和所有者权益要素不变。

2）所有者权益要素内部项目等额有增有减，资产和负债要素不变。

3）负债要素增加，所有者权益要素等额减少，资产要素不变。

4）负债要素减少，所有者权益要素等额增加，资产要素不变。

综合以上九种情况所述，每一项经济业务的发生，当涉及会计等式的一方时，有关项目的数额发生相反方向等额变动；而当涉及会计平衡公式的两方时，有关项目的数额必然会发生相同方向的等额变动，但始终不会打破会计等式的平衡关系。具体归纳见表1–3。

表 1-3　经济业务类型

经济业务类型		资　产	=	负　债	+	所有者权益
(1)	①	+	=	+	+	
	②	+				+
(2)	③	−		−		
	④	−				−
(3)	⑤	+−				
(4)	⑥			+−		
	⑦					+−
	⑧			+		−
	⑨			−		+

会计等式的平衡关系，贯穿于财务会计的始终，正确理解和运用会计等式的平衡关系，对掌握会计核算基本方法有着重大的意义。

任务三　会计核算的基础

工作案例

以下序号中的问题分别对应哪种会计假设呢？

（1）会计核算的范围有多大？

（2）会计为谁核算？

（3）会计给谁记账？

（4）会计核算的资金运动能否持续不断地进行下去呢？

（5）会计应该什么时候记账、报账呢？

（6）会计在核算过程中应该采用什么计量手段呢？

（7）会计什么时候算账？

会计主体假设：（1）（2）（3）

持续经营假设：（4）

会计分期假设：（5）（7）

货币计量假设：（6）

活动资料

四种不同的会计假设分别具有什么作用？请将答案填到下面对应位置。

（1）会计主体。

（2）持续经营。

（3）会计分期。

（4）货币计量。

明确会计工作的空间范围：

明确会计工作的时间范围：

为会计工作统一计量单位：

基础知识

会计基本假设亦称会计基本前提，就是为了实现会计目标，保证会计工作正常的进行和会计信息的质量，对会计核算的范围、内容、基本程序和方法所做的基本假定。会计假设是人们在经济发展的过程逐渐认识和总结形成的，按照我国《企业会计准则——基本准则》规定，会计假设主要包括了会计主体假设、持续经营假设、会计分期假设、货币计量假设。

一、会计主体

会计主体是指会计工作为其服务的特定单位或组织，是会计人员进行会计核算时采取的立场以及在空间范围上的界定。会计主体既可以是一个企业，也可以是若干个企业组织起来的集团公司，既可以是法人，也可以是不具备法人资格的实体。

会计主体假设是指会计所反映的一个特定企业和行政事业单位的经济活动，而不包括投资者本人的经济业务或是其他单位的经营活动。会计主体假设明确了会计核算的空间范围，解决了会计核算谁的经济业务、为谁记账的问题，决定了什么样的数据可以输入会计信息系统，会计信息系统在进行信息的加工、处理时，应站在什么立场上。会计主体假设严格要求区分不同主体之间、主体与主体的所有者之间的利益界限。

二、持续经营

持续经营是指企业或会计主体的生产经营活动将按既定的目标持续不断地经营下去，即在可预见的未来，企业不会面临破产，不会进行清算。

持续经营假设是指会计核算应当以企业持续、正常的生产经营活动为前提，而不考虑企业是否破产清算等，进行会计核算。持续经营假设明确了会计工作的时间范围，在持续经营的前提下，才能使企业拥有的资产按原定用途使用，负债按时清偿，经营成果顺利确认，企业对会计信息的收集、处理所使用的会计处理方法才能保持稳定性和一致性，会计记录和会计报表才能真实可靠。

三、会计分期

会计分期又称会计期间，是指将企业持续不断的生产经营活动按长短标准分割为均等的时间间隔。

会计分期假设是对会计工作时间范围的具体划分，明确了何时记账、报账和算账。会计期间与持续经营的前提相互补充，不可分离。在企业持续经营的情况下，规定会计期间有利于企业及时结算账目，编制会计报表，提供财务信息，满足企业内部加强经营管理及有关各方进行决策的需要。划分会计期间对于确定会计核算程序和方法具有重要的作用，会计期间假设界定了会计信息的时间段落，这个前提为实行收付实现制和权责发生制原则、贯彻配比原则、划分收益性支出和资本性支出原则奠定了基础。

会计期间主要是确定会计年度，我国会计年度自公历 1 月 1 日起至 12 月 31 日止。会计年度确定后，按日历确定会计半年度、会计季度和会计月份。半年度、季度和月度均称为会计中期。

四、货币计量

货币计量是指企业在会计核算中要以货币为统一的、主要的计量单位，记录和反映企业生产经营过程和经营成果。会计主体的经济活动是多种多样、错综复杂的。为了实现会计目的，必须综合反映会计主体的各项经济活动，这就要求有一个统一计量尺度。可供选择的计量尺度有货币、实物和时间等，但在商品经济条件下，货币作为一种特殊的商品，最适合充当统一的计量尺度。它能用来计量一切资产、负债和所有者权益，以及收入、费用和利润，有利于会计核算。货币计量隐含币值稳定假设，因为只有在币值稳定或相对稳定的情况下，不同时点上的资产的价值才有可比性，不同期间的收入和费用才能进行比较，并计算确定其经营成果，会计核算提供的会计信息才能真实反映会计主体的经济活动情况。

在我国，要求企业对所有经济业务采用同一种货币作为统一尺度进行计量，即需要按统一的货币来反映会计主体的财务状况与经营成果，该种货币称为记账本位币。《会计法》第十二条规定："会计核算以人民币为记账本位币。业务收支以人民币以外的货币为主的单位，可以选定其中一种货币作为记账本位币，但是编报的财务会计报告应当折算为人民币。"

上述四项基本前提，相互依存、相互补充。会计主体确立了会计核算的空间范围，持续经营与会计分期确立了会计核算的时间长度，货币计量为会计核算提供了必要手段。

会计基本假设示意图如图 1-4 所示。

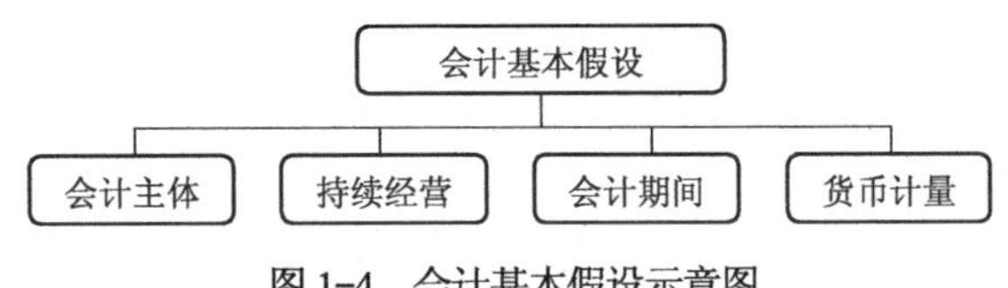

图 1-4 会计基本假设示意图

五、会计信息质量特征

会计信息质量特征是指对会计信息应具有的质量标准所作的具体描述或要求，是对会计信息质量进行评判的基本依据，是会计核算必须遵循的基本规则。

（1）可靠性。可靠性，也称客观性、真实性。可靠性要求会计核算应当以实际发生的经济业务为依据，如实地反映财务状况和经营成果，做到内容真实、数字准确、资料可靠，是对会计信息质量的一项基本要求。

（2）相关性。相关性是指会计信息与信息使用者所要解决的问题相关联，即与使用者进行的决策有关，并具有影响决策的能力。相关性的核心是对决策有用，有助于帮助财务会计报告使用者评估过去、现在或未来的事项，或者通过纠正使用者过去的评价，影响到使用者的决策。会计核算所提供的信息应当满足有关方面的需要，包括考虑财务报告使用者的信息需要、有关各方了解企业财务状况和经营成果的需要等。

（3）可理解性。可理解性，也称明晰性，是对会计信息质量的一项重要要求。可理解性要求企业提供的会计信息应当清晰明了，以便于会计报表使用人理解、检查和利用。可理解性不仅要求书写工整、字迹便于辨认，更重要的是能清楚表达企业的会计信息，用数字难以说明的应在报表附注中加以说明。该原则应该达到使具有一定的会计阅读能力的读者都能看懂财务报表的目的。

（4）可比性。可比性要求企业提供的会计信息应当具有可比性。为了明确企业的财务状况，使用者必须能够比较企业不同时期的财务报表，因此对同一企业不同时点，以及不同企业同一时点而言，同类交易或者其他事项的确认和报告，必须采用一致的方法。

在会计核算工作中遵循可比性原则，同一企业在不同时期纵向可比，不同企业在同一时期横向可比。对于同一企业不同时期发生的相似的交易，企业的会计核算方法前后各期应当保持一致，不得随意改变。

（5）实质重于形式。实质重于形式要求企业应当按照交易或事项的经济实质进行会计确认、计量和报告，而不应当仅仅按照它们的法律形式作为会计核算的依据。

会计信息要想真实地反映交易或事项，就必须根据它们的实质和经济现实，而不仅仅根据它们的法律形式进行核算和反映。若企业的会计核算仅仅按照交易或事项的法律形式或人为形式进行，而这些形式又没有反映其经济实质或经济现实，那么，其最终结果不仅不能有利于会计信息使用者的决策，反而会误导会计信息使用者的决策。实质重于形式要求在对会计要素进行确认和计量时，应重视交易的实质，而不管其采用何种形式。

（6）重要性。重要性要求企业提供的会计信息应当反映与企业财务状况、经营成果和现金流量有关的所有重要交易或者事项。在会计处理过程中，对经济事项应区别其重要程度，采用不同的会计处理方法和程序：对于重要事项应单独核算，分项反映，力求准确，并在财务报告中重点说明；对于次要事项，在不影响会计信息真实性的情况下，可适当简化会计核算。

重要性原则与会计信息成本效益直接相关，在评价项目重要性时，很大程度上取决于会计人员的职业判断。重要性一般应从质和量两方面进行分析：从性质方面看，如果某会计事项的发生可能对决策产生重大影响，那么该事项属于具有重要性的事项；从数量方面看，如果某会计事项的发生达到一定数量可能对决策产生重大影响，则该事项可确定为具有重要性的事项。

（7）谨慎性。谨慎性原则要求企业对交易或者事项进行会计确认、计量和报告，应当保持应有的谨慎，不应高估资产或者收益、低估负债或者费用。谨慎性原则即稳健性原则，是指某些经济业务有几种不同会计处理方法和程序可供选择时，在不影响合理选择的前提下，应当尽可能选用不导致夸大资产、虚增利润的方法和程序进行会计处理，合理核算可能发生的损失和费用，不应预计可能发生的收入和高估资产的价值，即“宁可预计可能的损失，不可预计可能的收益”。

（8）及时性。及时性要求企业对于已经发生的交易或者事项，应当及时进行确认、计量和报告，不得提前或者延后。及时性是由会计信息的时效性决定的。任何信息的价值都有其时间性，且在某种程序上信息越及时其价值越高。过时的信息只能作为历史资料，对决策毫无用处。所以，及时性原则是相关性的重要保证，没有及时性也就谈不上相关性。相关的信息如不及时，也就不相关；及时的信息如不相关，亦然无用。及时性包括及时收集会计信息、及时处理会计信息，以及及时传递会计信息。

六、会计核算基础

在实际工作中，款项的收支时间与其归属期间可能出现不一致。为保证收入与其相关的费用相互配比，就要研究按照什么样的方法来确认收入和费用。

收入和费用的确认方法包括权责发生制和收付实现制两种。

权责发生制又称应收应付制原则，是指以应收应付作为确定本期收入和费用的标准，而不论货币资金是否在本期收到或付出。也就是说，一切要素的时间确认，特别是收入和费用的时间确

认，均以权利已经形成或义务（责任）已经发生为标准，即凡是当期实现的收入和已经发生的费用，不论款项是否收付，都应作为当期的收入或费用处理；凡是不属于当期的收入和费用，即使款项已经在当期收付，都不能作为当期的收入和费用。

权责发生制确认收入与费用方法举例：

【例 1-5】星星工厂 7 月份发生的经济业务。见表 1-4，采用权责发生制确认收入与费用。

表 1-4 采用权责发生制确认星星工厂 7 月份收入与费用

业务序号	业务内容	实际收付款期间	确认收入或费用期间
1	7 月 10 日销售产品，8 月 10 日收到货款，存入银行	本年 8 月	本年 7 月（收入）
2	7 月 10 日预收货款，存入银行。9 月向购货方提供产品	本年 7 月	本年 9 月（收入）
3	12 月 30 日购入办公用品，次年 3 月付款	次年 3 月	本年 12 月（费用）

由上述经济业务可见，在权责发生制下，必须考虑预收、预付和应收、应付。采用权责发生制核算较为复杂，但能反映出本期的收入和费用，比较合理、真实，适用于企业。

拓展知识

一、会计主体与法律主体的区别

会计主体是指会计工作为其服务的特定单位或组织，为日常的会计处理提供了依据。法律主体是指活跃在法律之中，享有权利、负有义务和承担责任的人。会计主体不同于法律主体，一般法律主体必然是一个会计主体，但会计主体不一定是法律主体。会计主体的范畴大于法律主体的范畴。

二、收付实现制

收付实现制又称现金制或实收实付制，是以款项是否实际收到或付出作为确定本期收入和费用的标准，即凡是本期收到的款项，不论其是否属于本期产生的收入，都作为本期的收入处理；凡是本期付出的款项，不论是否属于本期应负担的费用，都作为本期的费用处理。

收付实现制确认收入与费用方法举例：

【例 1-6】星星工厂 7 月份发生的经济业务，见表 1-5。采用收付实现制确认收入与费用。

表 1-5 采用收付实现制确认星星工厂 7 月份收入与费用

业务序号	业务内容	实际收付款期间	确认收入或费用期间
1	7 月 10 日销售产品，7 月 25 日收到贷款，存入银行	本年 7 月	本年 7 月（收入）
2	7 月 10 日销售产品，8 月 10 日收到贷款，存入银行	本年 8 月	本年 8 月（收入）
3	7 月 10 日预收贷款，存入银行。9 月向购货方提供产品	本年 7 月	本年 7 月（收入）
4	12 月 30 日用银行存款预付次年全年保险费	本年 12 月	本年 12 月（费用）
5	12 月 30 日购入办公用品，次年 3 月付款	次年 3 月	次年 3 月（费用）
6	12 月 30 日用银行存款支付本月水电费	本年 12 月	本年 12 月（费用）

收付实现制确认收入与费用的期间与收付款的期间一致！

由此可见，收付实现制的特点是不考虑预收款项和预付款项，以及应计收入和应计费用。只要款项已收入或支出，就作为当期收入和费用处理。核算手续简单，强调财务状况的实际情况，但缺乏不同会计期间的可比性，所以它主要适用于行政、事业单位。

三、收付实现制与权责发生制的区别

权责发生制和收付实现制在处理收入和费用时的原则是不同的，所以同一会计事项按不同的会计处理基础进行处理，其结果可能是相同的，也可能是不同的。具体区别见表 1-6。

表 1-6 收付实现制与权责发生制的区别

区　别	收付实现制	权责发生制
确认收入和费用的标准不同	其一，本期内实际收到的收入和支付的费用，无论其是否应归属本期，均应作为本期的收入和费用处理；其二，凡本期未曾收到的收入和未曾支付的费用，即使应归属本期，也不应作为本期的收入和费用予以处理	其一，凡本期内实际发生并应属本期的收入和费用，无论其款项是否收到或付出，均应作为本期的收入和费用处理；其二，凡不应属于本期的收入和费用，即使款项已经收到或支付，亦不应作为本期的收入和费用予以处理
适用范围不同	适用于业务比较简单和应计收入、应计费用、预收收入、预付费用很少发生的企业，以及机关、事业、团体等单位	适用于企业
对收入与费用的配比要求不同	收付实现制不能正确地计算和确定企业的当期损益，缺乏合理的收支配比关系	权责发生制能够真实地反映当期的经营收入和经营支出，更加准确地计算和确定企业的经营成果

综上所述，采用权责发生制，在会计期末必须对账簿记录进行账项调整，才能够使本期的收入和费用存在合理的配比关系，从而可以比较正确地计算企业的本期盈亏。

任务四　会计方法

工作案例

请将以下会计核算方法按照正确的顺序排列。

（1）填制和审核凭证。

（2）登记账簿。

（3）设置会计科目及账户。

（4）复式记账。

（5）财产清查。

（6）编制财务会计报告。

（7）成本计算。

会计核算方法的顺序：（3）（4）（1）（2）（7）（5）（6）

活动资料

将以下会计核算方法按照正确的顺序排列出来。

（1）登记账簿。

（2）填制和审核凭证。

（3）财产清查。

（4）设置会计科目及账户。

（5）复式记账。

（6）编制财务会计报告。

（7）成本计算。

小秘籍

会计核算方法七，设置科目属第一。
复式记账最神秘，填审凭证不容易。
登记账簿要仔细，成本核算讲效益。
财产清查对账实，编制报表工作齐。

基础知识

一、会计方法概述

会计方法是指用来核算和监督会计对象，执行会计职能，实现会计目标的手段。会计方法是人们在长期的会计工作实践中总结创立的，并随着生产发展、会计管理活动的复杂化而逐渐地完善和提高的。会计方法包括会计核算、会计分析、会计监督、会计预测、会计控制和会计决策六种具体方法。

二、会计核算方法

会计核算方法是指会计对企业、行政事业单位已经发生的经济活动进行连续、系统、全面反映和监督所采用的方法。会计核算方法主要包括设置会计科目及账户、复式记账、填制和审核凭证、登记账簿、成本计算、财产清查和编制财务会计报告七种。这七种方法构成了一个完整的、科学的会计核算体系。

1．设置账户及会计科目

账户是对会计对象的具体内容分门别类地进行记录、反映的工具。设置账户是对会计核算的具体内容进行分类核算和监督的一种专门方法。由于会计对象的具体内容是复杂多样的，要对其进行系统地核算和经常性监督，就必须对经济业务进行科学的分类，以便分门别类地、连续地记录，据以取得多种不同性质、符合经营管理所需的信息和指标。

2．复式记账

复式记账是指对所发生的每项经济业务，以相等的金额，同时在两个或两个以上相互联系的账户中进行登记的一种记账方法。采用复式记账方法，可以全面反映每一笔经济业务的来龙去脉，而且可以防止差错和便于检查账簿记录的正确性和完整性，是一种比较科学的记账方法。

3．填制和审核凭证

会计凭证是记录经济业务，明确经济责任，作为记账依据的书面证明。填制和审核凭证是指为了审查经济业务是否合法合理，保证账簿记录正确、完整而采用的一种专门方法。正确填制和审核会计凭证，是核算和监督经济活动财务收支的基础，是做好会计工作的前提。

4．登记会计账簿

登记会计账簿简称记账，是以审核无误的会计凭证为依据在账簿中分类，连续地、完整地记录各项经济业务，以便为经济管理提供完整、系统的会计核算资料。账簿记录是重要的会计资料，是进行会计分析、会计检查的重要依据。

5．成本计算

成本计算是按照一定对象归集和分配生产经营过程中发生的各种费用，以便确定各对象的总成本和单位成本的一种专门方法。产品成本是综合反映企业生产经营活动的一项重要指标。正确地进行成本计算，可以考核生产经营过程的费用支出水平，同时它又是确定企业盈亏和制定产品价格的基础。成本计算为企业进行经营决策，提供重要数据。

6．财产清查

财产清查是指通过盘点实物、核对账目，以查明各项财产物资实有数额的一种专门方法。通过财产清查，可以提高会计记录的正确性，保证账实相符。同时，财产清查还可以查明各项财产物资的保管和使用情况，以及各种结算款项的执行情况，以便对积压或损毁的物资和逾期未收到的款项及时采取措施，进行清理和加强管理。

7．编制财务会计报告

财务会计报告是指企业对外提供的反映企业某一特定日期财务状况和某一会计期间经营成果、现金流量的文件。编制会计报表是以特定表格的形式，定期并总括地反映企业、行政事业单位的经济活动情况和结果的一种专门方法。会计报表主要以账簿中的记录为依据，经过一定形式的加工整理而产生一套完整的核算指标，用来考核、分析财务计划和预算的执行情况，以及作为编制下期财务和预算的重要依据。

会计核算工作程序如图 1-5 所示。

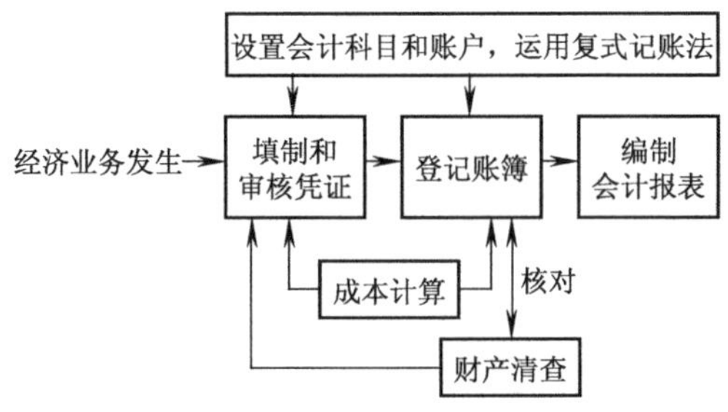

图 1-5　会计核算工作程序

上述会计核算的各种方法是相互联系、密切配合的。在会计对经济业务进行记录和反映的过程中，不论采用何种处理方式，对于日常所发生的经济业务。首先，要取得合法的凭证；然后，按照设置的账户进行复式记账，根据账簿记录进行成本核算；最后，在定期财产清查以后编制财务会计报告。会计核算这七种方法相互联系，缺一不可，形成一个完整的会计核算方法体系。

模块二 会计科目与账户

【岗位工作情景】

大华公司员工小王想到单位的会计部门工作，于是他开始学习会计基础知识。当他看到公司的会计小张将日常的发票、报销单编制成会计凭证并登记账簿时，小王好奇地想：“企业日常经济业务是如何用专业会计术语来表述，最后再编制成凭证的呢？”

会计岗位

【岗位学习目标】

一、岗位知识目标

1. 理解并掌握会计科目、账户的概念和分类。
2. 熟悉会计科目的名称、账户的基本结构。
3. 了解会计科目设置的原则。
4. 理解会计科目和账户之间的联系和区别。

二、岗位能力目标

1. 熟记常见会计科目的名称及性质。
2. 正确根据会计科目设置账户。

三、职业素养目标

1. 培养会计人员认真细致的工作作风。
2. 培养会计人员的守法意识。
3. 树立会计人员继续教育的观念。
4. 培养会计人员业务操作的规范性。

任务一　会计科目

活动一　会计科目的确认

工作案例

2014 年 1 月，大华公司发生如下经济业务，请在表 2-1 中填写适用的会计科目。

表 2-1　大华公司经济业务对应的会计科目　　单位：元

序　号	经济业务内容	金　额	会 计 科 目
1	出纳处存放的现金	1 000	库存现金
2	应付未付的职工工资	35 000	应付职工薪酬
3	已提取的盈余公积金	210 000	盈余公积
4	生产车间的一般耗用	1 000	制造费用
5	计算机一台	3 000	固定资产
6	购入办公用品的费用	500	管理费用

活动资料

2014 年 2 月，腾远公司发生如下经济业务，请在表 2-2 中填写适用的会计科目。

表 2-2　腾远公司经济业务对应的会计科目　　单位：元

序　号	经济业务内容	金　额	会 计 科 目
1	借入 2 个月的借款	100 000	
2	库存的原材料	5 000	
3	注册资本金	5 000 000	
4	生产工人的工资	35 000	
5	销售商品的展览费	3 000	
6	尚未收回的销货款	18 000	

基础知识

一、会计科目的概念

会计科目是按照经济业务的内容和经济管理的要求，对会计要素的具体内容进行分类核算的项目。

二、会计科目的名称

在日常会计工作中，企业根据自身的实际情况设置账户、编制记账凭证、登记会计账簿、使用财务软件等，需要将会计科目按统一规定进行分类和编号。

为了便于以后各章的学习，参照《企业会计准则》的会计科目编制了简明会计科目表，见表 2-3。

表 2-3　简明会计科目表

顺　序　号	编　　号	会计科目名称	顺　序　号	编　　号	会计科目名称
一、资产类			27	2501	长期借款
1	1001	库存现金	28	2502	应付债券
2	1002	银行存款	29	2701	长期应付款
3	1121	应收票据	30	2801	预计负债
4	1122	应收账款	三、共同类（略）		
5	1123	预付账款	四、所有者权益类		
6	1221	其他应收款	31	3001	实收资本（股本）
7	1231	坏账准备	32	3002	资本公积
8	1401	材料采购	33	3101	盈余公积
9	1402	在途物资	34	3103	本年利润
10	1403	原材料	35	3104	利润分配
11	1405	库存商品	五、成本类		
12	1511	长期股权投资	36	4001	生产成本
13	1601	固定资产	37	4101	制造费用
14	1602	累计折旧	六、损益类		
15	1701	无形资产	38	5001	主营业务收入
16	1801	长期待摊费用	39	5051	其他业务收入
17	1901	待处理财产损溢	40	5111	投资收益
二、负债类			41	5301	营业外收入
18	2001	短期借款	42	5401	主营业务成本
19	2201	应付票据	43	5402	其他业务成本
20	2202	应付账款	44	5403	税金及附加
21	2203	预收账款	45	5601	销售费用
22	2211	应付职工薪酬	46	5602	管理费用
23	2221	应交税费	47	5603	财务费用
24	2231	应付利息	48	5711	营业外支出
25	2232	应付股利	49	5801	所得税费用
26	2241	其他应付款			

拓展知识

一、设置会计科目的原则

会计科目必须符合会计准则的要求，并按照国家统一会计制度的要求设置和使用。每一个会计科目所反映的经济业务必须清晰明了，不能遗漏。因此，在设置会计科目时必须遵循以下原则：

（1）既要符合企业会计准则的规定，又要适应企业的特点。

（2）既要便于反映会计要素的总括情况，又要便于反映经济业务的具体内容。

（3）既要满足本企业经济管理的需要，又要满足国民经济宏观调控对会计资料的要求。

（4）既要适用经济业务发展的需要，又要保持相对的稳定。

（5）既要满足传统管理的需要，又要满足现代技术手段管理的需要。

企业在不违反会计准则、不影响会计核算和会计信息的要求的前提下，可以根据本单位的实际情况自行增设、减少或合并某些会计科目。

二、其他会计科目

其他会计科目表见表 2-4。

表 2-4　其他会计科目表

顺　序　号	编　　号	会计科目名称
一、资产类		
1	1012	其他货币资金
2	1101	交易性金融资产
3	1261	委托代销商品
4	1404	材料成本差异
5	1406	发出商品
6	1407	商品进销差价
7	1408	委托加工物资
8	1411	周转材料
9	1604	在建工程
10	1711	商誉
二、负债类		
11	2711	专项应付款
三、共同类（略）		
四、所有者权益类		
12	4201	库存股
五、成本类		
13	5201	劳务成本
14	5301	研发支出
六、损益类		
15	6061	汇兑损益
16	6604	勘探费用

活动二　会计科目的分类

工作案例

2014 年 1 月，大华公司发生如下经济业务，请在表 2-5 中填写适用的会计科目，并判断属于哪一类，在相应类别处“√”，最后在表格中计算出合计数。

表 2-5　大华公司经济业务一览表　　单位：元

序　号	经济业务内容	金　额	会计科目	资产类	负债类	所有者权益类	成本类	损益类
1	向银行借入 2 年期的借款	100 000	长期借款		√			
2	库存的商品	50 000	库存商品	√				
3	车间管理人员的工资	85 000	制造费用				√	
4	商品的广告费	20 000	销售费用					√
5	购买入库的材料	2 000	原材料	√				
6	应付未付的职工工资	35 000	应付职工薪酬		√			
7	已提取的资本公积金	200 000	资本公积			√		
8	生产产品领用材料	30 000	生产成本				√	
9	货车一辆	10 000	固定资产	√				
10	购入办公用品的费用	500	管理费用					√
合计数				62 000	135 000	200 000	115 000	20 500

活动资料

2014 年 2 月，腾远公司发生如下经济业务，请在表 2-6 中填写适用的会计科目，并判断属于哪一类，在相应类别处“√”，最后在表格中计算出合计数。

表 2-6　腾远公司经济业务一览表　　单位：元

序　号	经济业务内容	金　额	会计科目	资产类	负债类	所有者权益类	成本类	损益类
1	应付未付的购货款	100 000						
2	应付未付的职工福利	50 000						
3	生产工人的工资	85 000						
4	金融机构的手续费	2 000						
5	库存的商品	20 000						
6	厂房一间	1 000 000						
7	注册资本金	200 000						
8	销售商品的收入	300 000						
9	管理部门固定资产的折旧费	10 000						
合计数								

基础知识

一、按经济内容分类

会计科目按其所反映的经济内容，可分为六大类，即：资产类、负债类、共同类、所有者权益类、成本类、损益类。

（1）反映资产类的科目。反映资产的科目按其流动性质可以分为反映流动资产和反映非流动资产两类。

1）反映流动资产的科目。按流动资产的类别，可细分为以下几类：

① 反映货币资金的科目，如“库存现金”“银行存款”和“其他货币资金”科目。

② 反映存货的科目，如“原材料”和“库存商品”科目。

③ 反映债权的科目，如“应收账款”和“其他应收款”科目。

2）反映非流动资产的科目，如“固定资产”科目。

（2）反映负债的科目。反映负债的科目按其流动性质可以分为反映流动负债和反映非流动负债两类。

1）反映流动负债的科目，如“短期借款”“应付账款”“其他付收款”科目。

2）反映非流动负债的科目，如“长期借款”科目。

（3）反映共同类的科目。反映共同类的科目，如“套期工具”“衍生工具”等科目。

（4）反映所有者权益类的科目。反映所有者权益的科目，如“实收资本（股本）”“盈余公积”等科目。

（5）反映成本类的科目。反映成本类的科目，如“生产成本”“制造费用”科目。

（6）反映损益类的科目。反映损益类的科目按企业营业损益形成的内容可以分为反映收入和反映费用两类。

1）反映收入的科目，如“主营业务收入”和“其他业务收入”等科目。

2）反映费用类的科目，如“主营业务成本”“管理费用”“税金及附加”等科目。

二、按其所提供的会计信息的详细程度分类

会计科目按其所提供的会计信息的详细程度，可以分为总账科目和明细科目。

1．总账科目

总账科目，又称为“总分类科目”或“一级科目”，它是对会计现象的不同经济内容作总括分类、提供总括信息的会计科目，如“银行存款”“库存商品”“应付账款”等。

2．明细科目

明细科目，又称“明细分类科目”或“细目”，它是总分类科目进一步分类，提供更详细、更具体会计信息的会计科目。明细分类科目的设置，要根据经济管理的需要来进行。有的总分类科目需要设置较多的明细科目，如“应收账款”“应付账款”“生产成本”等；有的总分类科目无须设置明细科目，如“库存现金”“累计折旧”等。在实际会计核算工作中，可以根据需要在总分类科目下设二、三级科目进行核算。

同一会计科目内部的纵向级次关系见表 2-7。

表 2-7　会计科目的纵向级次关系

总分类科目（一级科目）	明细分类科目	
	二级科目	三级科目
库存商品	甲产品	101001#
		101002#
	乙产品	201001#
		201002#

任务二　账户

工作案例

根据下列经济业务，分析应使用的会计账户名称并开设账户

2014 年 1 月，大华公司发生如下经济业务，分析会计账户的名称并根据资料开设相关账户，如图 2-1 所示。

（1）存放在银行的款项。

（2）出纳保管的现金。

（3）应付未付的购货款。

（4）应付未付的职工工资。

（5）已实现的利润。

（6）购买办公用品。

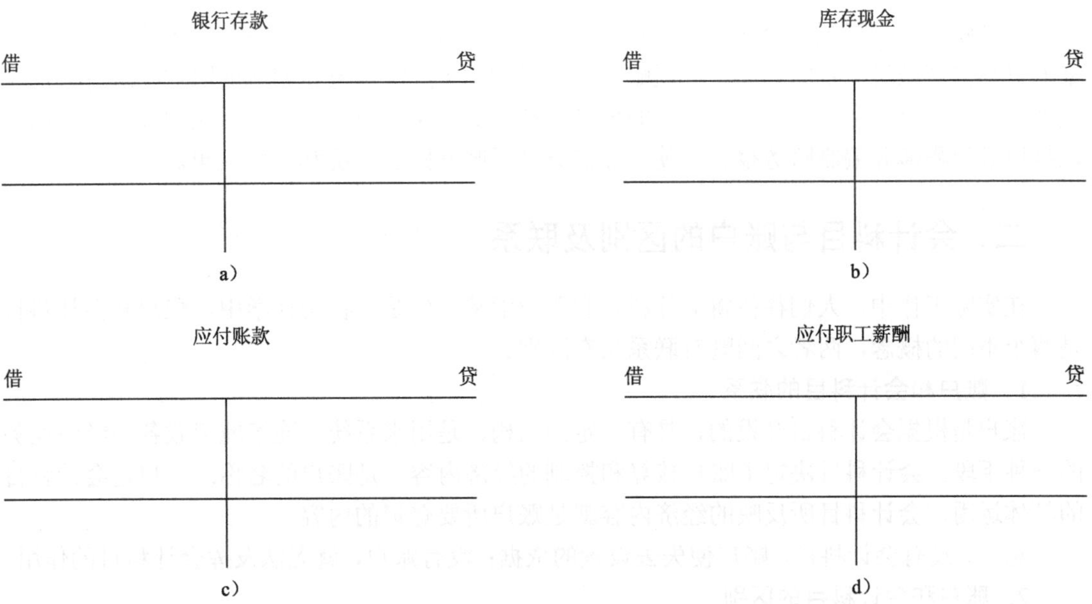

图 2-1　大华公司开设的相关账户

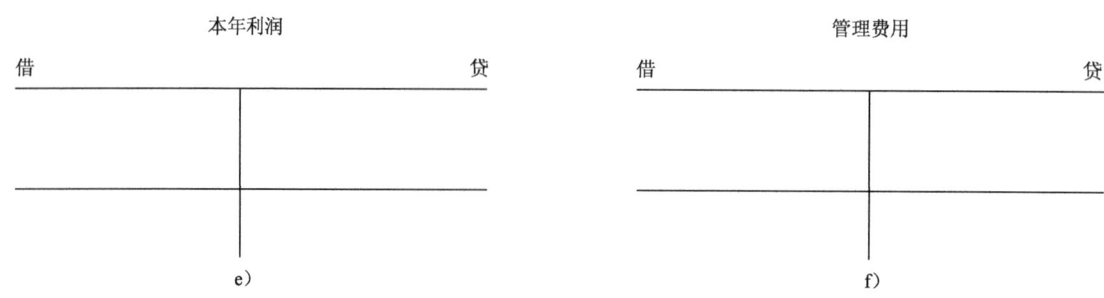

图 2-1　大华公司开设的相关账户（续）

活动资料

根据下列经济业务，分析应使用的会计账户名称并开设账户

2014 年 2 月，腾远企业发生如下经济业务，分析会计账户的名称并根据资料开设相关账户：

（1）从银行借入为期 3 个月的借款。

（2）房屋建筑物。

（3）计提的职工福利。

（4）业务员预借的差旅费。

（5）广告费。

（6）所有者投入的资本。

基础知识

一、账户的设置

所谓账户，是指根据会计科目设置的，具有一定格式和结构，对各种经济业务中会计要素的具体内容做进一步的分类。设置账户后，对所发生经济业务在相应的账户中进行分门别类地记录，则有关会计要素具体内容的增减变动及其结果就得以分类、系统地反映，进而可以据以登记账簿和编制财务报表，使企业能充分反映其财务状况和经营成果。

二、会计科目与账户的区别及联系

在实际工作中，人们往往将会计科目和账户混淆。但是，在会计学中，账户和会计科目是两个不同的概念，两者之间既有联系又有区别。

1. 账户和会计科目的联系

账户是根据会计科目开设的，具有一定的结构，是用来系统、连续地记载各项经济业务的一种手段。会计科目决定了账户核算和控制的经济内容，是账户的名称；账户是会计科目的具体运用，会计科目所反映的经济内容就是账户所要登记的内容。

总之，没有会计科目，账户便失去设置的依据；没有账户，就无法发挥会计科目的作用。

2. 账户和会计科目的区别

会计科目只是对会计要素具体内容的分类，本身没有结构；账户则有相应的结构，具体反映资金运动状况。

三、账户的基本结构

任何一个账户都需要一个名称。账户的名称决定了账户所记录、反映的经济业务内容。由于经济业务所引起的会计要素的具体内容的变动，不外乎增加和减少两种情况，因此，账户就有必要相应地划分为两个部分，分别用于登记各种会计要素增加和减少的金额。将每一个账户划分为左、右两方，在借贷记账法下，账户的左方称为“借方”，右方称为“贷方”，这就形成了账户的基本结构。简要的账户结构如图 2-2 所示。

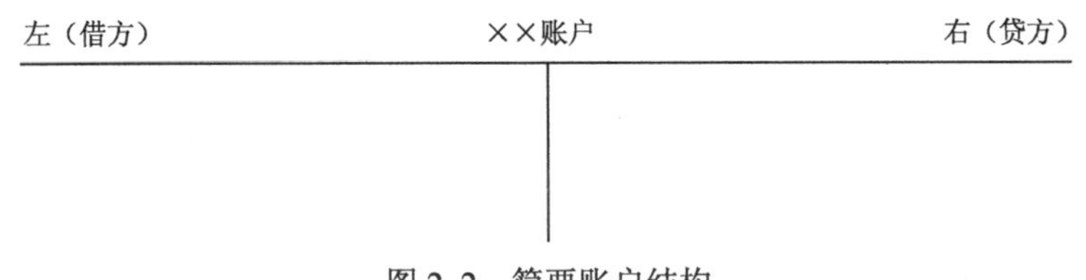

图 2-2　简要账户结构

账户的格式与英文字母“T”字非常相似，因此，一般称之为 T 形账户。

账户分为借、贷两方，其中一方用来登记会计要素的具体内容增加的金额，另一方用来登记其减少的金额。究竟哪一方用来登记增加的金额，哪一方用来登记减少的金额，这需要根据各账户的性质来决定。账户中登记本期增加的金额，称为本期增加发生额；登记本期减少的金额，称为本期减少发生额；增减相抵后的余额，称为期末余额；本期的期末余额，下一期称为期初余额。其关系如下：

期末余额 =期初余额+本期增加发生额−本期减少发生额

实际工作中，为了真实、完整地反映经济业务的会计信息，账户必须使用正规的格式。账户的正规格式包括：账户的名称、经济业务发生的日期、凭证编号、经济业务摘要、借方发生额、贷方发生额、余额等，见表 2-8。

表 2-8　账户的格式

年		凭证编号	业务摘要	借方	贷方	借或贷	余额
月	日						

模块三
复式记账

【岗位工作情景】

小王来福州市天元公司实习会计业务，公司开出转账支票用于购置一台新的办公设备。想一想：小王该怎样记账既能够反映资金的减少，同时又能够反映办公设备的增加呢？

【岗位学习目标】

一、岗位知识目标

1. 了解记账方法的概念，理解复式记账法的内容、基本要求和意义，理解复式记账法的基本原理。

2. 熟悉借贷记账法的记账符号、账户结构和记账规则，熟悉总分类账户和明细分类账户的关系和平行登记。

3. 熟练掌握在借贷记账法的记账结构和记账规则下，编制会计分录的方法以及运用。

4. 熟悉掌握编制试算平衡表的方法和对其的检验。

二、岗位能力目标

1. 能够在借贷记账法下登记账户。

2. 能够编制会计分录。

3. 能够平行登记总分类账户和明细分类账户。
4. 能够熟练编制试算平衡表。

三、职业素养目标

1. 培养严谨认真的工作作风，增强对财会工作的责任感。
2. 养成实事求是、不弄虚作假的工作态度。
3. 遵守会计法规、会计准则和制度。
4. 树立良好的职业道德规范。

任务一 单式记账和复式记账

工作案例

分别采用单式记账法和复式记账法对下列经济业务进行记账，小王的账本见表 3-1。

表 3-1 小王的账本 单位：元

3 月 16 日	买书	46
3 月 17 日	借钱给张清	50

经济业务：
（1）购买办公书籍支付 46 元。
（2）借 50 元现金给张清。
经济业务示意图如图 3-1 所示。

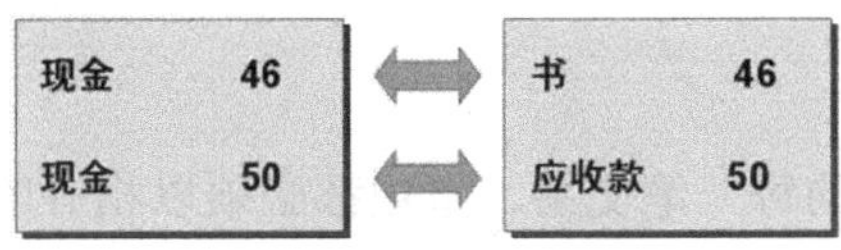

图 3-1 经济业务示意图

单式记账和复式记账结果见表 3-2。

表 3-2 单式记账和复式记账结果 1 单位：元

单 式 记 账	复 式 记 账
“现金” –46	“管理费用” +46 “库存现金” –46
“现金” –50	“其他应收款” +50 “库存现金” –50

活动资料

分别采用单式记账法和复式记账法对下列经济业务进行记账，填入表 3-3 中。
（1）用现金 250 元支付办公费。
（2）销售产品 4 000 元，收现金 4 000 元。
（3）收回购买人欠款 200 元。

（4）产品生产领用原材料 2 000 元。

表 3-3　单式记账和复式记账结果 2　　单位：元

	单式记账	复式记账
（1）		
（2）		
（3）		
（4）		

基础知识

一、记账方法

所谓记账方法是指根据会计的一定原理和规则，采用统一的货币计量单位，运用一定的记账符号将发生的交易、事项记录到账簿中去的方法。

按其记录交易、事项方法的不同，记账方法可以分为单式记账法和复式记账法。

二、单式记账法

单式记账法是指对每一项交易、事项只在一个账户中登记的方法。单式记账法的优点是手续简便，缺点是没有完整的账户体系，账户之间不能形成相互对应和平衡的关系，不能系统地反映企业经济活动的全面情况，也不便对记账的结果进行核对和检查。因此，单式记账法逐渐被淘汰了。

三、复式记账法

复式记账法是指对发生的每一笔交易、事项都必须以相等的金额，同时在相互有联系的两个或两个以上的账户中进行登记，以全面、系统地反映每项交易、事项所引起的资产和权益变化情况、结果的一种记账方法。

复式记账法与单式记账法相比有两个显著特点：

（1）能够完整、全面地反映经济活动。

（2）它对发生的每项交易、事项至少要在两个或者两个以上相互联系的账户，以相等的金额作双重的记录，根据账户之间有关数字的平衡关系，进行试算平衡。

拓展知识

复式记账法的种类

复式记账法根据记账符号、账户分类、记账规则和试算平衡等方面的差异，主要可分为增减记账法、收付记账法和借贷记账法。

增减记账法：以“增”“减”为记账符号，以“资金占用=资金来源”为理论基础，直接反映经济业务所引起的会计要素增减变化的一种复式记账方法。它是在我国会计实务中曾经实行的一种特有的记账方法。

收付记账法：以“收”“付”作为记账符号，反映经济业务所引起会计要素增减变动的一种记账方法。

借贷记账法：以“借”“贷”为记账符号，以“资产=负债+所有者权益”的会计等式为理论依据，以“有借必有贷，借贷必相等”为记账规则的一种科学的复式记账法。

我国新发布的《企业会计准则》规定，会计记账采用借贷记账法。

任务二 借贷记账法

活动一 借贷记账法的结构

工作案例

小王在福州市天元公司从事会计工作，今天他到银行提取现金 10 000 元。银行存款的期初余额为 15 000 元。库存现金的期初余额为 20 000 元。T 形账户如图 3-2 和图 3-3 所示。

借方	库存现金 贷方
期初余额 20 000 本期增加额 10 000	
本期借方发生额 10 000	本期贷方发生额 0
期末余额 30 000	

图 3-2 库存现金 T 形账户

借方	银行存款 贷方
期初余额 15 000	本期减少额 10 000
本期借方发生额 0	本期贷方发生额 10 000
期末余额 5 000	

图 3-3 银行存款 T 形账户

活动资料

一、福州市天元公司 2014 年 1 月初有关总分类账户期初余额见表 3-4。

表 3-4 福州市天元公司 2014 年 1 月初总分类账户期初余额 单位：元

账户名称	借方余额	贷方余额
库存现金	1 000	
银行存款	170 000	
应收账款	70 000	
原材料	120 000	
库存商品	90 000	
固定资产	320 000	
短期借款		85 000
应付账款		116 000
长期借款		184 000
实收资本		386 000
合 计	771 000	771 000

二、1 月份发生下列经济业务：

（1）以银行存款归还短期借款 50 000 元。

（2）接受某投资者投入新设备一台，价值 68 000 元，设备已投入使用。

（3）收回某单位所欠货款 35 000 元存入银行。

（4）购买原材料价值 12 500 元，货款暂欠，材料已验收入库。

（5）从银行提取现金 20 000 元，以备发放职工工资。

（6）从银行借款抵偿应付账款 30 000 元。

要求：根据 1 月份经济业务，开设 T 形账户，登记各账户期初余额和发生额，并计算出各账户的本期发生额和期末余额。

基础知识

一、借贷记账法的概念

借贷记账法是复式记账的一种，全称为借贷复式记账法。它是以“资产=负债+所有者权益”为理论依据。以“借”和“贷”为记账符号，以“有借必有贷，借贷必相等”为记账规则的一种复式记账法。

二、借贷记账法的记账符号

借贷记账法以“借”和“贷”作为记账符号，反映交易、事项的发生所引起的会计要素的增减变化。“借”和“贷”并不是增加或者减少，而纯属于一个记账符号，代表记账的方向。

三、借贷记账法的账户结构

在借贷记账法下，不同性质的账户具有不同的结构。

1．资产类账户的结构和登记

资产类账户的借方登记增加数，贷方登记减少数，余额一般为借方余额，反映资产的实有数，如图 3-4 所示。

借方　　　　资产类账户	贷方
期初余额 本期增加额 ⋮	本期减少额 ⋮
本期借方发生额	本期贷方发生额
期末余额	

图 3-4　资产类 T 形账户

2．负债类账户的结构和登记

负债类账户的结构与资产类账户的结构正好相反，贷方登记增加数，借方登记减少数，余额一般为贷方余额，反映负债应付数，如图 3-5 所示。

借方	负债类账户　　　　　　贷方
本期减少额 ⋮	期初余额 本期增加额 ⋮
本期借方发生额	本期贷方发生额
	期末余额

图 3-5　负债类 T 形账户

3．**所有者权益类账户结构和登记**

所有者权益是投资者对资产的一种求偿权，借方登记减少数，贷方登记增加数，余额一般为贷方余额，反映所有者权益实有数，如图 3-6 所示。

借方	所有者权益账户　　　　　　贷方
本期减少额 ⋮	期初余额 本期增加额 ⋮
本期借方发生额	本期贷方发生额
	期末余额

图 3-6　所有者权益类 T 形账户

4．**收入类账户的结构和登记**

收入类账户的结构与所有者权益类账户结构基本相同，收入的增加额登记在贷方，收入的减少额（转出额）登记在借方，该类账户通常没有期末余额，如图 3-7 所示。

借方	收入类账户　　　　　　贷方
减少额（转出额） ⋮	增加额 ⋮
本期借方发生额	本期贷方发生额

图 3-7　收入类 T 形账户

5．**成本、费用类账户结构和登记**

成本、费用类账户与资产类账户记入方向相同，与所有者权益账户记入的方向相反，即成本费用增加记在借方，结转完工产品的成本和费用记入贷方，该类账户通常没有期末余额（生产成本除外），如图 3-8 所示。

借方	成本费用类账户　　　　　　贷方
增加额 ⋮	减少额（转出额） ⋮
本期借方发生额	本期贷方发生额

图 3-8　成本费用类 T 形账户

拓展知识

一、借贷记账法的理论依据

借贷记账法的理论依据，在于会计对象本身的矛盾运动和信息的本质属性，以及这二者的有机结合。概括地说，就是会计恒等式，它是会计要素的矛盾运动和信息的本质属性的集中体现。

二、双重性质账户

在借贷记账法下，可以根据需要设置双重性质账户。所谓双重性质账户，是指既可以用来核算资产、费用，又可以用来核算负债、所有者权益和收入的账户。这类账户或者只有借方余额，或者只有贷方余额。根据双重性质账户期末余额的方向，可以确定账户的性质。如果余额在借方，就是资产类账户；如果余额在贷方，就是负债或所有者权益类账户，如图 3-9 所示。

借方	贷方
期初余额（表示资产） 本期增加额	期初余额（表示负债） 本期减少额
本期发生额	本期发生额
期末余额（表示资产）	期末余额（表示负债）

图 3-9　双重性质 T 形账户

活动二　借贷记账法的记账规则

工作案例

福州市天元公司 5 月份“银行存款”的期初借方余额为 400 000 元，“实收资本”期初贷方余额为 700 000 元。

（1）福州市天元公司收到某投资者投入的货币资金 60 000 元，存入企业银行存款账户。

（2）按照法定程序减少注册资本 200 000 元，用银行存款向所有者支付。

根据所发生的经济业务编制会计分录：

（1）借：银行存款　　60 000
　　　贷：实收资本　　　60 000

（2）借：实收资本　　200 000
　　　贷：银行存款　　　200 000

活动资料

福州市天元公司 3 月份发生下列经济业务：

（1）3 月 2 日，收到客户的欠款 35 000 元，存入银行。

（2）3 月 8 日，从银行提取现金 2 000 元。

（3）3 月 11 日，生产车间领用原材料 8 000 元，生产甲产品。

（4）3 月 15 日，用银行存款缴纳税金 20 000 元。

（5）3 月 18 日，采购员出差回来，报销差旅费 3 000 元，并交回现金 1 000 元。

（6）3 月 20 日，采购员预借差旅费 2 000 元，以现金支付。

（7）3 月 22 日，用银行存款偿还欠款 9 000 元。

（8）3 月 23 日，用银行存款 8 000 元偿还短期借款。
（9）3 月 25 日，从银行提取现金 2 000 元备用。
（10）3 月 28 日，购入材料 12 000 元，已验收入库，款项尚未支付。
要求：根据资料中发生的经济业务编制会计分录。

基础知识

一、借贷记账法记账规则

借贷记账法以“有借必有贷、借贷必相等”为记账规则，即对于每项交易事项都要以相等的金额在两个或两个以上相互联系的账户中以相等金额在借方和贷方进行登记。

运用借贷记账法的记账规则登记交易事项时，一般按以下步骤进行：

（1）分析交易、事项中所涉及的账户名称，并判断账户的性质。
（2）判断账户中所涉及的资金数量是增加还是减少。
（3）根据账户的结构确定记入账户的方向。

二、账户的对应关系的含义

在借贷记账法下，要求对每一项交易、事项都在两个或两个以上账户中进行登记，这就使有关账户客观上形成一种应借应贷的相互依存关系，这种关系称为账户的对应关系。构成对应关系的账户，称为对应账户。

三、会计分录

会计分录是指为每笔交易、事项所应记入的账户和应借、应贷的方向及金额所做的记录，会计分录简称为分录。

四、编制会计分录

对于初学者，会计分录的编制一般可以按以下的四个步骤进行：

（1）确定每一项交易、事项影响的账户及其性质。
（2）确定受影响的账户是增加还是减少。
（3）根据受影响的账户性质及其增加或减少的情况，确定记入该账户的借方或是贷方。
（4）检查借方和贷方金额是否相符。

五、会计分录的种类

会计分录有简单会计分录和复合会计分录之分，简单会计分录是指只涉及两个账户的会计分录，即一借一贷的会计分录。复合会计分录是指涉及两个以上的账户的会计分录，即一借多贷、一贷多借或者多借多贷的会计分录。

拓展知识

一、分析经济业务及账户对应关系

为了连续、系统地记录资产、负债和所有者权益的变化，清晰地反映各个账户之间的对应关系。交易、事项发生后，首先，应该分析每项交易、事项的性质内容，将其转换成会计语言。然后，确认应记入的账户、应记金额、应借应贷的方向。最后，再过记到各有关分类账账户中。

【例 3-1】福州市天元公司向供应单位购入原材料一批，价值 40 000 元，货款暂欠，材料已经验收入库。应编制的会计分录如下：

借：原材料　　40 000

　　贷：应付账款　　40 000

二、复合会计分录

为了清楚地指明账户的对应关系，一般情况下应该编制一借一贷、一借多贷或者一贷多借的会计分录。在特殊情况下，为了完整的反映一项复杂的交易、事项的来龙去脉，可以编制多借多贷的会计分录。

【例 3-2】长江公司以银行存款偿还前欠货款 2 500 元，归还其他应付账款项 1 300 元。应编制的会计分录如下：

借：应付账款　　2 500

　　其他应付款　　1 300

　　　贷：银行存款　　3 800

复合会计分录也可以写成简单会计分录，即

借：应付账款　　2 500

　　贷：银行存款　　2 500

借：其他应付款　　1 300

　　贷：银行存款　　1 300

活动三　借贷记账法的试算平衡

工作案例

福州市天元公司 2013 年 1 月底部分总账的期末余额为：银行存款 500 000 元，原材料 60 000 元，固定资产 400 000 元，应付账款 80 000 元，短期借款 50 000 元，应付债券 30 000 元，实收资本 600 000 元，盈余公积 200 000 元。

2013 年 2 月发生以下经济业务，会计分录如下：

（1）接受投资者投入的货币资金 80 000 元。

借：银行存款　　80 000

贷：实收资本 80 000

（2）购入原材料一批，价值 40 000 元，货款暂欠，材料验收入库。

借：原材料 40 000

贷：应付账款 40 000

（3）用银行存款偿还前欠货款 40 000 元。

借：应付账款 40 000

贷：银行存款 40 000

（4）减少注册资本金 100 000 元，用银行存款支付。

借：实收资本 100 000

贷：银行存款 100 000

（5）用银行存款 90 000 元购入一台机器设备。

借：固定资产 90 000

贷：银行存款 90 000

（6）从银行取得 60 000 元短期借款，偿还前欠应付账款。

借：应付账款 60 000

贷：短期借款 60 000

（7）以盈余公积 8 000 元向所有者分配利润。

借：盈余公积 8 000

贷：应付股利 8 000

（8）将应付债券中的 20 000 元转为实收资本。

借：应付债券 20 000

贷：实收资本 20 000

（9）企业用 20 000 元盈余公积转增资本。

借：盈余公积 20 000

贷：实收资本 20 000

根据以上交易事项，编制试算平衡表见表 3-5。

表 3-5 试算平衡表 单位：元

账户名称	期初余额		本期发生额		期末余额	
	借方	贷方	借方	贷方	借方	贷方
银行存款	500 000		80 000	230 000	350 000	
原材料	60 000		40 000		100 000	
固定资产	400 000		90 000		490 000	
应付账款		80 000	100 000	40 000		20 000
应付股利				8 000		8 000
短期借款		50 000		60 000		110 000
应付债券		30 000	20 000			10 000
实收资本		600 000	100 000	120 000		620 000
盈余公积		200 000	28 000			172 000
合计	960 000	960 000	458 000	458 000	940 000	940 000

活动资料

福州市天元公司2014年2月底部分总账期末余额见表3-6。

表3-6 福州市天元公司2014年2月底总账期末余额 单位：元

账户名称	金额	账户名称	金额
固定资产	418 000	短期借款	8 000
原材料	110 000	应付账款	90 600
应收账款	38 000	应交税费	21 000
其他应收款	4 000	实收资本	460 000
库存现金	1 000		
银行存款	8 600		
合计	579 600	合计	579 600

福州市天元公司3月份发生下列经济业务：

（1）3月2日，收到客户的欠款35 000元，存入银行。

（2）3月8日，从银行提取现金2 000元。

（3）3月11日，生产车间领用原材料8 000元，生产甲产品。

（4）3月15日，用银行存款缴纳税金20 000元。

（5）3月18日，采购员出差回来，报销差旅费3 000元，并交回现金1 000元。

（6）3月20日，采购员预借差旅费2 000元，以现金支付。

（7）3月22日，用银行存款偿还欠款9 000元。

（8）3月23日，用银行存款8 000元偿还短期借款。

（9）3月25日，从银行提取现金2 000元备用。

（10）3月28日，购入材料12 000元，已验收入库，款项尚未支付。

要求：根据资料，编制试算平衡表，见表3-7。

表3-7 试算平衡表2 单位：元

会计科目	期初余额		本期发生额		期末余额	
	借方	贷方	借方	贷方	借方	贷方
银行存款						
库存现金						
原材料						
生产成本						
应收账款						
应交税费						
管理费用						
其他应收款						
应付账款						
短期借款						
固定资产						
实收资本						
合计						

基础知识

一、借贷记账法的试算平衡的含义

试算平衡是指根据“资产=负债+所有者权益”的恒等关系以及借贷记账法的记账规则，检查和验证所有账户记录是否正确的一种方法。由于借贷记账法要求对每一项交易、事项都按照“有借必有贷，借贷必相等”的规则进行记录，记录的数额借方与贷方相等，这样记录的结果，所有账户借方发生额合计数与所有账户贷方发生额合计数相等。期末结账后，所有账户的借方余额合计数等于所有账户贷方余额合计数。这是由“资产=负债+所有者权益”的恒等关系决定的。

二、试算平衡的种类

试算平衡法分为发生额试算平衡法和余额试算平衡法两类。

1．**发生额试算平衡法**

发生额试算平衡法是根据本期所有账户的借方发生额合计等于贷方发生额合计的关系，检验本期发生额的记录是否正确的方法。

公式：

所有账户本期借方发生额合计数=所有账户本期贷方发生额合计数

2．**余额试算平衡法**

余额试算平衡法是运用会计等式，根据本期所有账户的借方余额合计等于所有账户贷方余额合计的关系，检验本期账户记录是否正确的方法。

根据余额时间的不同，又分为期初余额平衡和期末余额平衡两类。公式为

所有账户期初借方余额合计数=所有账户期初贷方余额合计数

所有账户期末借方余额合计数=所有账户期末贷方余额合计数

三、试算平衡表的编制

在实际生活中，会计人员一般按照下面的方法编制试算平衡表：

第一步，期末把全部账户应记录的经济业务登记入账，并计算出账户本期借方发生额、贷方发生额和期末余额。必须保证所有账户的余额均已记入试算平衡表。

第二步，编制总分类账户本期发生额及余额表。

第三步，若试算平衡表借贷不相等，肯定账户记录有错误，应该认真查找，直到平衡为止。试算平衡能够核查出账户记录的错误，但不能核查出账户记录上所有错误，例如，整笔交易、事项全部漏记；会计分录中记账方向颠倒；会计科目用错；重复登记整笔交易、事项等。

拓展知识

试算平衡的作用主要包括以下三点：

（1）试算平衡表可以在结算利润以前及时发现错误并予以更正。同时，它汇集了各账户的资料，依据试算平衡表编制会计报表比直接依据分类账户编制会计报表更为方便。

（2）根据试算平衡表的平衡原理检查是否平衡，从而判断编制的试算平衡表是否正确，进而推断所登记的账户和编写的会计分录是否正确。

（3）试算平衡表在验证会计处理正确性方面仍有其重要的功效，不失为简便、有效的验证工具。

任务三　总分类账户和明细分类账户

工作案例

2014 年 3 月 5 日小王去采购原材料，购买甲材料 2 000 千克，单价为每千克 20 元，购买乙材料 400 千克，单价为每千克 80 元。其中甲材料月初结存 1 000 千克，单价为每千克 20 元，乙材料月初结存 125 千克，单价为每千克 80 元。登记相关账户的总分类账和明细分类账，见表 3-8、表 3-9 和表 3-10。

表 3-8　原材料总分类账

账户名称：原材料　　　　单位：元

2014 年		凭证号数	摘　要	借　方	贷　方	借或贷	余　额
月	日						
3	1		期初余额			借	30 000
3	5	1	材料入库	72 000		借	102 000
⋮							
3	31		本月合计	72 000	28 000	借	74 000

表 3-9　原材料明细分类账——甲材料

品名：甲材料　　类别：略　　规格：略　　计量单位：千克

2014 年		凭证号数	摘　要	收　入			发　出			结　存		
月	日			数量	单价	金额/元	数量	单价	金额/元	数量	单价	金额/元
3	1		期初结存							1 000	20	20 000
3	5	1	购入	2 000	20	40 000						
⋮												
3	31		本月合计	2 000		40 000	1 000		20 000	2 000		40 000

表 3-10　原材料明细分类账——乙材料

品名：乙材料　　类别：略　　规格：略　　计量单位：千克

2014 年		凭证号数	摘　要	收　入			发　出			结　存		
月	日			数量	单价	金额/元	数量	单价	金额/元	数量	单价	金额/元
3	1		期初结存							125	80	10 000
3	5	1	购入	400	80	32 000						
⋮												
3	31		本月合计	400		32 000	100		8 000	425		34 000

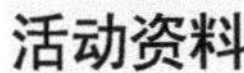

活动资料

一、福州市天元公司2014年3月31日有关总分类账户和明细分类账户余额如下：

（1）总分类账户：

①“原材料”账户借方余额400 000元。

②“应付账款”账户贷方余额100 000元。

（2）明细分类账户：

①“原材料——甲材料”账户1 600千克，单价150元，借方余额240 000元。

②“原材料——乙材料”账户400千克，单价100元，借方余额40 000元。

③“原材料——丙材料”账户1 000千克，单价120元，借方余额120 000元。

④“应付账款——A公司”账户贷方余额60 000元。

⑤“应付账款——B公司”账户贷方余额40 000元。

二、该公司2014年4月份发生部分经济业务如下（为简化起见假设不考虑增值税）：

（1）4月2日以银行存款偿还前欠A公司货款30 000元。

（2）4月5日购进甲材料200千克，单价150元，价款30 000元，以银行存款支付，材料入库。

（3）4月8日生产车间向仓库领用材料一批，其中甲材料400千克，单价150元；乙材料200千克，单价100元；丙材料500千克，单价120元，共计领用材料金额140 000元。

（4）4月15日以银行存款偿还B公司前欠货款20 000元。

（5）4月18日向A公司购入乙材料200千克，单价100元，材料入库，货款20 000元暂欠。

（6）4月25日B公司购入丙材料300千克，单价120元，材料入库，货款36 000元暂欠。

要求：（1）根据上述资料的内容，编制会计分录。

（2）开设“原材料”“应付账款”总分类账（T形账户代替）和明细分类账，登记期初余额，并平行登记总分类账和明细分类账，结出各账户本期发生额和期末余额。

（3）编制“原材料”“应付账款”总分类账户和明细分类账户本期发生额及余额表。

基础知识

一、总分类账和明细分类账的概念

账户根据其提供信息的详细程度及其统驭关系不同，可以分为总分类账户和明细分类账户。总分类账户是根据总分类科目设置的，用于对会计要素具体内容进行总括分类核算的账户，又称为一级账户，简称总账户或者总账。明细分类账户是根据明细分类科目设置的、用于对会计要素具体内容进行明细分类核算的账户，简称明细账。

二、平行登记

所谓平行登记，就是对每一项交易、事项都要以会计凭证为依据，既要记入有关的总分类账户，又要记入有关的明细分类账户的方法。

三、平行登记的要点

平行登记的要点主要包括以下几个方面：

（1）原始依据相同。

（2）会计期间相同。

（3）方向相同。

（4）金额相等。

四、总分类账户与明细分类账户的登记

总分类账户与明细分类账户平行登记的方法如下：

（1）对于每一项交易、事项，都要以相关的会计凭证为依据，既要记入有关的总分类账户，又要记入所属的明细分类账户。

（2）对于每一项交易事项，在同一会计期间内，既要记入有关总分类账户，又要记入所属的明细分类账户。

（3）对于每一项交易、事项，记入总分类账户的方向应与记入所属明细账户的方向一致。

（4）对于每一项交易、事项，记入总分类账户的金额应与记入所属明细分类账户的金额之和相等。

总分类账户与明细分类账户平行登记，二者本期发生额以及期末余额形成如下关系：

总分类账户期初借（或贷）方余额=所属明细分类账户期初借（或贷）方余额之和

总分类账户本期借（或贷）方发生额=所属明细分类账户本期借（或贷）方发生额之和

总分类账户期末借（或贷）方余额=所属明细分类账户期末借（或贷）方余额之和

拓展知识

总分类账户与明细类账户的关系如下：

（1）总分类账户对明细分类账户具有统驭作用。总分类账户提供的总括核算资料是对有关明细分类账户资料的综合；明细分类账户所提供的明细核算资料是对其总分类账户资料的具体化。

（2）明细分类账户对总分类账户具有补充说明作用。总分类账户是对会计要素各项目增减变化的总括反映，而明细分类账户反映的是会计要素各项目增减变化的详细情况，有些明细分类账户还可以提供实物数量指标等。

（3）总分类账户与其所属明细分类账户在总金额上应该相等。由于总分类账户与其所属明细分类账户是根据相同的依据来进行平行登记，所反映的经济内容是相同的，因此其总金额必然相等。

模块四 会计凭证

【岗位工作情景】

公司新来的员工小鹏到超市购买办公用品，小鹏拿着超市购物小票办理费用报销时，被告知超市购物小票不能报销。为什么呢？

【岗位学习目标】

一、岗位知识目标

1. 了解会计凭证的概念、作用，会计凭证的传递和保管程序及有关规定。
2. 熟悉会计凭证的内容、分类。
3. 掌握会计凭证的填制与审核的要求和方法。

二、岗位能力目标

1. 能准确识别各种会计凭证。
2. 能规范填制和审核各种会计凭证。
3. 能分析各种原始凭证所反映的经济业务。

三、职业素养目标

1. 培养认真细致的工作作风。
2. 养成爱岗敬业、诚实守信的职业品质。
3. 树立规范意识。

任务一　认知会计凭证

工作案例

福州市天方公司 2013 年 3 月份发生部分经济业务，其相关的原始凭证如下：

一、第一组会计凭证

（1）以现金支付业务部苏杰预借的差旅费。原始凭证如图 4-1 所示。

福州市天方公司借款单

日期：2013 年 3 月 2 日　　　　No. 063578

部门	姓名	借款金额	批准金额	备注
业务部	苏杰	¥10 000.00	¥10 000.00	现金付讫
借款金额（大写）壹万元整				
借款理由	去广州参加商品交易会	领导批示	同意 陈耀 2013.3.2	

会计主管：章明　　　　复核：　　　　制表人：苏杰

图 4-1　借款单 1

图 4-1 是以现金支付苏杰预借的差旅费的书面证明。

（2）福州市天方公司核算人员根据图 4-1 所发生的经济业务，填制了记账凭证如图 4-2 所示。

记　账　凭　证

2013 年 *3* 月 *2* 日　　　　记字第 *8* 号

摘　要	总账科目	明细科目	√	借方金额										√	贷方金额									
				千	百	十	万	千	百	十	元	角	分		千	百	十	万	千	百	十	元	角	分
苏杰预借差旅费	其他应收款	苏杰					1	0	0	0	0	0	0											
	库存现金																	1	0	0	0	0	0	0
合　计						¥	1	0	0	0	0	0	0				¥	1	0	0	0	0	0	0

附单据 *1* 张

财务主管：章明　　记账：　　出纳：　　复核：　　制表：陈欣辉

图 4-2　记账凭证 1

图 4-2 记录职工借款的经济业务，列明了其他应收款和库存现金的金额与记账方向，并将原始凭证图 4-1 作为附件。

二、第二组会计凭证

（1）经办人按公司规章制度规定办理报销，已领取现金。原始凭证如图 4-3、图 4-4 和图 4-5 所示。

费用报销审批单 现金付讫

科室：办公室　　2013 年 3 月 15 日

经办人	葛岚英	事由	业务招待
项目	金额	付款方式	备注
招待费	940.00	现金	
合计	¥940.00		
公司领导审批意见： 同意 陈耀 2013.3.16	财务主管： 章明 2013.3.16	部门领导： 卢俊 2013.3.16	经办人： 葛岚英

附件 2 张

图 4-3　费用报销审批单 1

图 4-3 是公司同意以现金支付购买办公用品的书面证明。

福建国税

福建省国家税务局通用手工发票　　发票代码 135051016031

全国统一发票监制章　闽福州　国家税务总局监制

发票联　　发票号码 32640942

客户：福州市天方公司　　2013 年[illegible]日

项目内容	金额						
	万	千	百	元	元	角	分
文件夹 20×7.00			1	4	0	0	0
账本 20×13.00			2	6	0	0	0
A4 纸 20×110.00		2	2	0	0	0	0
合计人民币（大写）：贰仟陆佰元整	¥	2	6	0	0	0	0

第二联　发票联

收款单位盖章：福州东街文具商场 发票专用章　　财务：　　复核：　　填票：陈丽

图 4-4　通用手工发票 1

图 4-4 是购买了办公用品品种、数量和金额的书面证明。

验　收　单

2013 年 3 月 16 日　　　　　　　　　　　　　　　　　　编号：3056842

编　　号	名称及规格	单　　位	数　　量		单　　价	总　　值	备　　注
			应收	实收			
01	文件夹	个	20	20	7.00	140.00	办公室已领用
02	账本	盒	20	20	13.00	260.00	
03	复印纸	盒	20	20	110.00	2 200.00	
合　　计						¥2 600.00	

单位负责人：　　　　财务主管：兰萍　　　　记账：章华　　　　制单：苏强

图 4-5　验收单 1

图 4-5 是办公用品已验收并已领用的书面证明。

（2）福州市天方公司核算人员根据图 4-3～图 4-5 所发生的经济业务，填制了记账凭证如图 4-6 所示。

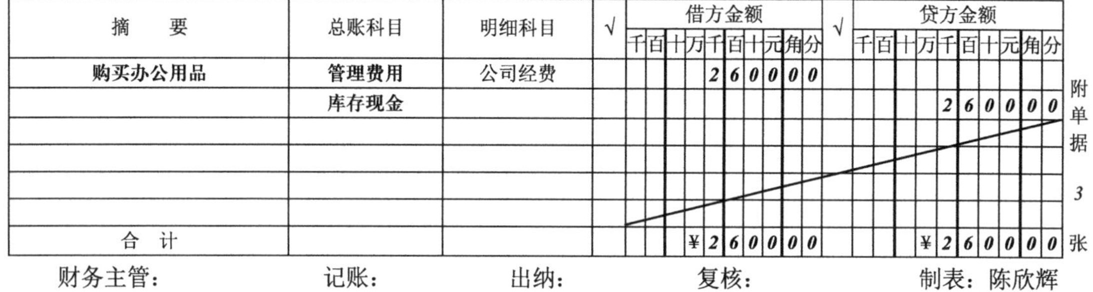

记　账　凭　证

2013 年 *3* 月 *16* 日　　　　　　　　记字第 *36* 号

摘　　要	总账科目	明细科目	√	借方金额（千百十万千百十元角分）	√	贷方金额（千百十万千百十元角分）
购买办公用品	管理费用	公司经费		2 6 0 0 0 0		
	库存现金					2 6 0 0 0 0
合　计				¥ 2 6 0 0 0 0		¥ 2 6 0 0 0 0

附单据 *3* 张

财务主管：　　　记账：　　　出纳：　　　复核：　　　制表：陈欣辉

图 4-6　记账凭证 2

图 4-6 记录购买办公用品的经济业务，列明了管理费用和库存现金的金额与记账方向，并将原始凭证图 4-3、图 4-4 和图 4-5 作为附件。

三、第三组会计凭证

（1）采购材料已验收入库，款未付。原始凭证如图 4-7、图 4-8 所示。

福州市天方公司收料单

编号：0655

供货单位：上海飞雁公司　　　　2013 年 3 月 27 日　　　　仓库：东库

名称及规格	单　　位	数　　量		实 际 成 本				备注
		应收	实收	买价	运杂费	总成本	单位成本	
甲材料	个	10 000	10 000					
乙材料	个	1 000	1 000					
合计								

第二联　财务联

财务主管：　　　　记账：姜海涛　　　　验收：　　　　制单人：杨冰

图 4-7　收料单 1

图 4-7 是材料已验收入库的书面证明。

福建国税

福建省国家税务局通用手工发票

发票代码 135011186052

发票号码 32640942

全国统一发票监制章 发票联 国家税务总局监制

行业分类：货物销售　　　　开票日期：2013 年 3 月 27 日

客户名称：福州市天方公司					税号：3501011013381
货物或应税劳务名称	规格型号	单位	数量	单价	金　额
甲材料		个	10 000	4.50	45 000.00
乙材料		个	1 000	7.00	7 000.00
合　计					¥52 000.00
价税合计（大写）	伍万贰仟元整		（小写）¥52 000.00		
销货单位	名　称：上海飞雁公司 纳税人识别号：02027368475936 地 址、电 话：（略） 开户行及账号：工商银行浦东支行 07120104006360			备注	上海飞雁公司 02027368475936 发票专用章

第二联 发票联（手开无效）

收款人：　　　　复核：　　　　开票人：　　　　销货单位（章）

图 4-8　通用手工发票 2

图 4-8 是向上海飞雁公司购买甲材料 10 000 个，含税金额 45 000 元；乙材料 1 000 个，含税金额 7 000 元的书面证明。

（2）福州市天方公司核算人员根据图 4-7 和图 4-8 所发生的经济业务，填制了记账凭证如图 4-9 所示。

记　账　凭　证

2013 年 *3* 月 *27* 日　　　　记字第 *65* 号

摘要	总账科目	明细科目	√	借方金额 千	百	十	万	千	百	十	元	角	分	√	贷方金额 千	百	十	万	千	百	十	元	角	分
购进材料，款未付	原材料	甲材料					4	5	0	0	0	0	0											
		乙材料						7	0	0	0	0	0											
	应付账款	上海飞雁公司																5	2	0	0	0	0	0
合　计						¥	5	2	0	0	0	0	0				¥	5	2	0	0	0	0	0

附单据 *2* 张

财务主管：　　　　记账：　　　　出纳：　　　　复核：　　　　制表：陈欣辉

图 4-9　记账凭证 3

图 4-9 记录了采购材料、款未付的业务，列明了原材料和应付账款的金额和记账方向，并将原始凭证图 4-7 和图 4-8 作为附件。

活动资料

福州市天方公司 2013 年 4 月份办公室购买计算机，经办人按公司规章制度办理报销，已领取现金。其相关的原始凭证如图 4-10～图 4-12 所示。

福建省货物销售普通发票　　　　发票代码 135010716031

全国统一发票监制章 福州市 国家税务总局监制　　　　发票号码 48756845

客户：福州市天方公司　　　　2013 年 4 月 5 日

品　　名	规格	单位	数量	单价	金　　额						
					万	千	百	十	元	角	分
BN6855		台	1	2 300		2	3	0	0	0	0
合计人民币（大写）贰仟叁佰元整					¥	2	3	0	0	0	0
销货单位纳税人识别号	福建商贸总公司										
开户银行及账号	工商银行屏山支行　65247529868										

第二联　发票联

图 4-10　普通发票 1

固定资产验收单

2013 年 4 月 5 日　　　　单位：元

资产名称	规格型号	计量单位	数量	实际成本总额				单位成本	备注
				买价	增值税	运杂费等	合计		
计算机	BN6855	台	1				2 300	2 300	
固定资产验收部门	固定资产管理处　江韩			固定资产使用部门		管理部门　王军			

财务主管：章明　　记账：陈欣辉　　出纳：周彤　　经办：张磊

图 4-11　固定资产验收单

费用报销审批单　　　　现金付讫

科室：办公室　　　　2013 年 4 月 6 日

经　办　人	张磊	事　　由	办公
项　　目	金额/元	付款方式	备注
购买计算机	2 300.00	现金	
合计			
公司领导审批意见 同意 陈耀 2013.4.6	财务主管 章明 2013.4.6	部门领导 卢俊 2013.4.6	经办人 葛岚英

附件 2 张

图 4-12　费用报销审批单 2

要求：根据图 4-10～图 4-12 编制福州市天方公司相关经济业务的记账凭证。

基础知识

一、会计凭证的意义

1. **会计凭证的概念**

会计凭证，简称凭证，是具有一定格式，用于记录经济业务的发生与完成情况，明确经济责任，作为登记账簿依据的书面证明。

2. **会计凭证的作用**

会计凭证的填制和审核，对于完成会计工作的任务，实现会计职能，发挥会计在经济管理中的作用，具有以下重要意义：

（1）填制、取得会计凭证，可以及时正确地反映各项经济业务的发生或完成情况，并为会计核算、会计分析和会计检查等提供可靠的原始资料与依据，保证会计核算资料的真实性和准确性。

（2）会计凭证的审核，可以有效发挥会计的监督作用，使经济业务合理合法。通过对会计凭证的审核，可以检查所发生的经济业务是否合理、合法与合规，从而严肃财经纪律，限制和防止各种违法行为，充分发挥会计的监督作用。

（3）填制与审核，便于分清责任，加强经济管理中的责任制，提高管理水平。

二、会计凭证的种类

会计凭证的形式多种多样，可以按照不同的标准进行分类。会计凭证按其填制的程序和用途，可以分为原始凭证和记账凭证两类。

任务二　原始凭证

活动一　填制原始凭证

工作案例

2013 年 3 月 9 日，公司出纳填制现金支票，从银行提取现金 5 000 元备用。空白原始凭证如图 4-13 所示，已填制的现金支票如图 4-14 所示。

中国工商银行　（闽）
现金支票存根
$\frac{B}{0}\ \frac{J}{2}$ 35840455
科　　目 ________
对方科目 ________
出票日期年月日

收款人：
金　额：
用　途：

单位主管：　会计：

中国工商银行　现金支票　（闽）　$\frac{B}{0}\ \frac{J}{2}$ 35840455

本支票付款期限十天

出票日期（大写）年　月　日　　付款行名称：
收款人：　　出票人账号：

人民币（大写）：	亿	千	百	十	万	千	百	十	元	角	分

用途 ________　　科目（借） ________
上列款项请从　　对方科目（贷） ________
我账户内支付　　转账日期　年　月　日
出票人签章　　复核：　记账：

表 4-13　现金支票 1

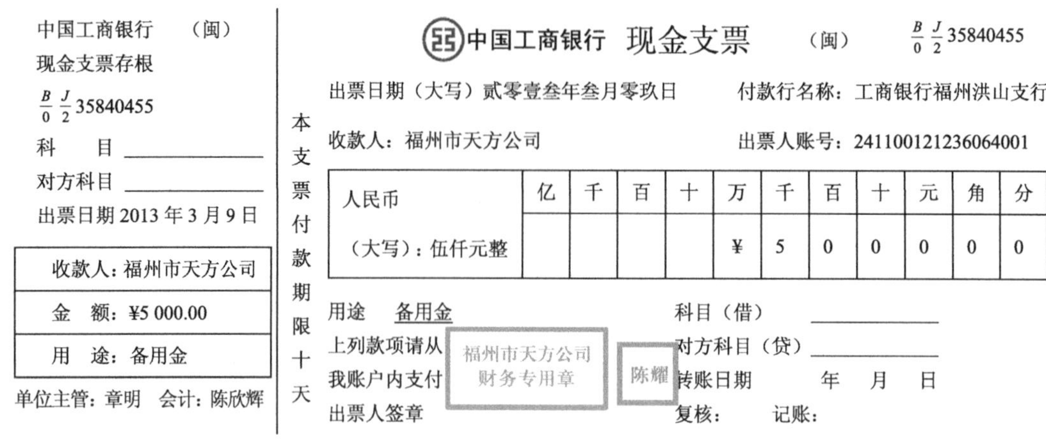

中国工商银行　（闽）
现金支票存根
$\frac{B}{0}\frac{J}{2}$35840455
科　　目 ____________
对方科目 ____________
出票日期 2013 年 3 月 9 日

收款人：福州市天方公司
金　额：¥5 000.00
用　途：备用金

单位主管：章明　会计：陈欣辉

中国工商银行　现金支票　（闽）　$\frac{B}{0}\frac{J}{2}$35840455

本支票付款期限十天

出票日期（大写）贰零壹叁年叁月零玖日　　付款行名称：工商银行福州洪山支行
收款人：福州市天方公司　　出票人账号：24110012123606400１

人民币（大写）：伍仟元整	亿	千	百	十	万	千	百	十	元	角	分
					¥	5	0	0	0	0	0

用途　备用金　　科目（借）____________
上列款项请从　　对方科目（贷）____________
我账户内支付　　福州市天方公司财务专用章　陈耀　　转账日期　　年　月　日
出票人签章　　复核：　　记账：

图 4-14　现金支票 2

活动资料

2013 年 4 月 10 日，福州市天方公司出纳填制现金支票，向三山培训中心支付单位会计人员业务培训费 800 元。原始凭证见表 4-15。（福州市天方公司开户行名称：工商银行福州洪山支行，账号：241100121236064001）

要求：请根据资料在图 4-15 中填制现金支票。

中国工商银行　（闽）
现金支票存根
$\frac{B}{0}\frac{J}{2}$33840756
科　　目 ____________
对方科目 ____________
出票日期年月日

收款人：
金　额：
用　途：

单位主管：　　会计：

中国工商银行　现金支票　（闽）　$\frac{B}{0}\frac{J}{2}$33840756

本支票付款期限十天

出票日期（大写）年　月　日　　付款行名称：
收款人：　　出票人账号：

人民币（大写）：	亿	千	百	十	万	千	百	十	元	角	分

用途 ____________　　科目（借）____________
上列款项请从　　对方科目（贷）____________
我账户内支付　　转账日期　　年　月　日
出票人签章　　复核：　　记账：

图 4-15　现金支票 3

基础知识

一、原始凭证的概念

原始凭证又称单据，是指在经济业务发生或完成时取得或填制的，用以记录或证明经济业务的发生或完成情况的最原始的书面证明。它不仅记录了经济业务发生或完成情况，还明确了经办人的经济责任，是进行会计工作的原始资料和重要依据。因此，任何企业发生经济业务时，不仅要取得或填制原始凭证，还应将原始凭证及时送交本单位的会计机构或会计岗位核算人员，以保证会计核算工作的顺利进行。

二、原始凭证的种类

1. 按取得的来源不同分类

（1）自制原始凭证。自制原始凭证是指在经济业务发生或完成时，由本单位内部经办业务的部门或个人自行填制的原始凭证。如收料单、领料单、限额领料单、产品入库单、产品出库单、借款单、工资单、折旧计算表等。部分自制原始凭证格式如图 4-16～图 4-18 所示。

领　料　单

领料单位：　　　　　　　　　　　　　　　　　　　　No. 0056789

用　　途：　　　　　　　　　年　　月　　日　　　　　发料仓库：

材料类别	材料编号	材料名称	规格	计量单位	数量		单价	金额	备注
					请领	实发			

第二联　财会记账联

负责人：　　　　　　　　　　　发料人：　　　　　　　　　　领料人：

图 4-16　领料单 1

限额领料单

领料单位：　　　　　　　　　　　　　　　　　　　　编号：011123

用　　途：　　　　　　　　　年　　月　　日　　　　　发料仓库：

材料类别	材料编号	材料名称及规格	计量单位	计划单价	领用限额	全月实领	
						数量	金额

日　期	请领		实发			退料			限额结余
	数量	领料单位负责人	数量	发料人	领料人	数量	退料人	收料人	
合计									

供应部门负责人：　　　　　　　生产部门负责人：　　　　　　　仓库负责人：

图 4-17　限额领料单

收　料　单　　　　编号：0485

供货单位：　　　　　　　年　月　日　　　　　　　仓库：

名称及规格	单位	数量		实际成本				备注
		应收	实收	买价	运杂费	总成本	单位成本	
合计								

第二联　财务联

财务主管：　　　　记账：　　　　验收：　　　　制单人：

图 4-18　收料单 2

（2）外来原始凭证。外来原始凭证是指在经济业务发生或完成时，从其他单位或个人直接取得的原始凭证。如购买材料时取得的增值税专用发票、银行转来的各种结算凭证、对外支付款项时取得的收据、职工出差取得的飞机票、车船票等。部分外来原始凭证格式如图 4-19 和图 4-20 所示。

3500093650　　　　**上海市增值税专用发票**

开票日期：2013 年 3 月 1 日　　　　No. 00348173

购货单位	名　　称：福州市天方公司 纳税人识别号：3501011013381 地 址、电 话：（略） 开户行及账号：工商银行洪山支行 241100121236064001					密码区	（略）
货物或应税劳务名称	规格型号	单位	数量	单价	金额	税率	税额
甲材料		个	5 000	3.90	19 500.00	17%	3 315.00
乙材料		个	1 000	5.90	5 900.00	17%	1 003.00
合　　计					¥25 400.00		¥4 318.00
价税合计（大写）	贰万玖仟柒佰壹拾捌元整				（小写）¥29 718.00		
销货单位	名　　称：上海飞雁公司 纳税人识别号：02027368475936 地 址、电 话：（略） 开户行及账号：工商银行浦东支行 07120104006360					备注	上海飞雁公司 02027368475936 发票专用章

第二联　发票联（购货方记账凭证）

收款人：　　　　复核：　　　　开票人：　　　　销货单位（章）

图 4-19　专用发票 1

中国工商银行进账单（收账通知）　　　　3

2013 年 3 月 12 日

出票人	全称	福建商贸总公司	收款人	全称	福州市天方公司
	账号	65247529868		账号	241100121236064001
	开户银行	工商银行屏山支行		开户银行	工商银行洪山支行
金额	人民币（大写）伍拾万元整				亿 千 百 十 万 千 百 十 元 角 分 ¥ 5 0 0 0 0 0 0
票据种类	转账支票	票据张数	1		
票据号码	36801762				
复核：　记账：				开户行盖章	中国工商银行福州洪山支行 2013.3.12 业务清讫

此联是银行给收款人的收账通知

图 4-20　进账单 1

2．按填制手续和方法不同分类

（1）一次原始凭证。一次原始凭证是指只反映一项经济业务或同时反映若干项同类性质经济业务，并且填制手续是一次完成的原始凭证。如各种外来原始凭证都是一次凭证；本单位有关部门自制的领料单、验收单、借款单等也都是一次凭证。

（2）累计原始凭证。累计原始凭证是指反映一定时期内（一般为一个月）连续发生的同类经济业务，其填制手续随着经济业务的发生而分次进行的自制原始凭证。如“限额领料单”，格式如图 4-12 所示。

三、原始凭证的基本内容

由于经济业务复杂多样，因而原始凭证的格式和内容就千差万别。但无论何种原始凭证，都必须做到所载明的经济业务清晰，经济责任明确。根据《会计基础工作规范》的规定所有的原始凭证都应当具备以下内容：

（1）凭证的名称和编号。

（2）填制凭证的日期。

（3）填制凭证单位的名称或填制人的姓名。

（4）经办人员的签名或盖章。

（5）接受凭证单位的名称。

（6）经济业务内容。

（7）经济业务涉及的计量单位、数量、单价和金额。

这些凭证所必备的基本内容，通常被称为凭证要素。

实际工作中，根据某些经济业务的特点，基于经营管理的需要，还可在有关原始凭证上附加以下要求：

（1）外来原始凭证应该使用统一的发票，发票上应该印有税务专业章；必须加盖开票单位的发票专用章。但几种公认的特殊外来原始凭证例外，如火车票、机票、汽车票等。

（2）支付款项的原始凭证，必须要有收款单位和收款人的收款证明，不能仅仅以支付款项的有关凭证代替。

（3）购买实物的原始凭证，必须附有验收证明。

（4）销售货物并发生退回时，必须以退回发票、退回验收证明和对方的收款收据作为原始凭证。

（5）职工暂借款时填制的借款单，必须附在记账凭证后。收回或结清借款时，应另开收据，不得退还原借款单。

（6）需经有关部门批准办理的某些特殊业务，应将批准文件作为原始凭证的附件；若批准文件需单独归档，应在凭证上注明批准机关名称、日期和文件字号。

四、原始凭证填制的基本要求

原始凭证是会计核算的基础，为保证会计核算的质量，填制时应遵守下列基本要求：

1．真实可靠

必须以实际发生的经济业务为依据，不得弄虚作假，伪造或者变造原始凭证。

2．内容完整

原始凭证填写的项目（原始凭证 7 要素）应逐项填写，不可缺漏，尤其需要注意的是：日期应按填制原始凭证的实际日期填写；名称要写全称；品名或用途要具体明确；相关人员的签章必须齐全。

3．填制及时

遵守会计核算及时性原则，在每一项经济业务发生或完成时，应及时填制原始凭证，并按规定的程序及时送交相关部门、人员进行审核。

4．书写清楚、规范

要求做到文字简要、字迹清楚、易于辨认，不得使用未经国务院公布的简化汉字。复写的凭证，要清晰，不串格、不串行。数字的书写应遵守以下规定：

（1）阿拉伯数字要一个一个写， 不能连笔写。阿拉伯金额数字前面应当书写货币币种符号或简写符号。币种符号与阿拉伯金额数字之间不能留有空白。

（2）所有以元为单位的阿拉伯数字，除表示单位等情况外，一律填写到角分，无角分的，角位和分位可写“00”或符号“—”；有角无分的，分位要写“0”不能用符号“—”代替。

（3）汉字大写数字金额，如零、壹、贰、叁、肆、伍、陆、柒、捌、玖、拾、佰、仟、万、亿、元、角、分、整（正）等，一律用正楷或行体书写，不能用一、二、三、四、五、六、七、八、九、十、毛、另（0）等代替。大写金额数字到元或角为止的，在“元”或“角”字之后应当写“整”或“正”字。大写金额数字有“分”的，分后面不能写“整”字。

（4）大写金额数字前未印有货币名称的，应加填货币名称，货币名称和金额数字之间不得留有空白。

（5）阿拉伯金额数字间有“0”时，汉字大写数字金额要写“零”字，如¥3 086.50，汉字大写金额应写成人民币叁仟零捌拾陆元伍角整。阿拉伯金额数字中间连续有几个“0”时，汉字大写金额中可以只写一个“零”字。如¥80 007.49，汉字大写金额应写成人民币捌万零柒元肆角玖分。阿拉伯金额数字元位是“0”，或金额数字中间有连续几个“0”，且元位也是“0”，但角位不是“0”时，汉字大写金额可只写一个“零”字，也可以不写“零”字，如¥4 500.31 汉字大写金额写为人民币肆仟伍佰元叁角壹分或肆仟伍佰元零叁角壹分；但若角位也是“0”时，则汉字大写金额就必需写一个“零”字。如¥7 800.06，汉字大写金额应写成人民币柒仟捌佰元零陆分。

（6）位置要适当。数字写在横格上，高度一般为格距的 1/2，不要写顶格，并稍向右倾。

5．顺序使用

填制原始凭证时要按凭证编码的顺序使用，跳号的原始凭证应加盖“作废”戳记连同存根一并保存，不得撕毁。

对于银行结算凭证和票据，如支票、托收凭证、商业汇票等，除必须遵守上述原始凭证填制的要求外，还必须符合下列要求：

（1）在填写出票日期时必须用中文大写，为防止变造票据的出票日期，在填写月、日时，月为壹、贰和壹拾的，日为壹至玖和壹拾、贰拾、叁拾的，一概在其前面加“零”；日为拾

壹至拾玖时，应在其前面加壹。如 2013 年 7 月 20 日，应写成：贰零壹叁年柒月零贰拾日。再如 2013 年 2 月 16 日，应写为：贰零壹叁年零贰月壹拾陆日。

（2）在票据和结算凭证大写金额栏内不得预印固定的“仟、佰、拾、万、仟、佰、拾、元、角、分”等字样。实际金额大写应在填制票据和结算凭证时直接填写。

（3）票据出票日期使用小写填写的，银行不予受理。大写日期未按要求规范填写的，银行受理后由此造成损失的，由出票人自行承担。

五、原始凭证的填制

下面介绍会计实际工作中常用原始凭证的填制。

1. 支票的签发

支票是出票人签发的，委托办理支票存款业务的银行在见票时无条件支付确定的金额给收款人或持票人的票据。支票由单位的出纳人员负责填写，按支票簿给定的页数顺序填写，按编号次序使用。支票的基本联次有两联：支票存根联和支票正联。

下面填制现金支票，转账支票雷同。

【例 4-1】2013 年 4 月 6 日，公司出纳填制现金支票，支付职工吴华差旅费 8 000 元。原始凭证如图 4-21 所示。（付款行名称：工行福州洪山支行，账号：241100121236064001）

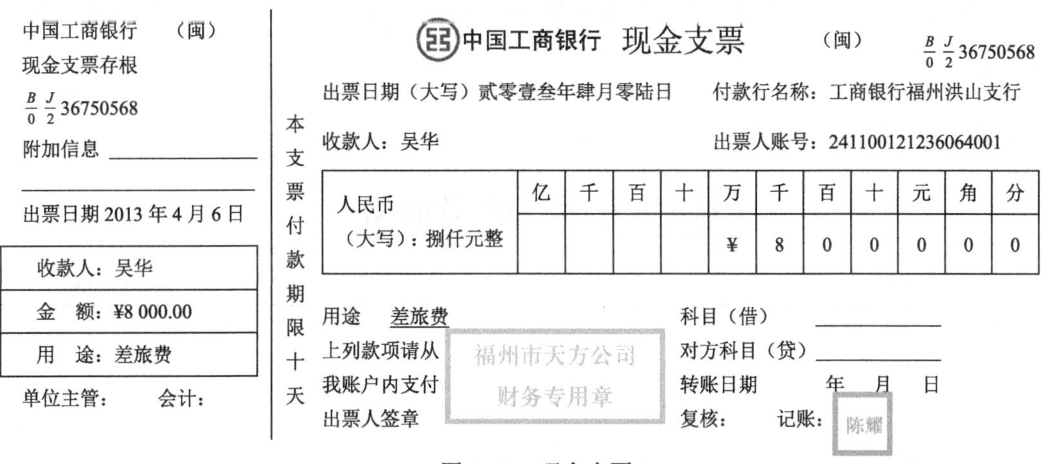

中国工商银行　（闽）
现金支票存根
B/0 J/2 36750568
附加信息 ________

出票日期 2013 年 4 月 6 日

收款人：吴华
金　额：¥8 000.00
用　途：差旅费

单位主管：　会计：

本支票付款期限十天

中国工商银行　现金支票　（闽）　B/0 J/2 36750568

出票日期（大写）贰零壹叁年肆月零陆日　付款行名称：工商银行福州洪山支行

收款人：吴华　出票人账号：241100121236064001

人民币（大写）：捌仟元整	亿	千	百	十	万	千	百	十	元	角	分
					¥	8	0	0	0	0	0

用途　差旅费　科目（借）________

上列款项请从　对方科目（贷）________

我账户内支付　转账日期　年　月　日

出票人签章　福州市天方公司财务专用章　复核：　记账：陈耀

图 4-21　现金支票 4

2. 进账单的填制

进账单是企业向开户银行送交从外单位取得的支票、银行本票、银行汇票、到期的商业汇票等票据，办理银行存款收入业务时填制的单证，由银行开户单位的财会人员负责填写。进账单的基本联次为一式三联，第一联为回单联，是出票人的开户银行交给出票人的回单；第二联贷方凭证联，是收款人开户银行作为贷方凭证；第三联收款通知联，是开户银行交给收款人的收款通知。

【例 4-2】2013 年 4 月 13 日，公司收到福州国贸公司（开户行及账号：工商银行福州梅婷支行 2134556677885323）转账支票一张，归还前欠货款 16 000 元。出纳填制进账单送存银行。原始凭证如图 4-22 所示。

中国工商银行进账单（回单） 1

2013 年 4 月 13 日

出票人	全称	福州国贸公司	收款人	全称	福州市天方公司
	账号	2134556677885323		账号	241100121236064001
	开户银行	工商银行福州梅亭支行		开户银行	工商银行洪山支行

金额	人民币（大写） 壹万陆仟元整	亿	千	百	十	万	千	百	十	元	角	分
					¥	1	6	0	0	0	0	0

票据种类	转账支票	票据张数		开户银行签章 中国工商银行洪山支行 2013.4.13 业务清讫

此联是开户银行给持票人的回单

图 4-22 进账单 2

3．收据的填制

收据是收款人在收到款项时开给交款人的收款凭证。基本联次为三联或多联，第一联为存根联，由收款单位留存备查，第二联为收据（报销）联，是交款人作为付款的凭证，第三联为记账联，是收款人作为收款记账的凭证。

【例 4-3】 2013 年 4 月 15 日，公司收到福建商贸公司转来的投资款 500 000 元，出纳向福州商贸公司开具收款收据。原始凭证如图 4-23 所示。

福州市天方公司收款收据

2013 年 4 月 15 日　　No. 112358

收款方式：☐ 现金　☑ 银行

兹收到 福建商贸总公司

交来投资款

人民币（大写）伍拾万元整　　¥500 000.00

单位盖章　　主管：章明　　经手人：周彤

（福州市天方公司 财务专用章）

第三联 登账

图 4-23 收款收据 1

4．借款单的填制

借款单是职工的借据，是企业与职工之间结算的依据，也是会计人员记账的依据。由借款人正确填写后，在借款人处签字，再由本单位负责人审批，同意后签字；然后交财务主管核批并签字；最后交出纳员支取现金。

【例 4-4】 2013 年 4 月 16 日，采购部吴华填制借款单预借差旅费 8 000 元，于 17 日前往上海参加商品交易会。原始凭证如图 4-24 所示。

福州市天方公司借款单

日期 2013 年 4 月 16 日　　No. 063572

部门	姓名	借款金额	批准金额		备注
采购部	吴华	¥8 000.00	¥8 000.00		
借款金额人民币（大写）捌仟元整					
借款理由	去上海参加商品交易会	领导批示	同意 陈耀 2013.4.16		

会计主管：章明　　复核：　　制表人：吴华

图 4-24　借款单 2

5．收料单的填制

收料单是外购的材料物资验收入库时填制的凭证，仓库保管员填制。收料单一般一式三联，第一联留存仓库，仓库据以收货并登记材料卡片和材料明细账。第二联给采购部门留存。第三联送交财务部门，办理货款结算。

【例 4-5】2013 年 4 月 18 日，仓库保管员根据飞雁公司送达东库的材料的验收情况，填制收料单（甲材料 10 000 个，乙材料 1 000 个）。原始凭证如图 4-25 所示。

福州市天方公司收料单　　编号：0425

供货单位：飞雁公司　　2013 年 4 月 18 日　　仓库：东库

名称及规格	单位	数量		实际成本				备注
		应收	实收	买价	运杂费	总成本	单位成本	
甲材料		10 000	10 000					
乙材料		1 000	1 000					
合计		11 000	11 000					

第二联　财务联

财务主管：　　记账：陈欣辉　　验收：　　制单人：杨冰

图 4-25　收料单 3

6．领料单的填制

领料单的填制是仓库管理的最后一个阶段。领料单一般一式四联，第一联为存根联，留领料部门备查；第二联为记账联，留会计部门作为出库材料核算依据；第三联为保管联，留仓库作为记材料明细账依据；第四联为业务联，留供应部门作为物质供应统计依据。领料单由车间经办人员填制。

【例 4-6】2013 年 4 月 23 日，领料人填制领料单，领取甲材料 5 000 个，乙材料 600 个，用于生产 A 产品。原始凭证如图 4-26 所示。

领　料　单

领料单位　生产车间　　　　　　　　　　　　　　　No. 0036789

用　　途　生产 A 产品　　　　　　　　　　　　　　发料仓库　东库

2013 年 4 月 23 日

<table>
<tr><th rowspan="2">材料类别</th><th rowspan="2">材料编号</th><th rowspan="2">材料名称</th><th rowspan="2">规格</th><th rowspan="2">计量单位</th><th colspan="2">数量</th><th rowspan="2">单价</th><th rowspan="2">金额</th><th rowspan="2">备注</th></tr>
<tr><th>请领</th><th>实发</th></tr>
<tr><td></td><td></td><td>甲材料</td><td></td><td>个</td><td>5 000</td><td>5 000</td><td></td><td></td><td></td></tr>
<tr><td></td><td></td><td>乙材料</td><td></td><td>个</td><td>600</td><td>600</td><td></td><td></td><td></td></tr>
</table>

第二联　财会记账联

负责人：　　　　　　　　　　发料人：陈红　　　　　　　　领料人：何琴

图 4-26　领料单 2

拓展知识

差旅费报销单是由个人报销出差费用时填写。差旅费报销单为单联式，一次书写完成。差旅费报销单后应粘贴交通费、住宿发票等票据，并归类填写。报销标准、比例及各项补助应按有关规定计算填写。相关负责人对单据签字确认后，经财务部门审核方可领取款项。

【例 4-7】4 月 22 日，采购员吴华填制差旅费报销单报销差旅费，预借 8 000 元，余额退回。原始凭证如图 4-27 所示。

福州市天方公司差旅费报销单

日期 2013 年 4 月 22 日

<table>
<tr><td colspan="2">姓名</td><td colspan="2">吴华</td><td>同行人数</td><td></td><td colspan="2">出差事由</td><td colspan="3">交易会</td><td>出差地点</td><td colspan="2">上海</td></tr>
<tr><td colspan="4">起讫时间</td><td rowspan="2">起讫地点</td><td colspan="2">车船住宿费</td><td colspan="4">途中住勤补贴费</td><td rowspan="2">夜间无卧补贴</td><td rowspan="2">出差日期</td><td rowspan="2">4 月 17 日至 21 月 21 日（共 5 天）</td></tr>
<tr><td>月</td><td>日</td><td>月</td><td>日</td><td>单据</td><td>金额</td><td>人数</td><td>天数</td><td>标准</td><td>金额</td></tr>
<tr><td>4</td><td>17</td><td></td><td></td><td>福州→上海</td><td>1</td><td>960 元</td><td>1</td><td>5</td><td>80</td><td>400 元</td><td></td><td>公务费</td><td>1 张 1 000 元</td></tr>
<tr><td></td><td></td><td>4</td><td>21</td><td>上海→福州</td><td>1</td><td>1 080 元</td><td></td><td></td><td></td><td></td><td></td><td>其 他</td><td>3 张 1 328 元</td></tr>
<tr><td></td><td></td><td></td><td></td><td>住宿费</td><td>1</td><td>2 060 元</td><td></td><td></td><td></td><td></td><td></td><td>预借款</td><td>8 000 元</td></tr>
<tr><td></td><td></td><td></td><td></td><td></td><td></td><td></td><td></td><td></td><td></td><td></td><td></td><td>核销额</td><td>6 828 元</td></tr>
<tr><td></td><td></td><td></td><td></td><td></td><td></td><td></td><td></td><td></td><td></td><td></td><td colspan="2">退（补）额</td><td>1 172 元</td></tr>
<tr><td colspan="5">车船住宿费补贴合计</td><td>3</td><td>4 100 元</td><td></td><td></td><td></td><td>400 元</td><td colspan="2">市内交通费补贴</td><td></td></tr>
<tr><td colspan="2">合计报销金额</td><td colspan="10">人民币（大写）陆仟捌佰贰拾捌元零角零分　　¥6 828.00</td><td>备注</td><td></td></tr>
</table>

单位主管：陈耀　　　　会计主管：章明　　　　会计：陈欣辉　　　　报销人：吴华

图 4-27　差旅费报销单

活动二　审核原始凭证

工作案例

2013 年 4 月 11 日，公司财务人员对福州市台胞公司开来的、用于归还前欠货款的转账

支票进行审核。原始凭证如图 4-28 所示。请指出存在的问题。

中国工商银行 转账支票 （闽） $\frac{B}{0}\frac{J}{2}$36840855

出票日期（大写）贰零壹叁年肆月壹拾壹日 付款行名称：工商银行福州南门支

收款人：福州市天方公司 出票人账号：15895376432

本支票付款期限十天

人民币（大写）：贰万壹仟零陆拾元整	亿	千	百	十	万	千	百	十	元	角	分
				¥	2	1	0	6	0	0	0

用途 货款 科目（借）

上列款项请从 对方科目（贷）

我账户内支付 转账日期 年 月 日

福州市台胞公司财务专用章

出票人签章 陈 平 复核： 记账：

图 4-28 转账支票 1

小写金额最高位前未填货币符号，应在小写金额最高位前加填货币“¥”符号。正确原始凭证如图 4-29 所示。

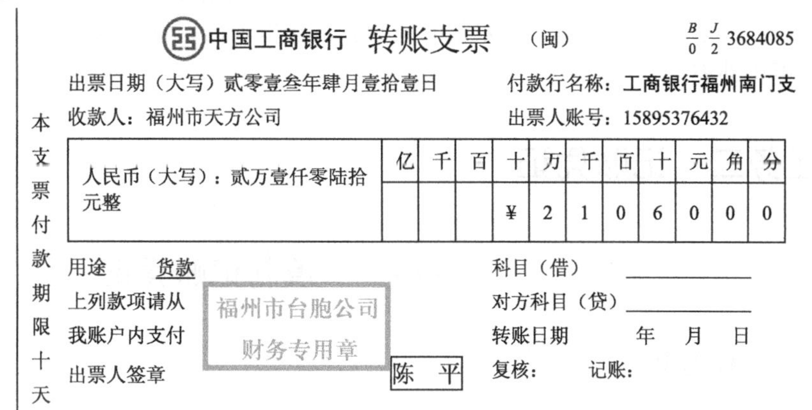

中国工商银行 转账支票 （闽） $\frac{B}{0}\frac{J}{2}$3684085

出票日期（大写）贰零壹叁年肆月壹拾壹日 付款行名称：工商银行福州南门支

收款人：福州市天方公司 出票人账号：15895376432

本支票付款期限十天

人民币（大写）：贰万壹仟零陆拾元整	亿	千	百	十	万	千	百	十	元	角	分
				¥	2	1	0	6	0	0	0

用途 货款 科目（借）

上列款项请从 对方科目（贷）

我账户内支付 转账日期 年 月 日

福州市台胞公司财务专用章

出票人签章 陈 平 复核： 记账：

图 4-29 转账支票 2

活动资料

2013 年 4 月 19 日，公司财务主管对从银行提取 3 000.00 元备用金的现金支票进行审核。原始凭证如图 4-30 所示。请指出存在的问题。

中国工商银行 （闽）

现金支票存根

$\frac{B}{0}\frac{J}{2}$35840485

科 目 ____________

对方科目 ____________

出票日期 2013 年 4 月 19 日

收款人：福州天方公司
金 额：¥3 000.00
用 途：备用金

中国工商银行 现金支票 （闽） $\frac{B}{0}\frac{J}{2}$3684085

出票日期（大写）贰零壹叁年肆月壹拾玖日 付款行名称：工商银行洪山支行

收款人：福州市天方公司 出票人账号：241100121236064001

本支票付款期限十天

人民币（大写）：叁仟元整	亿	千	百	十	万	千	百	十	元	角	分
					¥	3	0	0	0	0	0

用途 备用金 科目（借）

上列款项请从 对方科目（贷）

我账户内支付 转账日期 年 月 日

福州市天方公司财务专用章

出票人签章 陈耀 复核： 记账：

图 4-30 现金支票 5

基础知识

为了如实反映经济业务的发生和完成情况，充分发挥会计的监督职能，保证会计信息的真实性、可靠性和正确性，会计机构、会计人员必须对原始凭证进行严格审核。主要包括以下几点：

（1）审核原始凭证的合法性，即审核原始凭证所记录的经济业务是否符合国家有关政策、法律、法规的要求，是否存在违法乱纪行为。

（2）审核原始凭证的真实性，即审核原始凭证中所列的经济业务内容是否真实。

（3）审核原始凭证的完整性，即审核原始凭证各项基本要素是否齐全，是否有漏项情况，日期是否完整，数字是否清晰，文字是否工整，有关人员签章是否齐全，凭证联次是否正确等。

（4）审核原始凭证的正确性，即审核原始凭证得文字表述、数字计算、金额填列等是否正确。

会计机构、会计人员对于不真实、不合法的原始凭证，有权不予接受，并向单位负责人报告；对于记载不准确、不完整的原始凭证予以退回，并要求经办人员按照国家统一规定进行更正补充。

任务三　记账凭证

活动一　填制记账凭证

工作案例

2013 年 3 月 9 日，公司出纳填制现金支票，从银行提取现金 5 000.00 元备用。原始凭证如图 4-31 所示。

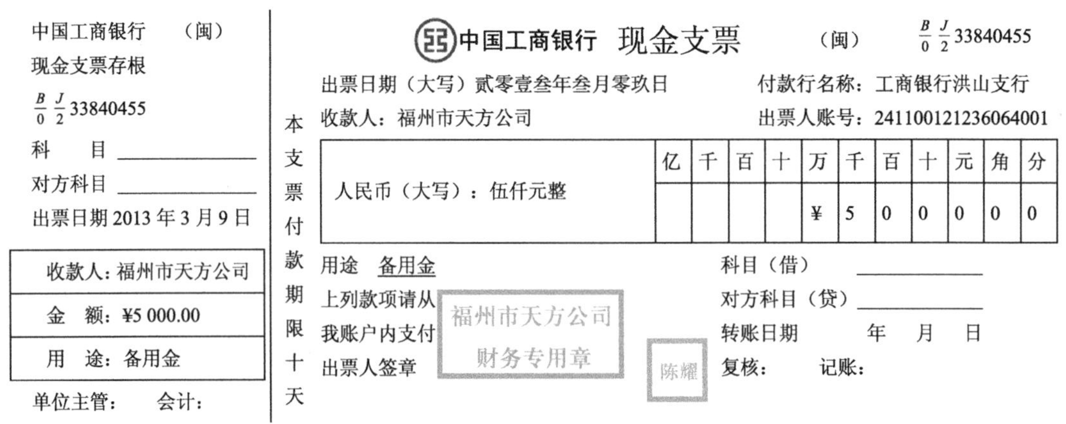
中国工商银行　（闽）
现金支票存根
B/0 J/2 33840455
科　目 ________
对方科目 ________
出票日期 2013 年 3 月 9 日

收款人：福州市天方公司
金　额：¥5 000.00
用　途：备用金

单位主管：　会计：

中国工商银行　现金支票　（闽）　B/0 J/2 33840455
出票日期（大写）贰零壹叁年叁月零玖日　付款行名称：工商银行洪山支行
收款人：福州市天方公司　出票人账号：241100121236064001
本支票付款期限十天

人民币（大写）：伍仟元整	亿	千	百	十	万	千	百	十	元	角	分
					¥	5	0	0	0	0	0

用途 备用金　科目（借）________
上列款项请从我账户内支付　对方科目（贷）________
出票人签章　转账日期　年　月　日
福州市天方公司财务专用章　陈耀
复核：　记账：

图 4-31　现金支票 6

根据现金支票存根，填制记账凭证如图 4-32 所示。

记 账 凭 证

2013 年 3 月 9 日　　　　　　　　　　　　　　　　　　　　　　　记字第 48 号

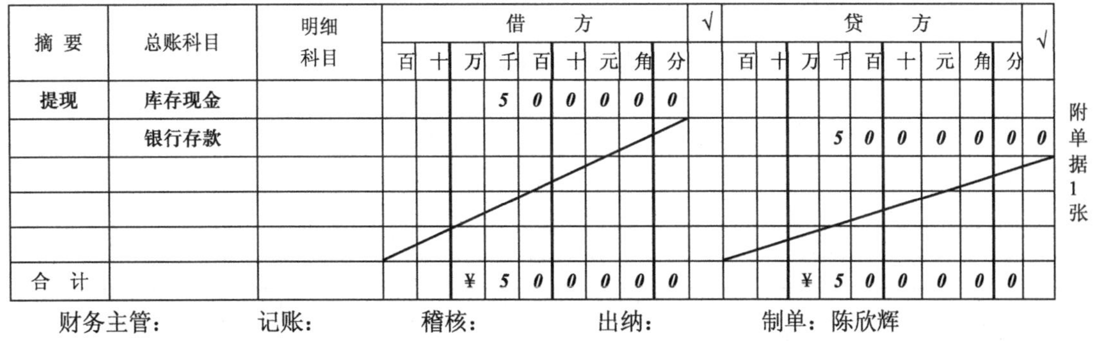

摘要	总账科目	明细科目	借方									√	贷方									√
			百	十	万	千	百	十	元	角	分		百	十	万	千	百	十	元	角	分	
提现	库存现金					5	0	0	0	0	0											
	银行存款															5	0	0	0	0	0	0
合计					¥	5	0	0	0	0	0				¥	5	0	0	0	0	0	

附单据 1 张

财务主管：　　记账：　　稽核：　　出纳：　　制单：陈欣辉

图 4-32　记账凭证 4

活动资料

2013 年 4 月 28 日，公司出纳填制现金支票，以支付公司财务人员会计培训费 1 200 元。原始凭证如图 4-33 所示。根据原始凭证填制记账凭证（上一张记账凭证编码是记字第 62 号）。

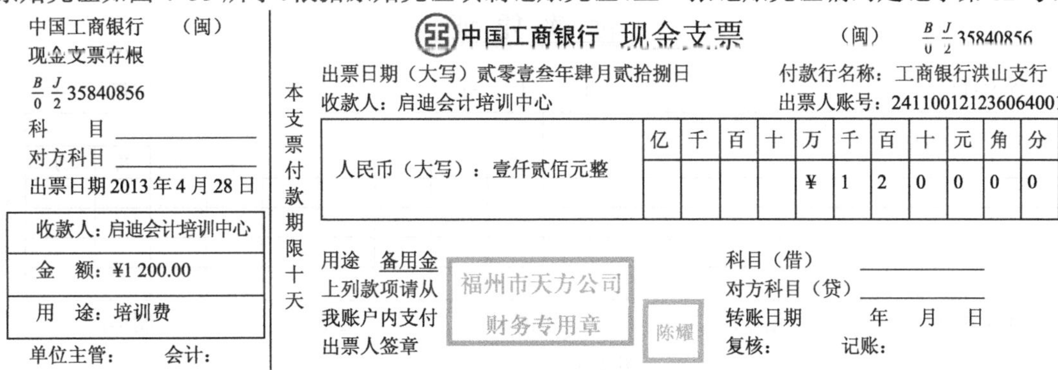

中国工商银行　（闽）
现金支票存根
$\frac{B}{0}\frac{J}{2}$ 35840856
科　目 ____________
对方科目 ____________
出票日期 2013 年 4 月 28 日

收款人：启迪会计培训中心
金　额：¥1 200.00
用　途：培训费

单位主管：　　会计：

本支票付款期限十天

中国工商银行　现金支票　（闽）　$\frac{B}{0}\frac{J}{2}$ 35840856

出票日期（大写）贰零壹叁年肆月贰拾捌日　　付款行名称：工商银行洪山支行
收款人：启迪会计培训中心　　出票人账号：24110012123606400l

人民币（大写）：壹仟贰佰元整	亿	千	百	十	万	千	百	十	元	角	分
					¥	1	2	0	0	0	0

用途　备用金
上列款项请从
我账户内支付
出票人签章

福州市天方公司
财务专用章

陈耀

科目（借）____________
对方科目（贷）____________
转账日期　　年　月　日
复核：　　记账：

图 4-33　现金支票 7

基础知识

一、记账凭证的概念

记账凭证是财会部门根据审核无误的原始凭证或原始凭证汇总表填制的，记载经济业务简要内容，确定会计分录，并据以登记账簿的会计凭证。

二、记账凭证的种类

记账凭证按其反映经济业务内容不同，分为专用记账凭证和通用记账凭证两类。

（1）专用记账凭证。专用记账凭证是专门用于记录某一类经济业务的记账凭证，包括收款凭证、付款凭证和转账凭证。

1）收款凭证。收款凭证是指用于记录现金和银行存款等货币资金收入相关业务的会计凭证。它是根据库存现金和银行存款收入业务的原始凭证编制的，分为现金收款凭证和银行存款收款凭证。收款凭证的格式如图 4-34 所示。

收 款 凭 证

借方科目：　　　　年　月　日　　　　字第　号

摘要	贷方总账科目	明细科目	记账符号	金额									
				百	十	万	千	百	十	元	角	分	附单据
													张
合计													

财务主管：　　记账：　　稽核：　　出纳：　　制单：

图 4-34　收款凭证 1

2）付款凭证。付款凭证是指用于记录现金和银行存款等货币资金付出相关业务的会计凭证。它是根据库存现金和银行存款付出业务的原始凭证编制的，分为现金付款凭证和银行存款付款凭证。付款凭证的格式如图 4-35 所示。

付 款 凭 证

贷方科目：　　　　年　月　日　　　　字第　号

摘要	贷方总账科目	明细科目	记账符号	金额									
				百	十	万	千	百	十	元	角	分	附单据
													张
合计													

财务主管：　　记账：　　稽核：　　出纳：　　制单：

图 4-35　付款凭证 1

3）转账凭证。转账凭证是指用于记录与现金和银行存款无关业务的会计凭证。它是根据有关转账业务的原始凭证编制的。转账凭证的格式如图 4-36 所示。

转 账 凭 证

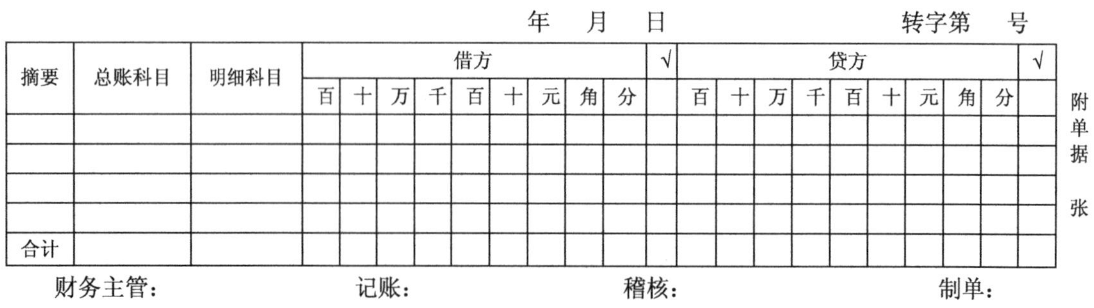

年　月　日　　　　转字第　号

摘要	总账科目	明细科目	借方									√	贷方									√	
			百	十	万	千	百	十	元	角	分		百	十	万	千	百	十	元	角	分		附单据
																							张
合计																							

财务主管：　　记账：　　稽核：　　制单：

图 4-36　转账凭证 1

（2）通用记账凭证。通用记账凭证是指对经济业务不再区分收款、付款和转账业务，而将全部业务统一编号，在同一格式的凭证中进行记录。通用记账凭证的格式如图 4-37 所示。

记 账 凭 证

年 月 日　　　　　　　　记字第 号

摘要	总账科目	明细科目	借方									√	贷方									√
			百	十	万	千	百	十	元	角	分		百	十	万	千	百	十	元	角	分	
合计																						

附单据 张

财务主管：　　记账：　　稽核：　　出纳：　　制单：

图 4-37 记账凭证 5

三、记账凭证的基本内容

作为登记账簿直接依据的记账凭证，可以根据自身的特点和管理的要求来设计。但为了满足记账的基本要求，记账凭证应具备以下基本内容或要素：

（1）记账凭证的名称。

（2）填制的日期。

（3）记账凭证的编号，一般按月顺序连续编号。

（4）经济业务事项的内容摘要。摘要应能清晰地揭示经济业务的内容，同时要简明扼要。

（5）经济业务事项所涉及的会计科目及其记账方向。

（6）经济业务事项的金额。

（7）所附原始凭证的张数。

（8）有关责任人的签章，会计主管、记账、审核、制单等有关人员签章，收款凭证和付款凭证还应有出纳人员签名或盖章。

四、记账凭证的填制要求

记账凭证除了具备上述基本内容外，填制时还要符合以下基本要求：

（1）应根据审核无误的原始凭证填制记账凭证。

（2）填制日期。一般是填写记账凭证当天的日期，根据需要也可以填写经济业务发生时的日期或当月月末日期。

（3）编号。要根据不同情况采纳不同的编号方法。如果企业采用通用记账凭证，记账凭证的编号可以采取顺序编号法，即按月编制序号。如果是采取收款凭证、付款凭证和转账凭证的专用记账凭证形式，则记账凭证应该按照字号编号法，即把不同类型的记账凭证用“字”加以区别，再把同类的记账凭证按照顺序加以连续编号。如“收字第××号”“付字第××号”“转字第××号”等。如果一项经济业务需要填制一张以上的记账凭证时，记账凭证的编号可以采取分数编号法。例如，企业在采取专用记账凭证时，某月某日发生一笔转账业务，需要填制三张记账凭证，则这三张记账凭证的编号如下：转字第 25 1/3（第一张）、转字第 25 2/3（第二张）、转字第 25 3/3（第三张）。其中分母代表该项经济业务的记账凭证总数，分子表示第几张凭证，前面的整数为总顺序号。分数编号法可以与顺序编号法结合运用，也可以与字号编号法结合运用。在月末最后一张记账凭证的编号旁加注（全）字。

（4）内容摘要。摘要应清晰地表述出与所属原始凭证的经济内容相符，文字要准确，简明扼要。

（5）会计科目。填制在记账凭证上的会计科目，必须按照会计制度统一规定的会计科目，应借应贷的勾稽关系必须清晰。会计科目和明细科目要写全称，不能省略，以便日后核查。

（6）附件齐全。所谓附件是指记账凭证后面所附的原始凭证。除结账和更正错误的记账凭证可以不附原始凭证外，其他记账凭证必须附有原始凭证。所附原始凭证张数的计算，一般以原始凭证的自然张数为准。与记账凭证中的经济业务事项记录有关的每一张证据都应当作为原始凭证的附件。如果记账凭证中附有原始凭证汇总表，则应该把所附原始凭证和原始凭证汇总表的张数一起计入附件的张数之内。但报销差旅费等零散票券，可以粘贴在一张纸上，作为一张原始凭证。一张原始凭证如涉及几张记账凭证的，可以把原始凭证附在一张主要的记账凭证后面，并在其他记账凭证上注明附有该原始凭证的编号或者附上该原始凭证的复印件。

（7）画线注销空行。记账凭证填制完经济业务事项后，如有空行，应当自金额栏最后一笔金额数字下的空行处至合计数上的空行处画线注销，以堵塞漏洞，严格会计核算手续。

（8）责任人员签字。记账凭证编制完毕，与所属原始凭证核对后，由相关人员签字或盖章。

（9）记账凭证填制时，如果发生错误，应重新填制。

五、通用记账凭证具体的填制方法

在实际工作中，规模不大、经济业务量不多的单位，可以使用统一格式的通用记账凭证，具体填制方法如下。

（1）记账凭证日期。一般是会计人员填制记账凭证的当天日期。

（2）编号。根据经济业务先后顺序按月连续编号，便于查账记账、防止散失。

（3）内容摘要。真实准确、简明扼要、完整清楚。

（4）会计科目与记账方向。正确填写会计科目、对应关系清楚。

（5）金额。与原始凭证金额相同、借贷金额方向与会计科目对应、借贷金额分别汇总、注销金额栏空行。

（6）附件张数。原始凭证的张数（原始凭证附在记账凭证的后面）。

（7）签章。制单人员签章，明确责任。

（8）记账标志。登记账簿后在记账符号栏处打“ √ ”，表示已经入账。

【例 4-8】企业于 4 月 20 日以转账支票支付展厅的展示费 5 000 元，取得发票。原始凭证如图 4-38 和图 4-39 所示。

中国工商银行（闽）

现金支票存根

$\frac{B}{0}\frac{J}{2}$26350257

附加信息 ____________

出票日期 2013 年 4 月 20 日

收款人：福建经贸展览中心公司
金　额：¥5 000.00
用　途：展示费

单位主管：　　会计：陈欣辉

图 4-38　转账支票存根 1

福建省服务业专用发票　　　　发票代码 135051016031

发票联　　　　发票号码 32640946

2013 年 4 月 20 日

客户：福州市天方公司

项目内容	金额						
	万	千	百	元	元	角	分
摊位费		5	0	0	0	0	0
合计人民币（大写）：伍仟元整	¥	5	0	0	0	0	0

第二联　发票联

收款单位盖章：福建经贸展览中心公司 发票专用章　　财务：　　复核：　　填票人：陈霞

图 4-39　专用发票 2

根据图 4-38 和图 4-39，填制记账凭证如图 4-40 所示。

记 账 凭 证

2013 年 4 月 20 日　　　　记字第 58 号

摘要	总账科目	明细科目	借方									√	贷方									√
			百	十	万	千	百	十	元	角	分		百	十	万	千	百	十	元	角	分	
支付	销售费用	展示费				5	0	0	0	0	0											
摊位费	银行存款														5	0	0	0	0	0	0	
合计					¥	5	0	0	0	0	0				¥	5	0	0	0	0	0	

附单据 2 张

财务主管：郑伟其　　记账：　　稽核：　　出纳：周彤　　制单：姜海涛

图 4-40　记账凭证 6

拓展知识

一、记账凭证按填制方式分类

记账凭证按填制方式分为单式记账凭证和复式记账凭证。

1. **单式记账凭证**

单式记账凭证是指只填列经济业务事项所涉及的一个会计科目及其金额的记账凭证。

2. **复式记账凭证**

复式记账凭证是指将每一笔经济业务事项所涉及的全部会计科目及其发生额均在同一张记账凭证中反映的一种凭证。

二、收款凭证的填制

收款凭证的填制应满足下列要求：

（1）收款凭证上方“借方科目”应填列“银行存款”或“库存现金”科目。

（2）年、月、日应按受理经济业务事项制证的日期。

（3）在凭证的右上方为记账凭证编号，可按银收、现收顺序编号（一月重编一次，不能重号，也不能漏号）。

（4）“摘要”栏上应填写经济业务内容的简要说明。

（5）“贷方科目”填写“银行存款”或“库存现金”相对应的一级科目和二级明细科目，各贷方科目的金额填入本科目同一行的“金额”栏中。“合计”行的金额表示借方科目“银行存款”或“库存现金”的金额。

（6）“记账”栏内注明已记入有关分类账的符号，一般用打“√”表示，避免漏记账或重复记账。

（7）附件张数填写所附原始凭证的张数。

（8）有关人员签章。

【例 4-9】2013 年 4 月 21 日，收到福州市台胞公司交来一张转账支票，归还上月欠款 21 060 元。

根据银行收账通知，填制收账凭证如图 4-41 所示。

收 款 凭 证

借方科目：银行存款　　　　2013 年 4 月 21 日　　　　银收字第 30 号

摘要	贷方总账科目	明细科目	记账符号	金额								
				百	十	万	千	百	十	元	角	分
归还欠款	应收账款	福州台胞						1	7	2	0	0
合计							¥	1	7	2	0	0

附单据 1 张

财务主管：章明　　记账：　　稽核：　　出纳：周彤　　制单：陈欣辉

图 4-41　收款凭证 2

三、付款凭证的填制

付款凭证的填制方法与收款凭证基本相同。不同的只是列在格式左上角的是“贷方科目”，填列“库存现金”或“银行存款”科目，在格式的第二栏则是“借方科目”，填列与付出款项相对应的会计科目。按银付、现付顺序编号，日期按付出货币资金的时间填写。

【例 4-10】企业 2013 年 4 月 23 日采用汇兑结算方式向上海飞鹰公司支付前欠货款 33 000 元。

根据银行回单，填制付款凭证如图 4-42 所示。

付 款 凭 证

贷方科目：银行存款　　　　2013 年 4 月 23 日　　　　银付字第 18 号

摘要	借方总账科目	明细科目	记账符号	金额								
				百	十	万	千	百	十	元	角	分
支付货款	应付账款	上海飞鹰				3	3	0	0	0	0	0
合　计					¥	3	3	0	0	0	0	0

附单据 1 张

财务主管：章明　　记账：　　稽核：　　出纳：周彤　　制单：陈欣辉

图 4-42　付款凭证 2

四、转账凭证的填制

转账凭证填制与通用记账凭证基本相同。

【例 4-11】企业 2013 年 4 月 26 日，生产 A 产品领用甲材料 10 000 个，单价 3.92 元，领用 B 材料 1 000 个，单价 5.92 元，共计 45 120 元。

根据领料单，填制转账凭证如图 4-43 所示。

转 账 凭 证

2013 年 4 月 26 日　　　　转字第 28 号

摘要	总帐科目	明细科目	借方									√	贷方									√
			百	十	万	千	百	十	元	角	分		百	十	万	千	百	十	元	角	分	
生产 A	生产成本	A 产品			4	5	1	2	0	0	0											
产品领用材料	原材料	甲材料													3	9	2	0	0	0	0	
		乙材料														5	9	2	0	0	0	
合计				¥	4	5	1	2	0	0	0			¥	4	5	1	2	0	0	0	

附单据 2 张

财务主管：章明　　记账：　　稽核：　　制单：陈欣辉

图 4-43　转账凭证 2

活动二　审核记账凭证

工作案例

3 月份，财务科新分来的会计专业大学生吴晓华填制的部分记账凭证及各记账凭证所附的原始凭证如图 4-44～图 4-46 所示，稽核人员认真审核该月份的记账凭证，并指出存在的问题。

记 账 凭 证

2013 年 3 月 23 日　　　　记字第 59 号

摘要	总账科目	明细科目	借方									√	贷方									√
			百	十	万	千	百	十	元	角	分		百	十	万	千	百	十	元	角	分	
购买办公用品	管理费用	办公用品					9	9	8	0	0											
	银行存款																9	9	8	0	0	
合计						¥	9	9	8	0	0					¥	9	9	8	0	0	¥

附单据 2 张

财务主管：章明　　记账：　　稽核：　　出纳：周彤　　制单：吴晓华

图 4-44　记账凭证 7

中国工商银行（闽）

现金支票存根

$\frac{B}{0}\frac{J}{2}$51260382

附加信息 ______________

出票日期 2013 年 3 月 22 日

收款人：福建东升百货公司
金　额：¥ 998.00
用　途：办公用品

单位主管：　　会计：陈欣辉

图 4-45　现金支票存根 1

福建国税

福建省国家税务局通用手工发票　　发票代码 1350511086052

发票号码 32640942

（印章：全国统一发票监制章 闽福州 国家税务总局监制）

客户：福州市天方公司　　2013 年 3 月 22 日

项目内容	金额					
	千	百	十	元	角	分
文件夹 10×13.8		1	3	8	0	0
账　本 20×21		4	2	0	0	0
复印纸 4×110		4	4	0	0	0
合计人民币（大写）：玖佰玖拾捌元整	¥	9	9	8	0	0

（印章：福建东升百货公司 发票专用章）

收款单位盖章：　　财务：　　复核：　　填票：陈丽

图 4-46　通用手工发票 3

存在问题：附件应附三张原始凭证，缺一张入库验收证明，应补附。原始凭证如图 4-47 所示。

入　库　单

物资类别：办公用品　　　　No. 0096239

2013 年 3 月 22 日

交来部门	福州市东升公司		发票或生产单号码			验收仓库	仓库
编　号	名称及规格	单　位	数　量		单　价	金　额	备 注
			交　库	实　收			
	文件夹	个	10	10		/	
	账　本	本	20	20		/	
	复印纸	箱	4	4		/	
合　计						/	

（二）记账联

财务主管：　　记账：　　保管部门主管：　　验收：张　杉　　缴库：

图 4-47　入库单

活动资料

公司稽核人员认真审核了 4 月份的记账凭证，部分记账凭证及各记账凭证所附的原始凭证如图 4-48～图 4-52 所示。请指出存在的问题。

记 账 凭 证

2013 年 4 月 23 日　　　　记字第 67 号

摘要	总账科目	明细科目	借方									√	贷方									√
			百	十	万	千	百	十	元	角	分		百	十	万	千	百	十	元	角	分	
购买计算机	固定资产	计算机			1	4	0	4	0	0	0											
	银行存款														1	4	0	4	0	0	0	
合计				¥	1	4	0	4	0	0	0			¥	1	4	0	4	0	0	0	

附单据 3 张

财务主管：章明　　记账：　　稽核：　　出纳：周彤　　制单：陈欣辉

图 4-48　记账凭证 8

福州市天方公司付款申请书

2013 年 4 月 27 日　　　　No. 1245687

付款部门：办公室	付款金额：壹万肆仟零肆拾元整	付款方式：转账
收款单位：福建永乐股份有限公司	收款单位开户行：工行福州东街支行	账号：1687924365035326
事由：购买办公使用计算机		
批准人：同意　陈　耀		

第三联　财务联

财务主管：陈辉　　部门负责人：王军　　申请人：张磊

图 4-49　付款申请书

中国工商银行（闽）
现金支票存根

$\frac{B}{0}\frac{J}{2}$36260385

附加信息

出票日期　2013 年 4 月 23 日

收款人：福建永乐公司
金额：¥14 040.00
用途：货款

单位主管：　　　　会计：陈欣辉

图 4-50　现金支票存根 2

中国工商银行进账单（回单）　　1

2013 年 4 月 23 日

出票人	全称	福州市天方公司	收款人	全称	福建永乐股份有限公司
	账号	241100121236064001		账号	1687924365035326
	开户银行	工商银行福州洪山支行		开户银行	工商银行福州东街支行

金额	人民币（大写）：壹万肆仟零肆拾元整	亿	千	百	十	万	千	百	十	元	角	分
					¥	1	4	0	4	0	0	0

票据种类	转账支票	票据张数	
票据号码			

复核：　　　记账：　　　　开户银行签章

中国工商银行福州市洪山支行
★ 2013.4.23★
业　务　清　讫
(01)

此联是开户银行给持票人的回单

图 4-51　进账单 3

福建省货物销售普通发票

发票代码 135010716031

发票号码 48756845

全国统一发票监制章
闽福州
发票联
国家税务总局监制

客户：福州市天方公司　　　　2013 年 4 月 23 日

品　名	规格	单位	数量	单价	金额 万	千	百	十	元	角	分
IBN6856		台	2	7 020	1	4	0	4	0	0	0
合计人民币（大写）壹万肆仟零肆拾元整					1	4	0	4	0	0	0
销货单位纳税人识别号											
开户银行及账号											

第二联　发票联

图 4-52　普通发票 2

基础知识

为了正确登记记账簿和监督经济活动，除了编制记账凭证的人员应当认真地、正确地填制和自审以外，还应建立专人稽核制度。因此，记账凭证的审核，除了要对原始凭证进行复审外，还应注意以下几点：

（1）审核记账凭证是否附有原始凭证，原始凭证是否齐全，内容是否合法，记账凭证所记录的经济内容与附原始凭证所反映的经济内容是否相符。

（2）审核记账凭证的应借、应贷科目是否正确，账户对应关系是否清晰，借贷双方的金额是否平衡；明细科目金额之和是否与相应的总账科目的金额相等。

（3）审核记账凭证的项目填写是否完整、齐全，有关人员是否按规定的手续和程序签章。

在审核过程中，如果发现差错应及时查明原因，按规定办法处理和更正。只有经过审核的、正确的记账凭证，才能作为登记账簿的依据。

拓展知识

原始凭证和记账凭证的区别主要有以下几点：

（1）原始凭证由经办人员填制，而记账凭证一律由会计人员填制。

（2）原始凭证是根据发生或完成的经济业务填制，而记账凭证则是根据审核后的原始凭证填制。

（3）原始凭证仅用以记录、证明已经发生或完成的经济业务，而记账凭证则要依据会计科目对已经发生或完成的经济业务进行归类、整理编制。

（4）原始凭证是记账凭证的附件和填制记账凭证的依据，而记账凭证则是登记账簿的依据。

任务四　会计凭证的装订、传递和保管

工作案例

技术部新分配来的工科大学生小俊，3 月 10 日被部长派往北京参加为期 10 天的培训。小俊于 22 日返回公司。23 日，他拿着出差期间的火车票和住宿发票到财务部门报销。

会计人员在认真查看小俊的报销票据后告诉他：按照公司的财务与会计规章制度，交通、住宿等发票需要由报销人员粘贴在报销单上，在技术部部长对单据签字后，经财务部审核方可领取款项。

活动资料

储运部小张在填写普通报销单报销运送所销售的产品市内运费，他应如何整理、传递报销运费票据呢？

基础知识

一、会计凭证的传递的含义

会计凭证的传递是指从原始凭证的取得或填制时起至归档保管过程中，在单位内部有关

部门和人员之间的，按照规定的手续、时间和传递路线，进行处理、移交的程序。

各单位由于经济业务不同，经办部门和人员也可能不同。因此，正确处理协调好业务经办部门（或人员）与财会部门（或人员）之间的关系，科学、合理、正确地组织会计凭证传递，有利于提高会计核算的正确性和及时性，有利于明确经济责任，加强会计监督。

二、会计凭证的装订与日常保管

《会计基础工作规范》规定：会计机构、会计人员要妥善保管会计凭证。会计凭证的保管，是指把经过审核并据以入账后的、整理装订成册的会计凭证归档存查。会计凭证保管的主要规定如下：

1．定期整理归类会计凭证，加具封面装订成册

每月月末会计凭证登账完毕后，将本月的会计凭证（记账凭证连同后附的原始凭证或原始凭证汇总表）按编号顺序整理，折叠整齐，并加具封面，按期装订成册。在封面上注明单位名称、年度、月份和起讫日期、凭证种类、起讫号码，由装订人员在装订封签处签名或盖章。每月的会计凭证可以装订成一本或若干本，册数的多少取决于单位的业务量。

对于数量过多的原始凭证，可以在记账凭证上注明“附件另订”，并注明原始凭证的名称及编号。

对于各种经济合同、契约、押金收据以及涉外文件等重要原始凭证，应当另编目录，单独登记保管，并在有关的记账凭证和原始凭证上相互注明日期和编号，以便日后查阅。

2．原始凭证不得外借

其他单位如因特殊原因需要使用原始凭证时，经本单位会计机构负责人、会计主管人员批准，可以复制。向外单位提供的原始凭证复印件，应当在专设的登记簿上登记，并由提供人员和收取人员共同签名或者盖章。

3．外来原始凭证遗失办理手续

从外单位取得的原始凭证如有遗失，应当取得原开出单位盖有公章的证明，并注明原来凭证的号码、金额和内容等，由经办单位会计机构负责人、会计主管人员和单位领导人批准后，才能代做原始凭证。如果确实无法取得证明的，如火车、轮船、飞机票等凭证，由当事人写明详细情况，由经办单位会计部门负责人、会计主管人员和单位领导人批准后，代做原始凭证。

4．每月装订成册的会计凭证，应指定会计人员负责保管

年度终了后，会计凭证与其他会计档案一起，可暂由会计机构保管 1 年。期满后，应由会计机构编制移交清册，移交本单位档案机构统一保管。会计档案的保管、调阅和销毁，均需按国家的有关规定办理。

拓展知识

一、会计凭证的保管期限

会计档案的保管期限，根据其特点，分为永久和定期两类。定期保管的期限分为 10 年、30 年两类。会计档案的保管期限从会计年度终了的第一天算起。《会计档案管理办法》规定我国企业和其他组织的会计凭证保管期限为 15 年。

二、会计档案销毁程序

保管期满的会计档案，除《会计档案管理办法》第 11 条规定的情形外，可以按照以下程序销毁：

（1）由本单位档案机构同会计机构提出销毁意见，编制会计档案销毁清册，列明销毁会计档案的名称、卷号、册数、起止年度和档案编号、应保管期限、已保管期限、销毁时间等内容。

（2）单位负责人在会计档案销毁清册上签署意见。销毁会计档案时，应当由档案机构和会计机构共同派员监销。国家机关销毁会计档案时，应当由同级财政部门、审计部门派员参加监销。财政部门销毁会计档案时，应当由同级审计部门派员参加监销。

（3）监销人在销毁会计档案前，应当按照会计档案销毁清册所列内容清点、核对所要销毁的会计档案；销毁后，应当在会计档案销毁清册上签名盖章，并将监销情况报告本单位负责人。

《会计档案管理办法》第 11 条规定，保管期满，但未结清的债权债务的原始凭证和涉及其他未了事项的原始凭证，不得销毁，应当单独抽出立卷，保管到未了事项完结时为止。单独抽出立卷的会计档案，应当在会计档案销毁清册和会计档案保管清册中列明。

正在项目建设期间的建设单位，其保管期满的会计档案不得销毁。

模块五 工业企业主要经济业务核算

5

【岗位工作情景】

根据工厂生产经营的流程，想一想下面四幅图片应该按怎样顺序排列呢？

A.

B.

C.

D.

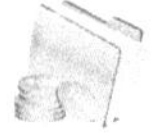

【岗位学习目标】

一、岗位知识目标

1. 熟练运用借贷记账法对工业企业主要经济业务进行核算。
2. 熟悉并准确使用会计科目，熟练填制主要经济业务的会计凭证。

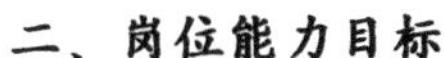

二、岗位能力目标

1. 学生能够熟练运用借贷记账法对工业企业主要经济业务进行核算。
2. 能够做到准确使用会计科目，填制会计凭证。
3. 掌握主要费用的分配方法。
4. 能够进行简单的成本计算和产品生产成本明细账的登记。

三、职业素养目标

1. 培养分析问题、解决问题的能力。
2. 培养学生认真细致的工作作风，规范、准确地填制会计凭证。
3. 养成良好的学习习惯，培养严谨的工作态度。

任务一　工业企业主要经济业务核算的概述

工作案例

请问下图是什么类型的企业？工人在进行什么活动？

活动资料

请分组模拟筹建一家食品加工企业并设计出整个业务流程图。

基础知识

一、工业企业概述

工业企业就是产品制造企业，其正常的生产经营活动是将原材料转换成可以销售的商品，主要由供应过程、生产过程和销售过程构成。为维持正常的生产经营活动，企业首先必须通过一定的渠道，拥有一定数量的经营资金。这些经营资金在生产经营过程中被具体运用时表现为不同的占用形态，并不断转换资金形态，形成经营资金的循环与周转。

二、工业企业生产经营过程中发生的主要经济业务

工业企业生产经营过程中发生的主要经济业务包括：

（1）资金筹集业务。

（2）供应过程业务。

（3）生产过程业务。
（4）销售过程业务。
（5）利润形成与分配业务。
工业企业主要经济业务流程图如图 5-1 所示。

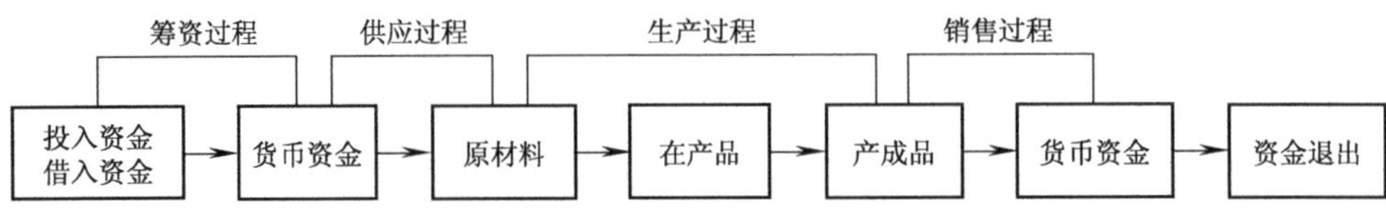

图 5-1　工业企业主要经济业务流程图

拓展知识

工业企业的经营资金在循环与周转过程中的形态如图 5-2 所示。

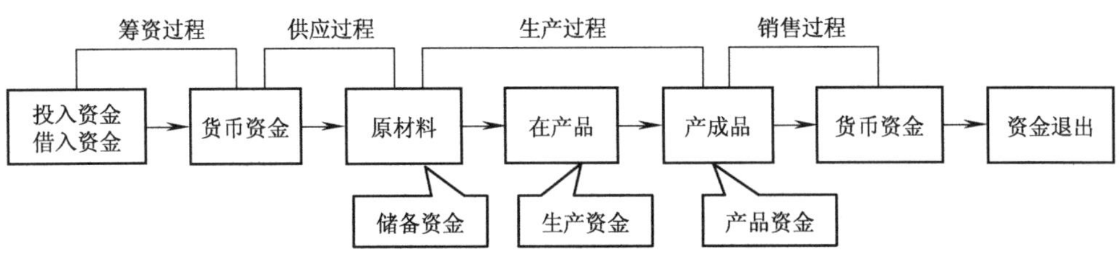

图 5-2　工业企业资金占用形态图

任务二　筹资业务的核算

活动一　投入资本核算

工作案例

2013 年 12 月 15 日，福州市西湖公司收到福州市正点公司的货币资金投资 5 000 000 元。原始凭证如图 5-3～图 5-5 所示。

投　资　协　议

经各方充分协商，福州市正点公司以人民币伍百万元向福州市西湖公司投资，占福州市西湖公司注册资本贰仟万元的 25%，每年按投资比例分配税后利润。

特立此协议。

甲方：福州市正点公司（投资单位）　　乙方：福州市西湖公司（接受投资单位）

（此件另存）　　2013 年 12 月 15 日

图 5-3　投资协议 1

收　款　收　据

编号　1022

2013 年 12 月 15 日

	收款方式	现　金	银　行
			√

兹收到 福州市正点公司

交来 现金投资

人民币（大写） 伍佰万元整　　¥ 5 000 000.00

单位盖章：　　主管：　　经手人：李梅

第三联　登账

图 5-4　收款收据 2

中国工商银行进账单（收账通知）

2013 年 12 月 18 日　　第 3 号

出票人	全　称	福州市正点公司	收款人	全　称	福州市西湖公司
	账　号	3501041658942344		账　号	13355667799
	开户银行	建设银行乌尾支行		开户银行	工商银行西湖支行

人民币（大写）	百	十	亿	千	百	十	万	千	百	十	元	角	分
伍佰万元整				¥	5	0	0	0	0	0	0	0	0

票据种类		中国工商银行西湖支行 2013 年 12 月 18 日 业务清讫	出票人开户行盖章
票据张数			
单位主管：　会计：　复核：　记账：			

此联是银行给收款人的收账通知

图 5-5　进账单 4

根据上述原始凭证，填制记账凭证如图 5-6 所示。

记 账 凭 证

2013 年 12 月 18 日　　　　　　记字第 1 号

摘　要	总账科目	明细科目	√	借方金额										√	贷方金额									
				千	百	十	万	千	百	十	元	角	分		千	百	十	万	千	百	十	元	角	分
收到投资款	银行存款				5	0	0	0	0	0	0	0	0											
	实收资本															5	0	0	0	0	0	0	0	0
合　计				¥	5	0	0	0	0	0	0	0	0		¥	5	0	0	0	0	0	0	0	0

附单据 3 张

图 5-6　记账凭证 9

活动资料

2013 年 12 月 25 日，福州市西湖公司收到福州正新公司的货币资金投资 8 000 000 元。原始凭证如图 5-7～图 5-9 所示。

投 资 协 议

经各方充分协商，福州市正新公司以人民币捌百万元向福州市西湖公司投资，占福州市西湖公司注册资本叁仟贰佰万元的 25%，每年按投资比例分配税后利润。

特立此协议。

甲方：福州市正新公司（投资单位）　　　　乙方：福州市西湖公司（接受投资单位）

（此件另存）　　　　2013 年 12 月 25 日

图 5-7　投资协议

收　款　收　据

编号　1023

2013 年 12 月 25 日

	收款方式	现　金	银　行
			√

兹收到 福州市正新公司

交来 现金投资

人民币（大写）捌佰万元整　　　　¥ 8 000 000.00

单位盖章：　　　主管：　　　经手人：李梅

第三联　登账

图 5-8　收款收据 3

中国工商银行进账单（收账通知）

2013 年 12 月 25 日　　　　第 **3** 号

出票人	全　称	福州市正新公司	收款人	全　称	福州市西湖公司
	账　号	350104165894264		账　号	13355667799
	开户银行	建设银行马尾支行		开户银行	工商银行西湖支行

人民币（大写）	百	十	亿	千	百	十	万	千	百	十	元	角	分
捌佰万元整				¥	8	0	0	0	0	0	0	0	0

票据种类		中国工商银行西湖支行 2013 年 12 月 25 日 业务清讫	出票人开户行盖章
票据张数			
单位主管：　会计：　复核：　记账：			

此联是银行给收款人的收账通知

图 5-9　进账单 5

要求：根据原始凭证填制记账凭证。

基础知识

一、投入资本

投入资本是指企业按合同或协议的约定实际收到投资者投入的资金。

二、账户设置

投入资本的核算是通过设置“实收资本”账户进行（股份有限公司设置“股本”）。该账户为所有者权益账户，其贷方登记实际收到的投资额，借方登记按法定程序减少的资本数额，期末贷方余额表示投入资本的实有数额。该账户应按投资人设置明细分类账户。

三、账务处理

【例 5-1】某企业某年 12 月 2 日，收到 A 公司投入的机器设备一台，价值 5 000 000 元，已验收投入使用。该业务使企业固定资产和实收资本增加。会计分录如下 ：

借：固定资产　　5 000 000

　　贷：实收资本——A 公司　　5 000 000

【例 5-2】5 日，收到 B 公司投入的一项专利发明权作为对公司的投资，按双方协商作价 600 000 元作为投入资本入账。该业务使企业的无形资产和实收资本同时增加。会计分录如下:

借：无形资产　　600 000

　　贷：实收资本——B 公司　　600 000

拓展知识

一、资本溢价

资本溢价是指企业实际收到的投资金额超过投资者在企业注册资本中所占份额部分，此部分不应计入实收资本，而应计入资本公积，此举是为了维护原有投资者的权益。

二、账务处理

企业收到投资者投入的资金，按实际收到的金额或确定的价值，借记“银行存款”“固定资产”等科目；按其在注册资本中所占的份额，贷记“实收资本”科目；按其差额，贷记“资本公积——资本溢价”科目。

【例 5-3】某企业某年 12 月 2 日，收到 C 公司投入货币资金 5 000 000 元，并商定占企业注册资本 10 000 000 的 40%，已存入银行。会计分录如下:

借：银行存款　　5 000 000

　　贷：实收资本——C 公司　　4 000 000

　　　　资本公积——资本溢价　　1 000 000

活动二　借入资金核算

工作案例

2013 年 12 月 13 日，福州市西湖公司从银行借入为期 6 个月的借款 5 000 000 元存入银行。原始凭证如图 5-10 所示。

中国工商银行借款凭证（回单）

借款日期：2013 年 12 月 15 日

借款单位	福州市西湖公司	贷款账户	户名：福州市西湖公司 账号：14412345611	存款账户	户名：福州市西湖公司 账号：13355667799
用途	经营周转	月利率	4.575‰		
借款方式	担保	期限	2013 年 12 月 15 日至 2014 年 6 月 14 日		

借款金额	亿	千	百	十	万	千	百	十	元	角	分
人民币（大写）伍佰万元整		¥	5	0	0	0	0	0	0	0	0

还款计划	年	月	日	金　额	借款合同：工商银行榕西支流字 10020247 号
					上列贷款已转入你单位指定的账户，此致
					借款单位　　（银行盖章）

此联作债务凭证，由借款单位保管

图 5-10　借款凭证

根据上述原始凭证，填制记账凭证如图 5-11 所示。

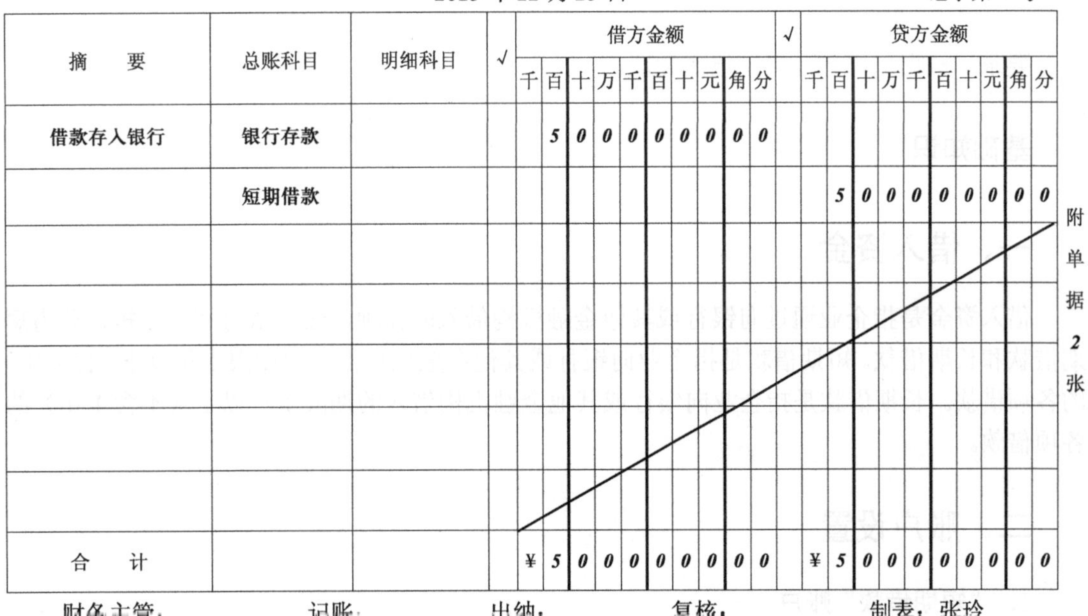

记　账　凭　证

2013 年 *12* 月 *15* 日　　记字第 *2* 号

摘　要	总账科目	明细科目	√	借方金额 千	百	十	万	千	百	十	元	角	分	√	贷方金额 千	百	十	万	千	百	十	元	角	分
借款存入银行	银行存款				5	0	0	0	0	0	0	0	0											
	短期借款															5	0	0	0	0	0	0	0	0
合　计				¥	5	0	0	0	0	0	0	0	0		¥	5	0	0	0	0	0	0	0	0

附单据 *2* 张

财务主管：　记账：　出纳：　复核：　制表：张玲

图 5-11　记账凭证 10

活动资料

2013 年 12 月 20 日，福州市西湖公司偿还银行借款 3 000 000 元。原始凭证如图 5-12 所示。

中国工商银行银行借款偿还凭证（付出凭证）

（贷）科目：　　　　　　　　转账日期：2013 年 12 月 20 日　　　　　　　　对方科目：

<table>
<tr><td colspan="2">放款账号</td><td colspan="3">户名</td><td colspan="11">还款金额</td><td colspan="5">利息</td><td colspan="13">合并</td></tr>
<tr><td colspan="2">14412345611</td><td colspan="3">福州市西湖公司</td><td>亿</td><td>千</td><td>百</td><td>十</td><td>万</td><td>千</td><td>百</td><td>十</td><td>元</td><td>角</td><td>分</td><td>千</td><td>百</td><td>十</td><td>元</td><td>角</td><td>分</td><td>十</td><td>亿</td><td>千</td><td>百</td><td>十</td><td>万</td><td>千</td><td>百</td><td>十</td><td>元</td><td>角</td><td>分</td></tr>
<tr><td colspan="5">人民币（大写）叁佰万元整</td><td></td><td>¥</td><td>3</td><td>0</td><td>0</td><td>0</td><td>0</td><td>0</td><td>0</td><td>0</td><td>0</td><td></td><td></td><td></td><td></td><td></td><td></td><td></td><td></td><td></td><td></td><td></td><td></td><td></td><td></td><td></td><td></td><td></td><td></td></tr>
<tr><td colspan="3">自 2013 年 6 月 21 日</td><td colspan="2">过期天数</td><td colspan="29" rowspan="2">上列款项从本单位往来账户内支出偿还借款与利息。</td></tr>
<tr><td colspan="3">至 2013 年 12 月 20 日</td><td colspan="2"></td></tr>
<tr><td rowspan="2">日期</td><td rowspan="2"></td><td rowspan="2">利率</td><td rowspan="2">4.575‰</td><td>过期天数</td><td colspan="29" rowspan="2"></td></tr>
<tr><td></td></tr>
</table>

此联作债务凭证，由借款单位保管

图 5-12　借款偿还凭证

要求：根据原始凭证填制记账凭证。

基础知识

一、借入资金

借入资金是指企业通过向银行或其他金融机构借入的款项，按借款时间的长短，分为短期借款和长期借款。短期借款是指企业向银行或其他金融机构借入的期限 1 年以下（含 1 年）的各项借款。长期借款是指企业向银行或其他金融机构借入的期限 1 年以上（不含 1 年）的各项借款。

二、账户设置

1．“短期借款”账户

该账户为负债类账户，其贷方登记取得的各种短期借款，借方登记到期偿还的短期借款，期末贷方余额表示尚未偿还的短期借款。该账户应按债权人设置明细账户。

2. “长期借款”账户

该账户为负债类账户，其贷方登记取得的各种长期借款，借方登记到期偿还的长期借款，期末贷方余额表示尚未偿还的长期借款。该账户应按债权人设置明细账户。

三、账务处理

【例 5-4】8 日，经批准从银行借入为期 6 个月的借款 100 000 元，存入银行。

该业务使企业的“银行存款”和“短期借款”账户同时增加，编制会计分录如下：

借：银行存款　　100 000

　　贷：短期借款　　100 000

【例 5-5】18 日，以银行存款偿还期限为 3 年的到期借款 300 000 元。

该经济业务使“银行存款”和“长期借款”账户同时减少，编制会计分录如下：

借：长期借款　　300 000

　　贷：银行存款　　300 000

拓展知识

短期借款的利息计付有按月付息、按季付息、到期一次还本付息三种方式。

1. 按月付息

按月付息方式不用计提利息，每个月根据银行的贷款利息通知单进行账务处理。例如，2013 年 10 月 21 日某公司收到银行的贷款利息通知单，单上所列本月利息为 455 元，编制会计分录如下：

借：财务费用　　455

　　贷：银行存款　　455

2. 按季付息

按季付息方式每个季度的前两个月月末需要预提借款利息，通过设置“应付利息”账户核算，该账户为负债类账户，用来核算企业按照合同约定应该支付的利息，预提时计入该账户贷方，支付时计入该账户借方。

每季度前两个月月末根据利息计提表计提 1 000 元，编制会计分录如下：

借：财务费用　　1 000

　　贷：应付利息　　1 000

季末根据银行贷款利息通知单支付利息，编制会计分录如下：

借：应付利息　　2 000

　　财务费用　　1 000

　　贷：银行存款　　3 000

任务三　供应过程核算

活动一　固定资产购进核算

工作案例

2013年12月26日，西湖公司从福州市帛点设备有限公司购入不需要安装的新设备一台，买价100 000元，增值税税额17 000元，全部支出已用银行存款支付。原始凭证如图5-13～图5-16所示。

中国工商银行（闽）

转账支票存根

$\frac{B}{0}\frac{J}{2}$2301　　111

附加信息

出票日期　2013年12月26日

收款人：福州市帛点设备有限公司
金额：¥117 000.00
用途：购设备款

单位主管：　　　　　会计：张玲

图5-13　转账支票存根2

固定资产验收单

2013年12月26日

资产名称	规格型号	计量单位	数量	实际成本总额				单位成本	备注
				买价	增值税税额	运杂费等	合计		
管理设备	MH250	台	2	¥100 000	¥17 000		¥117 000		
固定资产验收部门	固定资产管理处	姜民		固定资产使用部门	管理部门		汪洁		

财务主管：李绵　　　　记账：张玲　　　　出纳：李梅　　　　经办：张琦

图5-14　固定资产验收单2

福建增值税专用发票

全国统一发票监制章 发票联 福建 国家税务总局监制

3500045650　　开票日期：2013年12月26日　　No. 24357611

购货单位	名称：福州市西湖公司 纳税人识别号：35010310026060511 地址、电话： 开户行及账号：中国工商银行福州市西湖支行 13355667799					密码区	
货物或应税劳务名称	规格型号	单位台	数量	单价	金额	税率	税额
管理设备			2	50 000	100 000.00	17%	17 000.00
合　计							
价税合计人民币（大写）	⊗ 壹拾壹万柒仟圆整				（小写）¥117 000.00		
销货单位	名称：福州市帛点设备有限公司 纳税人识别号：35055638276425462 地址、电话： 开户行及账号：中国工商银行福州市台江支行 14758595051					备注	

收款人：　　复核：　　开票人：宋明　　销货单（章）

第二联 发票联 购货方记账凭证

图 5-15　专用发票 3

中国工商银行进账单（回单）

2013年12月26日　　1

出票人	全　称	福州市正点公司	收款人	全　称	福州市帛点设备有限公司
	账　号	13355667799		账　号	14855671038
	开户银行	建设银行西湖支行		开户银行	工商银行旗汛口支行

人民币（大写）壹拾壹万柒仟圆整	百	十	亿	千	百	十	万	千	百	十	元	角	分
					¥	1	1	7	0	0	0	0	0

票据种类		中国工商银行旗汛口支行 2013年12月10日 业务清讫	出票人开户行盖章
票据张数			
单位主管：　会计：　复核：　记账：			

图 5-16　进账单 6

根据上述原始凭证，填制记账凭证如图 5-17 所示。

记 账 凭 证

2013 年 *12* 月 *31* 日　　　　　　　　记字第 *3* 号

摘　　要	总账科目	明细科目	√	借方金额										√	贷方金额									
				千	百	十	万	千	百	十	元	角	分		千	百	十	万	千	百	十	元	角	分
购入设备	**固定资产**					*1*	*0*	*0*	*0*	*0*	*0*	*0*	*0*											
	应交税费	应交增值税（进项税额）					*1*	*7*	*0*	*0*	*0*	*0*	*0*											
	银行存款																*1*	*1*	*7*	*0*	*0*	*0*	*0*	*0*
合　　计					¥	*1*	*1*	*7*	*0*	*0*	*0*	*0*	*0*			¥	*1*	*1*	*7*	*0*	*0*	*0*	*0*	*0*

附单据 *3* 张

财务主管：李绵　　记账：　　出纳：　　复核：　　制表：张玲

图 5-17　记账凭证 11

活动资料

2013 年 12 月 30 日，福州市西湖公司从福州市建兴设备有限公司购入不需要安装的新设备一台，买价 60 000 元，增值税税额 10 200 元，全部支出已用银行存款支付。原始凭证如图 5-18～图 5-21 所示。

中国工商银行（闽）

转账支票存根

$\frac{B}{0}\frac{J}{2}$2302　　111

附加信息

出票日期　2013 年 12 月 30 日

收款人：福州市建兴设备有限公司
金额：¥70 200.00
用途：购设备款

单位主管：　　会计：张玲

图 5-18　转账支票存根 3

固定资产验收单

2013 年 12 月 30 日

资产名称	规格型号	计量单位	数量	实际成本总额				单位成本	备注
				买价	增值税	运杂费等	合计		
生产设备	MH500	台	3	¥60 000	¥10 200		¥70 200		
固定资产验收部门	固定资产车间	吴非		固定资产使用部门	生产车间		汪洁		

财务主管：李绵　　记账：张玲　　出纳：李梅　　经办：张琦

图 5-19　固定资产验收单 3

福建增值税专用发票

发票联

3500045650　　开票日期：2013 年 12 月 30 日　　No. 24357612

购货单位	名称：福州市西湖公司 纳税人识别号：35010310026060511 地址、电话： 开户行及账号：工商银行福州市西湖支行 13355667799				密码区		
货物或应税劳务名称	规格型号	单位台	数量	单价	金额	税率	税额
管理设备			3	20 000	60 000.00	17%	10 200.00
合　计							
价税合计人民币（大写）	⊗ 柒万零贰佰圆整				（小写）¥70 200.00		
销货单位	名称：福州市建兴设备有限公司 纳税人识别号：35055638276425321 地址、电话： 开户行及账号：工商银行福州市鼓楼支行 34758595051				备注		

第二联 发票联 购货方记账凭证

收款人：　　复核：　　开票人：李明　　销货单（章）

图 5-20　专用发票 4

中国工商银行进账单（回单）

2013 年 12 月 30 日　　1

出票人	全　称	福州市西湖公司	收款人	全　称	福州市建兴设备有限公司
	账　号	13355667799		账　号	34758595051
	开户银行	建设银行西湖支行		开户银行	工商银行鼓楼支行

人民币（大写）柒万零贰佰圆整	百	十	亿	千	百	十	万	千	百	十	元	角	分
						¥	7	0	2	0	0	0	0

票据种类		中国工商银行台江支行 2013 年 12 月 30 日 业务清讫	出票人开户行盖章
票据张数			
单位主管：　会计：　复核：　记账：			

图 5-21　进账单 7

根据上述原始凭证，填制记账凭证。

基础知识

一、固定资产的概念

固定资产是指企业使用期限超过 1 年的房屋、建筑物、机器、机械、运输工具以及其他与生产、经营有关的设备、器具、工具等，不属于生产经营主要设备的物品，单位价值在 2 000 元以上，并且使用年限超过 2 年的，也应作为固定资产。

二、账户设置

“固定资产”账户是资产类账户，其借方登记固定资产原始成本的增加额，贷方登记固定资产原始成本减少额，期末余额在借方，表示期末结存固定资产的原始成本。其按固定资产种类设置明细账。

固定资产应按其取得时的实际成本，即原始价值入账。固定资产的实际成本包括买价、运杂费、包装费、安装费和试车调试费等。

三、账务处理

【例 5-6】 企业购入不需要安装的新设备一台，买价 400 000 元，增值税税额 68 000 元，包装费和运杂费等 5 000 元。全部支出已用银行存款支付。

这笔经济业务的发生，一方面使企业的固定资产增加，另一方面也使企业的银行存款减少，其会计分录如下：

借：固定资产　　405 000
　　应交税费——应交增值税（进项税额）　　68 000
　贷：银行存款　　473 000

活动二　材料购进核算

工作案例

2013 年 12 月 2 日，福州市西湖公司从新光工厂购入甲、乙两种材料。甲材料 100 吨，单价 200 元；乙材料 200 吨，单价 120 元。增值税专用发票标明的甲、乙两种材料的买价共计 44 000 元，增值税进项税额 7 480 元。上述款项用银行存款支付，材料到达验收入库，计算并结转其实际采购成本。原始凭证如图 5-22～图 5-25 所示。

福建增值税专用发票

全国统一发票监制章 发票联 福建 国家税务总局监制

3500012435　　开票日期：2013年12月2日　　No. 00812136

购货单位	名称：福州市西湖公司 纳税人识别号：35010310026060511 地址、电话： 开户行及账号：工商银行西湖支行 13355667799					密码区		
货物或应税劳务名称	规格型号	单位	数量	单价	金额	税率	税额	
甲材料		吨	100	200.00	20 000.00	17%	3 400.00	
乙材料		吨	200	120.00	24 000.00	17%	4 080.00	
合　计					¥44 000.00		¥7 480.00	
价税合计人民币（大写）	⊗伍万壹仟肆佰捌拾圆整				（小写）¥51 480.00			
销货单位	名称：福州市新光工厂 纳税人识别号：350102778847288 地址、电话：87549986 开户行及账号：工商银行马尾支行 8523744990088					备注	福州市新光工厂 350102778847288 发票专用章	

收款人：　　复核：　　开票人：张丽娟　　销货单位（章）

第二联 抵扣联 发票联 购货方记账凭证

图 5-22　专用发票 5

中国工商银行（闽）
转账支票存根

$\frac{B\ J}{0\ 2}$　2302

附加信息

出票日期　2013年12月2日

收款人：福州市新光工厂
金额：¥51 480.00
用途：支付货款

单位主管：　　会计：张玲

图 5-23　转账支票存根 4

收　料　单

来源：福州市新光工厂　　　　2013 年 12 月 2 日　　　　编号：0922

编号	名称及规格	单位	数量	单价	总值	备注
	甲材料	吨	100			
	乙材料	吨	200			
	合计					

财务主管：李绵　　　　记账：吴非　　　　验收：王洪　　　　制单：张玲

图 5-24　收料单 4

中国工商银行进账单（回单）

2013 年 12 月 2 日　　　　**1**

出票人	全　称	福州市西湖公司	收款人	全　称	福州市新光工厂
	账　号	13355667799		账　号	852374499088
	开户银行	建设银行西湖支行		开户银行	工商银行马尾支行

人民币（大写）	百	十	亿	千	百	十	万	千	百	十	元	角	分
伍万壹仟肆佰捌拾圆整						¥	5	1	4	8	0	0	0

票据种类		中国工商银行马尾支行 2013 年 12 月 02 日 业务清讫	出票人开户行盖章
票据张数			
单位主管：　会计：　复核：　记账：			

图 5-25　进账单 8

这笔经济业务的发生，一方面使企业的库存材料和增值税进项税额增加，另一方面使企业的银行存款减少，根据上述原始凭证，填制记账凭证如图 5-26 所示。

记　账　凭　证

2013 年 *12* 月 *31* 日　　　　记字第 *4* 号

摘　要	总账科目	明细科目	√	借方金额										√	贷方金额									
				千	百	十	万	千	百	十	元	角	分		千	百	十	万	千	百	十	元	角	分
购料入库	原材料	原材料					2	0	0	0	0	0	0											
		乙材料					2	4	0	0	0	0	0											
	应交税费	应交增值税（进项税额）						7	4	8	0	0	0											
	银行存款																	5	1	4	8	0	0	0
合　计						¥	5	1	4	8	0	0	0				¥	5	1	4	8	0	0	0

附单据 *4* 张

财务主管：李绵　　　　记账：　　　　出纳：　　　　复核：　　　　制表：张玲

图 5-26　记账凭证 12

活动资料

2013 年 12 月 9 日，福州市西湖公司从上海星辉公司购入甲、乙两种材料，原始凭证如图 5-27 所示，根据原始凭证填制记账凭证。

上海增值税专用发票

全国统一发票监制章 发票联 上海 国家税务总局监制

31000122568　　开票日期：2013 年 12 月 9 日　　No. 00814732

购货单位	名称：福州市西湖公司 纳税人识别号：35010310026060511 地址、电话： 开户行及账号：工商行西湖支行 13355667799	密码区	

货物或应税劳务名称	规格型号	单位	数量	单价	金额	税率	税额
甲材料		千克	18 000	2.00	36 000.00	17%	6 120.00
乙材料		千克	16 000	3.00	48 000.00	17%	8 160.00
合　计					¥84 000.00		¥14 280.00
价税合计人民币（大写）	⊗玖万捌仟贰佰捌拾元整				（小写）¥98 280.00		

销货单位	名称：上海星辉公司 纳税人识别号：310112133356713 地址、电话：64780359 开户行及账号：工商银行虹口支行 201602310951	备注	上海星辉公司 310112133356713 发票专用章

收款人：　　复核：　　开票人：王晖　　销货单位（章）

第二联：发票联　购货方记账凭证

图 5-27　专用发票 6

基础知识

一、材料购进核算的主要内容

企业采购材料时会发生买价、增值税和采购费用等支出，涉及的核算内容主要有以下几方面：

（1）企业购入材料支付的买价和增值税进项税额。

（2）各项采购费用。

（3）计算材料的实际采购成本。

（4）材料验收入库。

二、账户设置

（1）“在途物资”账户

“在途物资”账户是资产类账户。用来核算企业购入但尚未验收入库的外购物资的实际成本。其借方登记购入在途物资的买价和采购费用，贷方登记验收入库转入“原材料”账户借方的在途物资的实际成本。期末如有余额在借方，表示尚未入库的在途物资成本。该账户应按材料物资的种类或品种设置明细账。

（2）“原材料”账户

该账户核算库存材料的收入、发出的变动及其结存情况。其借方登记已验收入库材料的成本，贷方登记发出材料的成本，期末余额在借方，表示结存材料的成本。该账户应按材料的种类、名称和规格型号设置明细账。

（3）“应交税费——应交增值税（进项税额）”账户

该账户核算企业因购进货物或接受劳务而支付的准予从销项税额中抵扣的增值税税额。企业因购进货物或接受劳务应支付的进项税额记入该账户的借方。

（4）“应付账款”账户

该账户核算企业因购进货物或接受劳务等应付而未付给供应单位的货款。其贷方登记应付而未付的账款，借方登记偿付供应单位的账款，期末余额一般在贷方，表示尚未偿还的应付账款。该账户应按供应单位设置明细账。

（5）“应付票据”账户

该账户核算企业购买材料、商品和接受劳务供应等开出、承兑的商业汇票 （商业承兑汇票或银行承兑汇票）。企业开出、承兑商业汇票时，记入本账户的贷方，到期偿还应付票据款项时，记入本账户的借方。期末如有余额在贷方，表示尚未到期的应付票据款项。

三、账务处理

【例 5-7】12 月 6 日，企业从东方公司购进 A 材料 80 吨，单价 200 元，增值税专用发票列示其价款 16 000 元，增值税进项税额 2 720 元；此外，东方公司代垫运输费 430.11 元。材料尚未运到，款项尚未支付。

这笔经济业务的发生，一方面使企业的在途材料和增值税进项税额（包括运费中允许抵扣的增值税）增加，另一方面使企业的应付账款增加，其会计分录如下：

借：在途物资——A 材料　　16 400
　　应交税金——应交增值税（进项税额）　　2 750.11
　　贷：应付账款——东方公司　　19 150.11

该例中，若货款采用商业汇票（商业承兑汇票或银行承兑汇票）结算方式，其会计分录应为：

借：在途物资——A 材料　　16 400
　　应交税费——应交增值税（进项税额）　　2 750.11
　　贷：应付票据——东方公司　　19 150.11

【例 5-8】12 月 20 日，上述材料运达企业并验收入库存，按其实际采购成本结转。该项经济业务的发生使得原材料增加，在途物资减少，其会计分录如下：

借：原材料——A 材料　　16 400

　　贷：在途物资——A 材料　　16 400

【例 5-9】12 月 26 日，企业用银行存款偿还所欠供货单位的货款 30 000 元。该项经济业务的发生使得应付账款减少，银行存款减少，其会计分录如下：

借：应付账款　　30 000

　　贷：银行存款　　30 000

拓展知识

在材料采购过程中发生的采购费用能分清是哪种材料的，直接计入该材料采购成本；对于几种材料共同发生的采购费用则应该按照一定标准，在有关材料之间进行分配，分别计入相关材料成本。

$$采购费用分配率=\frac{共同发生的采购费用金额}{各种材料的总重量（或买价总额）}$$

某种材料应分配的采购费用=该材料的重量（或买价）×采购费用分配率

【例 5-10】2013 年 12 月 28 日，福州市西湖公司从新光工厂购入甲、乙两种材料。甲材料 100 吨，单价 200 元；乙材料 200 吨，单价 120 元。增值税专用发票标明的甲、乙两种材料的买价共计 44 000 元，增值税进项税额 7 480 元。甲、乙材料的运杂费 1 500 元。上述款项用银行存款支付，材料到达验收入库，计算并结转其实际采购成本。甲、乙材料共同发生的运费以材料的重量（甲材料 100 吨，乙材料 200 吨）为标准分配如下：

可供分配的采购费用=1 500（元）

运杂费分配率=1 500÷300=5（元/吨）

甲材料应负担的运杂费=100×5=500（元）

乙材料应分担的运杂费=200×5=1 000（元）

因此甲材料的采购成本=20 000+500=20 500（元）

乙材料的采购成本=24 000+1 000=25 000（元）

借：原材料——甲材料　　20 500

　　　　——乙材料　　25 000

　　应交税费——应交增值税（进项税额）　　7 480

　　贷：银行存款　　52 980

任务四　产品生产过程核算

活动一　发出材料核算

工作案例

福州市西湖公司 2013 年 12 月份仓库根据本月领料凭证，编制发料汇总表见表 5-1。

表 5-1 发出材料汇总表 1

福州市西湖公司　　　　2014 年 12 月　　　　单位：元

用　途	甲 材 料			乙 材 料			合　计
	数量/千克	单价	金额	数量/千克	单价	金额	
生产 A 产品	10 000	2.10	21 000	28 000	3.10	86 800	107 800
生产 B 产品	40 000	2.10	84 000	39 500	3.10	122 450	206 450
车间一般耗用	600	2.10	1 260				1 260
厂部耗用				80	3.10	248	248
合　计	50 600	2.10	106 260	67 580	3.10	209 498	315 758

根据上述原始凭证，填制记账凭证如图 5-28 所示。

记　账　凭　证

2013 年 *12* 月 *30* 日　　　　记字第 *5* 号

摘　要	总账科目	明细科目	√	借方金额										√	贷方金额									
				千	百	十	万	千	百	十	元	角	分		千	百	十	万	千	百	十	元	角	分
生产领料	**生产成本**	A产品				1	0	7	8	0	0	0	0											
		B产品				2	0	6	4	5	0	0	0											
	制造费用							1	2	6	0	0	0											
	管理费用								2	4	8	0	0											
	原材料	甲材料																						
		乙材料															1	0	6	2	6	0	0	0
																	2	0	9	4	9	8	0	0
合　计					¥	3	1	5	7	5	8	0	0			¥	3	1	5	7	5	8	0	0

附单据 *1* 张

财务主管：李绵　　记账：　　出纳：　　复核：　　制表：张玲

图 5-28　记账凭证 13

活动资料

福州市西湖公司 2014 年 1 月份仓库根据本月领料凭证，编制发料汇总表见表 5-2。

表 5-2　发出材料汇总表 2

福州市西湖公司　　2014 年 1 月　　单位：元

用　途	甲材料			乙材料			合　计
	数量/千克	单价	金额	数量/千克	单价	金额	
生产 A 产品	10 000	2	20 000	20 000	3	60 000	80 000
生产 B 产品	40 000	2	80 000	30 000	3	90 000	170 000
车间一般耗用	1 000	2	2 000				2 000
厂部耗用				100	3	300	300
合　计	51 000	2	102 000	50 100		150 300	252 300

要求：根据上述原始凭证，填制记账凭证。

基础知识

一、发出材料核算的主要内容

发出材料核算主要是核算生产过程中为生产产品耗用的、车间一般耗用的、管理部门耗用的原材料。

二、账户设置

（1）“生产成本”账户。“生产成本”账户是成本类账户，用来核算企业产品生产过程中发生的各项成本。其借方登记应计入产品成本的各项费用，包括可直接计入产品成本的直接材料费和直接人工费，以及月末分配计入产品成本的制造费用；贷方登记已完工验收入库的产成品的生产成本。期末余额在借方，表示尚未完工的在产品成本。该账户应按产品品种设置明细账。

（2）“制造费用”账户。“制造费用”账户是成本类账户，用来核算生产车间为组织和管理生产所发生的各项间接费用。其借方登记车间发生的各项制造费用，贷方登记分配转入“生产成本”账户的制造费用，期末一般无余额。该账户应按生产车间设置明细账，并按费用项目设置专栏。

（3）“管理费用”账户。“管理费用”账户是损益类账户，用来核算企业行政管理部门为组织和管理生产经营活动而发生的各种费用。主要包括工资和福利费、折旧费、工会经费、劳动保险费、业务招待费、诉讼费等费用。借方登记实际发生的各项费用；贷方登记期末转入“本年利润”账户的管理费用，期末结转后无余额，该账户可按费用项目设置明细账。

三、账务处理

【例 5-11】某公司 12 月末的发料凭证汇总表显示：本月生产 A 产品共耗用甲材料 14 350 元（70 吨×205 元/吨）；生产 B 产品共耗用乙材料 29 250 元（234 吨×125 元/吨）；车间一般耗用甲材料 3 280 元（16 吨×205 元/吨）；厂部管理部门消耗乙材料 1 750 元（14 吨×125 元/吨）。

这笔经济业务的发生，一方面使企业库存材料减少，另一方面使产品成本、制造费用和管理费用的增加，其会计分录如下：

借：生产成本——A 产品　　14 350
　　　　　　——B 产品　　29 250
　　制造费用　　3 280
　　管理费用　　1 750
　　贷：原材料——甲材料　　17 630
　　　　　　　——乙材料　　31 000

活动二　工资及福利费核算

工作案例

福州市西湖公司 2013 年 12 月份根据工资结算凭证，编制工资分配汇总表见表 5-3。

表 5-3　工资分配汇总表

福州市西湖公司　　2013 年 12 月份　　单位：元

应借科目 \ 应分配工资 \ 车间部门		生产车间	厂　部	合　计
生产成本	A 产品	28 000		28 000
	B 产品	43 000		43 000
制造费用		14 200		14 200
管理费用			14 800	14 800
合　计		85 200	14 800	100 000

会计主管：李绵　　复核：张玲　　制表：陈乐

根据上述原始凭证，填制记账凭证如图 5-29 所示。

记　账　凭　证

2013 年 *12* 月 *31* 日　　记字第 *6* 号

摘　要	总账科目	明细科目	√	借方金额										√	贷方金额									
				千	百	十	万	千	百	十	元	角	分		千	百	十	万	千	百	十	元	角	分
工资分配	生产成本	A产品					2	8	0	0	0	0	0											
		B产品					4	3	0	0	0	0	0											
	制造费用						1	4	2	0	0	0	0											
	管理费用						1	4	8	0	0	0	0											
	应付职工薪酬	工资															1	0	0	0	0	0	0	0
合　计					¥	1	0	0	0	0	0	0	0			¥	1	0	0	0	0	0	0	0

附单据 *1* 张

财务主管：李绵　　记账：　　出纳：　　复核：　　制表：张玲

图 5-29　记账凭证 14

活动资料

福州市西湖公司 2013 年 12 月份按职工工资总额 14%提取职工福利费，编制计算表见表 5-4。

表 5-4 应付福利费计算表

福州市西湖公司　　2013 年 12 月份　　单位：元

部门		工资总额	提取率（%）	应提应付福利费
生产车间	A 产品生产工人	28 000	14	3 920
	B 产品生产工人	43 000	14	6 020
车间管理人员		14 200	14	1 988
厂部管理人员		14 800	14	2 072
合计		100 000		14 000

会计主管：李绵　　复核：张玲　　制表：王芳

要求：根据上述原始凭证，填制记账凭证。

基础知识

一、工资及福利费的核算内容

工资及福利费的核算主要是核算企业根据有关规定应付给职工的各种报酬，包括工资的计算、工资分配、工资结算等。

二、账户设置

“应付职工薪酬”账户是负债类账户，用来核算企业应付给职工的各种薪酬总额。其贷方登记应付的职工薪酬总额，借方登记实际发放的薪酬总额，期末一般为贷方余额，表示本期应付而未付的薪酬数额。该账户可按“工资”“职工福利”“社会保险”“住房公积金”“工会经费”“职工教育经费”等设置明细账。

三、账务处理

【例 5-12】某公司 12 月末的工资结算汇总表显示：本月应付工资总额为 100 000 元，其中 A 产品生产工人工资为 30 000 元，B 产品生产工人工资为 50 000 元，车间管理人员工资为 12 000 元，厂部管理人员工资为 8 000 元。

这笔经济业务的发生，一方面使生产工人、车间管理人员、厂部管理人员的工资费用增加，另一方面使应付职工薪酬这一企业负债的增加，应记入“应付职工薪酬”账户的贷方。其会计分录如下：

借：生产成本——A 产品　　30 000

　　　　　　——B 产品　　50 000

制造费用　　12 000
管理费用　　8 000
贷：应付职工薪酬——工资　　100 000

【例 5-13】依据上例 12 月月末按工资总额的 14%计提职工福利费。

A 产品生产工人福利费=30 000×14%=4 200（元）

B 产品生产工人福利费=50 000×14%=7 000（元）

车间管理人员的福利费=12 000×14%=1 680（元）

厂部管理人员的福利费=8 000×14%=1 120（元）

这笔经济业务的发生，一方面使生产工人、车间管理人员、厂部管理人员的福利费增加，另一方面使企业对职工的应付福利费这一负债增加，其会计分录如下：

借：生产成本——A 产品　　4 200
——B 产品　　7 000
制造费用　　1 680
管理费用　　1 120
贷：应付职工薪酬——职工福利　　14 000

【例 5-14】12 月 10 日从银行提取现金 100 000 元，发放职工工资。

这笔经济业务的发生，涉及提取现金和实际发放工资，应编制两笔会计分录。

（1）从银行提取现金，其会计分录如下：

借：库存现金　　100 000
贷：银行存款　　100 000

（2）以现金发放工资，使企业库存现金减少和应付职工薪酬减少。其会计分录如下：

借：应付职工薪酬——工资　　100 000
贷：库存现金　　100 000

活动三　折旧费核算

工作案例

福州市西湖公司 2013 年 12 月份计提本月固定资产折旧，编制固定资产折旧计算表见表 5-5。

表 5-5　固定资产折旧计算表 1

福州市西湖公司　　2013 年 12 月份　　单位：元

使用部门	固定资产类别	原　值	折　旧　额	备　注
生产车间	房屋	4 995 000	9 990	房屋月折旧率按 0.2%，其他按 0.4%计算
	工作机器及设备	4 000 000	16 000	
厂部管理部门	房屋	1 000 000	2 000	
	运输设备	500 500	2 002	
合　计		10 495 500	29 992	

复核：李绵　　制表：张玲

根据上述原始凭证，填制记账凭证如图 5-30 所示。

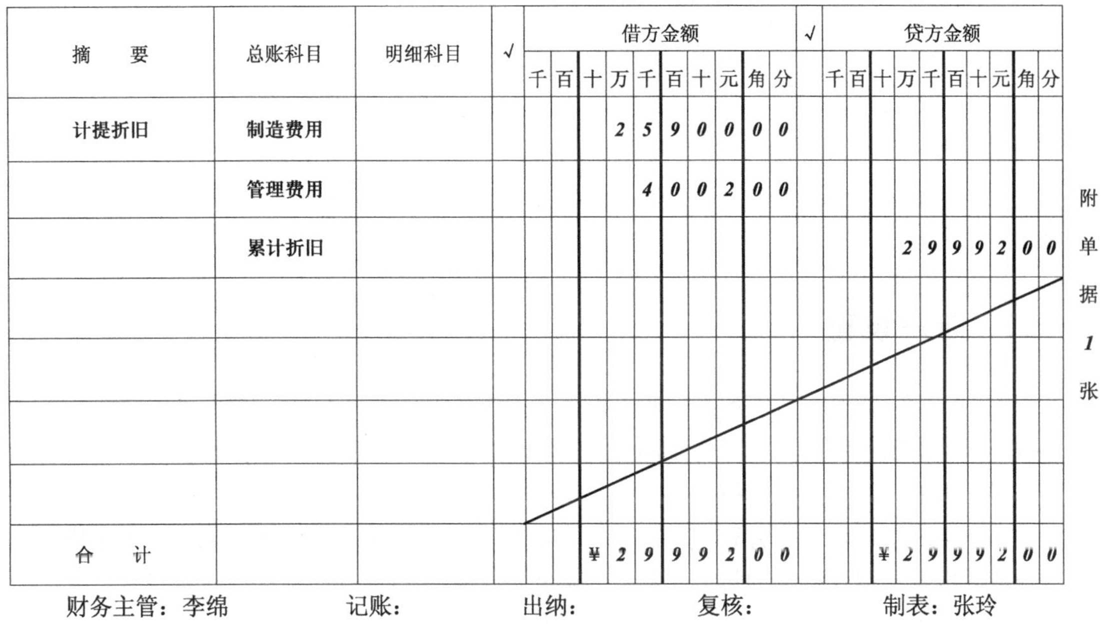

记　账　凭　证

2013 年 12 月 31 日　　　　记字第 7 号

摘要	总账科目	明细科目	√	借方金额										√	贷方金额									
				千	百	十	万	千	百	十	元	角	分		千	百	十	万	千	百	十	元	角	分
计提折旧	制造费用						2	5	9	0	0	0	0											
	管理费用							4	0	0	2	0	0											
	累计折旧																	2	9	9	9	2	0	0
合　计						¥	2	9	9	9	2	0	0				¥	2	9	9	9	2	0	0

附单据 1 张

财务主管：李绵　　记账：　　出纳：　　复核：　　制表：张玲

图 5-30　记账凭证 15

活动资料

福州市西湖公司 2014 年 1 月份计提本月固定资产折旧，编制固定资产折旧计算表见表 5-6。

表 5-6　固定资产折旧计算表 2

福州市西湖公司　　　　2013 年 1 月份　　　　单位：元

使用部门	固定资产类别	原　值	折 旧 额	备　注
生产车间	房屋	10 000 000	20 000	房屋月折旧率按 0.2%，其他按 0.4%计算
	工作机器及设备	5 000 000	20 000	
厂部管理部门	房屋	2 000 000	4 000	
	运输设备	600 000	2 400	
合　计		15 600 000	46 400	

复核：李绵　　　　制表：张玲

要求：根据原始凭证，填制记账凭证。

基础知识

一、固定资产折旧

固定资产折旧是对固定资产由于磨损和损耗而转移到成本费用中去的那一部分价值的补偿。这部分转移的价值以折旧费的形式计入相关成本费用，并从公司的营业收入中得到补偿。因此，公司应当在固定资产的使用寿命内，依照规定对应计折旧额进行系统分摊。

二、账户设置

“累计折旧”账户是资产类，用来核算企业固定资产的累计折旧。由于“固定资产”账户是按其原始价值核算的，并不记录固定资产因使用而磨损转移的那部分价值。因此，还应设置“累计折旧”账户，专门核算固定资产因使用而磨损转移的价值，即折旧。其贷方登记计提的固定资产折旧额，借方登记因固定资产减少而相应转销的折旧额。期末余额在贷方，表示企业固定资产累计已提的折旧。将“累计折旧”账户的贷方余额从“固定资产”账户的借方余额中减去，即可求得该项固定资产的净值。

三、账务处理

【例 5-15】 12 月末，某企业计算本月应提固定资产折旧 20 000 元，其中，车间用固定资产应提 16 000 元，厂部用固定资产应提 4 000 元。

这笔经济业务发生，一方面使企业车间制造费用和厂部管理费用增加，另一方面使企业已提折旧额增加，其会计分录如下：

借：制造费用　　16 000
　　管理费用　　4 000
　　贷：累计折旧　　20 000

活动四　其他费用核算

工作案例

2013 年 12 月福州市西湖公司根据供电局开来的增值税专用发票，开出转账支票支付电费。原始凭证如图 5-31～图 5-33 所示。

中国工商银行（闽）

转账支票存根

$\frac{B}{0}\frac{J}{2}$2304　　111

附加信息

出票日期　2013 年 12 月 20 日

收款人：福州市西湖供电局
金额：¥7 371.00
用途：支付电费

单位主管：　　　　　会计：张玲

图 5-31　转账支票存根 5

福建增值税专用发票

全国统一发票监制章 发票联 福建 国家税务总局监制

3500012450　　　开票日期：2013 年 12 月 20 日　　　No. 00812235

购货单位	名称：福州市西湖公司 纳税人识别号：350103100260605 11 地址、电话： 开户行及账号：工商银行西湖支行 13355667799					密码区		
货物或应税劳务名称		规格型号	单位	数量	单价	金　额	税率	税　额
抄表电费（车间）			千瓦	10 000	0.60	6 000.00	17%	1 020.00
抄表电费（厂部）			千瓦	500	0.60	300.00	17%	51.00
合　　计						¥6 300.00		¥1 071.00
价税合计人民币（大写）		⊗柒仟叁佰柒拾壹元整				（小写）¥7 371.00		
销货单位	名称：福州市西湖供电局 纳税人识别号：350103154392836 地址、电话：83092338 开户行及账号：工商银行湖东支行 14455683429					备注	福州市西湖供电局 350152778866332 发票专用章	

第二联　发票联　购货方记账凭证

收款人：　　　　复核：　　　　开票人：罗家英　　　　销货单位（章）

图 5-32　专用发票 7

中国工商银行进账单（回单）

2013年12月20日　　1

出票人	全　称	福州市西湖公司	收款人	全　称	福州市西湖供电局
	账　号	13355667799		账　号	14455683429
	开户银行	建设银行西湖支行		开户银行	工商银行湖东支行

人民币（大写）柒仟叁佰柒拾壹元整	百	十	亿	千	百	十	万	千	百	十	元	角	分
							¥	7	3	7	1	0	0

票据种类		中国工商银行湖东支行 2013年12月20日 业务清讫	出票人开户行盖章
票据张数			
单位主管：　会计：　复核：　记账：			

此联是银行给持票人的回单

图5-33　进账单9

根据上述原始凭证，填制记账凭证如图5-34所示。

记　账　凭　证

2013年12月30日　　记字第8号

摘　要	总账科目	明细科目	√	借方金额										√	贷方金额									
				千	百	十	万	千	百	十	元	角	分		千	百	十	万	千	百	十	元	角	分
支付11月份电费	制造费用	电费						6	0	0	0	0	0											
	管理费用	电费							3	0	0	0	0											
	应交税费	应交增值税（进项税额）						1	0	7	1	0	0											
	银行存款																		7	3	7	1	0	0
合　计							¥	7	3	7	1	0	0					¥	7	3	7	1	0	0

附单据2张

财务主管：李绵　　记账：　　出纳：　　复核：　　制表：张玲

图5-34　记账凭证16

活动资料

2013年12月福州市西湖公司厂部购买办公用品。原始凭证如图5-35～图5-37所示。

福州市鼓楼东方百货商场商业零售普通发票　密码

（印章：全国统一发票监制章　闽福州市　国家税务总局监制）

发　票　联　135010456788

客户：福州市西湖公司　　2013年12月10日　　国税No. 10145231

品　名	规格	单位	数量	单价	金额 千	百	十	元	角	分
纸张		令	50	10.00		5	0	0	0	0
墨水		瓶	20	6.00		1	2	0	0	0
A4纸		包	5	20.00		1	0	0	0	0
复写纸		盒	5	10.00			5	0	0	0
合计人民币（大写）柒佰柒拾元整					¥	7	7	0	0	0

第二联　发票联

企业盖章：（福州市鼓楼东方百货商场　财务专用章）　财务：　复核：　填票：贾玲

图5 35　普通发票3

中国工商银行（闽）
转账支票存根

$\frac{B}{0}\frac{J}{2}$　2305

附加信息

出票日期　2013年12月10日

收款人：福州市鼓楼东方百货商场
金额：¥770.00
用途：厂部购买办公用品

单位主管：　会计：张玲

图5-36　转账支票存根6

中国工商银行进账单（回单）

2013 年 12 月 10 日　　　　1

<table>
<tr><td rowspan="3">出票人</td><td>全　称</td><td>福州市西湖公司</td><td rowspan="3">收款人</td><td>全　称</td><td colspan="9">福州市鼓楼东方百货商场</td></tr>
<tr><td>账　号</td><td>13355667799</td><td>账　号</td><td colspan="9">14855683428</td></tr>
<tr><td>开户银行</td><td>建设银行西湖支行</td><td>开户银行</td><td colspan="9">工商银行东街支行</td></tr>
<tr><td colspan="3" rowspan="2">人民币（大写）柒佰柒拾元整</td><td>百</td><td>十</td><td>亿</td><td>千</td><td>百</td><td>十</td><td>万</td><td>千</td><td>百</td><td>十</td><td>元</td><td>角</td><td>分</td></tr>
<tr><td></td><td></td><td></td><td></td><td></td><td></td><td></td><td>¥</td><td>7</td><td>7</td><td>0</td><td>0</td><td>0</td></tr>
<tr><td>票据种类</td><td colspan="2"></td><td colspan="13" rowspan="3">中国工商银行东街支行
2013 年 12 月 10 日
业务清讫
出票人开户行盖章</td></tr>
<tr><td>票据张数</td><td colspan="2"></td></tr>
<tr><td colspan="3">单位主管：　会计：　复核：　记账：</td></tr>
</table>

此联是银行给持票人的回单

图 5-37　进账单 10

要求：根据上述原始凭证，填制记账凭证

基础知识

一、其他费用的核算

企业生产过程中除了发生材料耗用、人工费用、固定资产折旧等，还会有其他费用开支，如水电费、办公费、差旅费、利息费用等。

二、账户设置

（1）“财务费用”账户。“财务费用”账户是损益类账户，用来核算企业为筹集生产经营所需资金等所发生的费用。借方登记实际发生的各项财务费用；贷方登记期末转入“本年利润”账户的财务费用，期末结转后无余额，该账户可按费用项目设置明细账。

（2）“其他应收款”账户。“其他应收款”账户是资产类账户，用来核算企业除了应收账款、应收票据、预付账款以外的其他各种应收、暂付款项，包括各种赔款、罚款、备用金、应向职工收取的各种垫付款等。“其他应收款”科目的借方登记其他应收款的增加，贷方登记其他应收款的收回，期末余额一般在借方，反映企业尚未收回的其他应收款项。

三、账务处理

【例 5-16】 12 月 20 日用银行存款支付采购员张刚出差预借差旅费 2 000 元。

这笔经济业务的发生，一方面使企业的其他应收款增加，另一方面使企业的银行存款的减少，其会计分录如下：

借：其他应收款——张刚　　2 000

　　贷：银行存款　　2 000

【例 5-17】 12 月 24 日采购员张刚出差回厂报销差旅费 1 800 元，余款 200 元现金收讫。

这笔经济业务的发生，一方面使企业管理费用和库存现金增加，另一方面使企业的其他应收款减少，其会计分录如下：

借：管理费用　　1 800

　　库存现金　　200

　　贷：其他应收款——张刚　　2 000

【例 5-18】 预提 11 月份短期借款利息 6 000 元。

这笔经济业务的发生，一方面使企业财务费用增加，另一方面使企业的应付利息增加，其会计分录如下：

借：财务费用　　6 000

　　贷：应付利息　　6 000

活动五　制造费用归集、分配与结转

工作案例

2013 年 12 月福州市西湖公司归集的制造费用总额为 49 438 元，按生产工时进行分配，编制制造费用分配表见表 5-7。

表 5-7　制造费用分配表 1

福州市西湖公司　　2013 年 12 月　　单位：元

产品名称	分配标准（生产工时）	分　配　率	分配金额	备　注
A 产品	40 000	0.5	20 000	
B 产品	58 876	0.5	29 438	
合　计	98 876		49 438	

复核：李绵　　制表：张玲

根据上述原始凭证，填制记账凭证如图 5-38 所示。

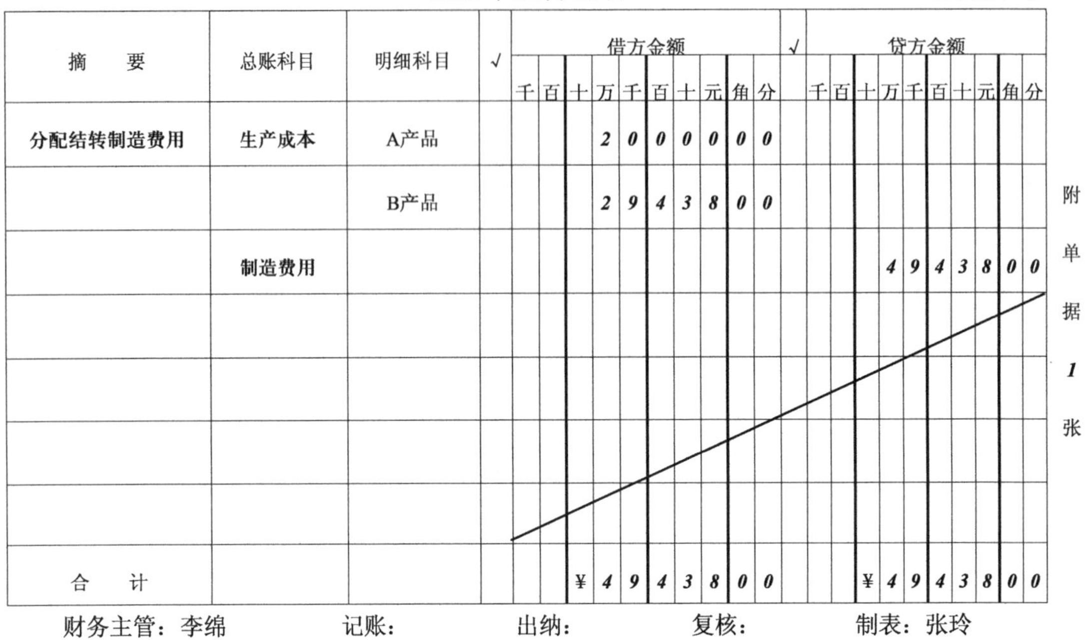

记 账 凭 证

2013 年 *12* 月 *31* 日　　　　　　　　记字第 *9* 号

摘　要	总账科目	明细科目	√	借方金额										√	贷方金额									
				千	百	十	万	千	百	十	元	角	分		千	百	十	万	千	百	十	元	角	分
分配结转制造费用	生产成本	A产品					2	0	0	0	0	0	0											
		B产品					2	9	4	3	8	0	0											
	制造费用																	4	9	4	3	8	0	0
合　计						¥	4	9	4	3	8	0	0				¥	4	9	4	3	8	0	0

附单据 *1* 张

财务主管：李绵　　记账：　　出纳：　　复核：　　制表：张玲

图 5-38　记账凭证 17

活动资料

2014 年 1 月福州市西湖公司归集的制造费用总额为 20 000 元，按生产工人工资进行分配，编制制造费用分配表见表 5-8。

表 5-8　制造费用分配表 2

福州市西湖公司　　　　2014 年 1 月　　　　单位：元

产品名称	分配标准（生产工人工资）	分　配　率	分配金额	备　注
A 产品	50 000			
B 产品	150 000			
合　计	200 000			

复核：李绵　　　　制表：张玲

要求：根据上述原始凭证，计算填列制造费用分配表并填制记账凭证。

基础知识

一、制造费用核算的内容

生产费用按其计入产品成本的方式的不同，可以分为直接费用和间接费用。制造费用核算的是生产车间为组织和管理生产所发生的各项间接费用，包括生产车间管理人员的工资和福利费、办公费、水电费、物料消耗、劳动保护费、机器设备的折旧费、修理费、低值易耗品摊销等。由于不能直接计入产品成本，会计上通常是先通过“制造费用”科目对这些费用进行归集，在每个会计期间终了，再按一定的标准（比如生产各种产品所耗的工时等）将所归集的制造费用分配计入相关产品的生产成本之中。

二、账户设置

“制造费用”账户是成本类账户，用来核算生产车间为组织和管理生产所发生的各项间接费用。其借方登记车间发生的各项制造费用，贷方登记分配转入“生产成本”账户的制造费用，期末一般无余额。该账户应按生产车间设置明细账，并按费用项目设置专栏。

三、账务处理

【例 5-19】某企业 12 月制造费用总额为 50 000 元，其中 A 产品承担 20 000 元，B 产品承担 30 000 元，将制造费用转入“生产成本”，其会计分录如下：

借：生产成本——A 产品　　20 000
　　　　　　——B 产品　　30 000
　贷：制造费用　　50 000

拓展知识

制造费用的分配方法：

首先，应将本月发生的制造费用总额通过“制造费用”账户的借方进行归集。然后，在本月生产的几种产品之间采用一定的方法进行分配，常用的分配标准有产品生产工时和生产工人工资两种。

制造费用分配率=制造费用总额÷分配标准

某产品应负担的制造费用=该产品的分配标准×制造费用分配率

下面以产品生产工时标准对制造费用进行分配为例。

【例 5-20】某公司 12 月末，将本月发生的制造费用 30 260 元分配转入“生产成本”账户，假设 A、B 两种产品生产工时分别为 80 小时和 120 小时。

制造费用分配率=30 260÷（80+120）=151.3（元/小时）

A 产品应分担的制造费用=80×151.3=12 104（元）

B 产品应分担的制造费用=120×151.3=18 156（元）

结转制造费用，一方面使企业产品成本增加，另一方面使企业的制造费用减少，其会计分录如下：

借：生产成本——A 产品　　12 104

　　　　　——B 产品　　18 156

　贷：制造费用　　30 260

活动六　完工产品成本计算和结转

工作案例

2013 年 12 月福州市西湖公司 A 产品完工，验收入库，原始凭证如图 5-39 所示，见表 5-9。

福州市西湖公司

成品交库单

生产部门：生产车间　　2013 年 12 月 31 日　　第 033 号

编号	成品名称	规格	单位	送验数量	实收数量
	A 产品		件	1 000	1 000
备注					

第二联　财会登账

检验人：朱小莉　　交库人：姜林　　会计：张玲

图 5-39　成品交库单 1

表 5-9　完工产品成本计算表 1

福州市西湖公司　　2013 年 12 月

成本项目	A 产品	
	总成本/元	单位成本/（元/件）
直接材料	107 800	107.80
直接人工	31 920	31.92
制造费用	20 000	20.00
成本合计	159 720	159.72

复核：李绵　　会计：张玲

根据上述原始凭证，填制记账凭证如图 5-40 所示。

记　账　凭　证

2013 年 *12* 月 *31* 日　　　　记字第 *10* 号

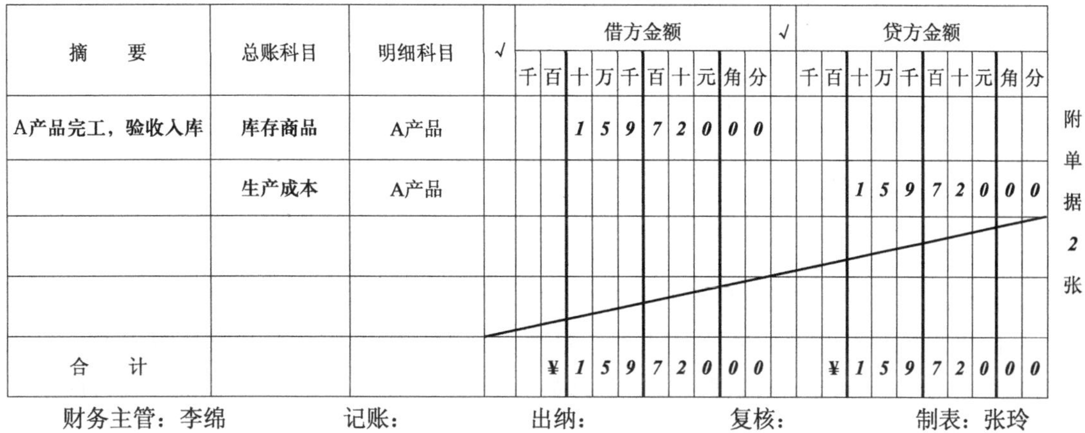

摘　要	总账科目	明细科目	√	借方金额										√	贷方金额									
				千	百	十	万	千	百	十	元	角	分		千	百	十	万	千	百	十	元	角	分
A产品完工，验收入库	库存商品	A产品				*1*	*5*	*9*	*7*	*2*	*0*	*0*	*0*											
	生产成本	A产品															*1*	*5*	*9*	*7*	*2*	*0*	*0*	*0*
合　计					¥	*1*	*5*	*9*	*7*	*2*	*0*	*0*	*0*			¥	*1*	*5*	*9*	*7*	*2*	*0*	*0*	*0*

附单据 *2* 张

财务主管：李绵　　记账：　　出纳：　　复核：　　制表：张玲

图 5-40　记账凭证 18

活动资料

2014 年 1 月福州市西湖公司 B 产品完工，验收入库，原始凭证如图 5-41 所示，见表 5-10。

福州市西湖公司

成品交库单

生产部门：生产车间　　　　2014 年 1 月 31 日　　　　第 035 号

编号	成品名称	规格	单位	送验数量	实收数量
	B 产品		件	500	500
备注					

第二联　财会登账

检验人：朱小莉　　　　交库人：姜林　　　　会计：张玲

图 5-41　成品交库单 2

表 5-10　完工产品成本计算表 2

福州市西湖公司　　　　2014 年 1 月

成本项目	B 产品	
	总成本（500 件）/元	单位成本/（元/件）
直接材料	100 000	200
直接人工	5 000	10
制造费用	20 000	40
成本合计	125 000	250

复核：李绵　　　　会计：张玲

根据上述原始凭证，填制记账凭证。

基础知识

一、产品生产成本的计算

产品生产成本的计算就是将生产过程中所发生的生产费用按一定的标准进行归集和分配，计算出完工产品的全部成本和单位成本。

二、账户设置

“库存商品”账户是资产类账户，用来核算企业库存的各种商品的实际成本，包括外购商品、自制产品等。它的借方登记已经完工验收入库和各种产品的实际成本；贷方登记已经出售的各种产品的实际生产成本，月末，借方余额表示库存产成品的成本。为了具体反映库存产成品的结构和增减变动情况，应按产成品的品种、规格或类别设置明细分类账户。

三、账务处理

【例 5-21】

某企业完工产品成本计算见表 5-11。产品已验收入库。

表 5-11　完工产品成本计算表 3

品种：甲产品　　　　2014 年 1 月　　　　单位：元

成 本 项 目	总成本（200 件）/元	单 位 成 本
直接材料	15 295	76.475
直接人工	34 485	172.425
制造费用	12 220	61.10
生产成本	62 000	310.00

复核：李绵　　　　会计：张玲

产品完工验收入库，一方面使企业的库存产成品增加，另一方面使企业的在产品减少，会计分录如下：

借：库存商品——甲产品　　　　62 000

　　贷：生产成本——甲产品　　　　62 000

拓展知识

一、产品生产成本计算的一般程序

产品生产成本计算的一般程序如下：

（1）确定成本计算对象。

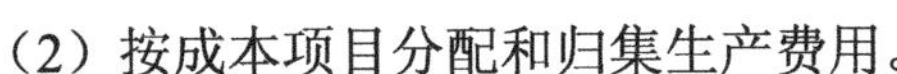

（2）按成本项目分配和归集生产费用。

（3）计算产品生产成本。

二、登记生产成本明细账

【例 5-22】承前例 2013 年 12 月福州市西湖公司 A、B 产品期初无在产品，本月生产全部完工入库，生产成本明细账见表 5-12。

表 5-12　生产成本明细账 1

产品名称：A 产品　　　　　　2013 年 12 月　　　　　产量：200 件　　　　　单位：元

2013 年		凭证字号	摘要	成本项目			合计
月	日			直接材料	直接人工	制造费用	
12	31	（略）	领用材料	107 800			107 800
			分配工资		28 000		28 000
			计提福利费		3 920		3 920
			分配制造费用			20 000	20 000
			生产费用合计	107 800	31 920	20 000	159 720
			结转完工产品成本	107 800	31 920	20 000	159 720

完工产品成本=期初在产品成本+本月发生的生产费用−期末在产品成本

因 A 产品全部完工，且无期初在产品，故 A 产品成本=0+159 720−0=159 720（元）

要求：试登记 2013 年 12 月福州市西湖公司 B 产品生产成本明细账，填入表 5-13 中。

表 5-13　生产成本明细账 2

产品名称：B 产品　　　　　　2013 年 12 月　　　　　产量：200 件

2013 年		凭证字号	摘要	成本项目			合计
月	日			直接材料	直接人工	制造费用	
12	31	（略）	领用材料				
			分配工资				
			计提福利费				
			分配制造费用				
			生产费用合计				
			结转完工产品成本				

任务五　产品销售过程核算

活动一　产品销售收入核算

工作案例

2013 年 12 月福州市西湖公司销售 A、B 产品，原始凭证如图 5-42 和图 5-43 所示。

中国工商银行进账单（收账通知）　　3

2013 年 12 月 8 日

出票人	全　称	福州市尤德公司	收款人	全　称	福州市西湖公司
	账　号	15328953764		账　号	13355667799
	开户银行	工商银行仓山办事处		开户银行	工商银行西湖支行

人民币（大写）叁拾柒万肆仟肆佰元整	亿	千	百	十	万	千	百	十	元	角	分
			¥	3	7	4	4	0	0	0	0

票据种类		出票人开户行盖章
票据张数		
单位主管：　会计：　复核：　记账：		

此联是收款人开户银行交给收款人的收账通知

图 5-42　进账单 11

福建省增值税专用发票

此联不作报销、扣税凭证使用

3500042421　　开票日期：　　月 8 日　　No.00769410

购货单位	名称：福州市尤德公司 纳税人识别号：350102778873533 地址、电话： 开户行及账号：工商银行仓山办事处 15328953764				密码区		
货物或应税劳务名称	规格型号	单位	数量	单价	金　额	税率	税　额
A 产品		件	600	300.00	180 000.00	17%	30 600.00
B 产品		件	400	350.00	140 000.00	17%	23 800.00
合　计					¥320 000.00		¥54 400.00
价税合计（大写）	⊗ 叁拾柒万肆仟肆佰元整				（小写）¥374 400.00		
销货单位	名称：福州市西湖公司 纳税人识别号：35010310026060511 地址、电话： 开户行及账号：工商银行西湖支行 13355667799				备注		

收款人：　　复核：　　开票人：赵鑫　　销货单位（章）

第三联　记账联　销货方记账凭证

图 5-43　专用发票 8

根据上述原始凭证，填制记账凭证如图 5-44 所示。

记 账 凭 证

2013 年 *12* 月 *30* 日　　　　　　　　　　记字第 *11* 号

摘要	总账科目	明细科目	√	借方金额										√	贷方金额									
				千	百	十	万	千	百	十	元	角	分		千	百	十	万	千	百	十	元	角	分
销货，款已收	银行存款					3	7	4	4	0	0	0	0											
	主营业务收入	A产品															1	8	0	0	0	0	0	0
		B产品															1	4	0	0	0	0	0	0
	应交税费	应交增值税（销项税额）																5	4	4	0	0	0	0
合　计					¥	3	7	4	4	0	0	0	0			¥	3	7	4	4	0	0	0	0

附单据 *2* 张

财务主管：李绵　　记账：　　出纳：　　复核：　　制表：张玲

图 5-44　记账凭证 19

活动资料

2013 年 12 月福州市西湖公司销售 A、B 产品，原始凭证如图 5-45～图 5-47 所示。

托收凭证（受理回单）　　1

委托日期 2013 年 12 月 9 日

业务类型	委托收款（☑邮划、☐电划）托收承付（☐邮划、☐电划）				
付款人	全称	厦门市角美贸易公司	收款人	全称	福州市西湖公司
	账号	14568953764		账号	13355667799
	地址	福建省厦门市　开户行　工商银行集美办		地址	福建省 福州市县　开户行　工商银行西湖支行
金额	人民币（大写）捌万捌仟肆佰壹拾元整				

亿	千	百	十	万	千	百	十	元	角	分
			¥	8	8	4	1	0	0	0

款项内容	货款	托收凭证名称		附寄单证张数	
商品发运情况		合同名称号码			
备注： 复核：　记账：	款项收妥日期 年　月　日	中国工商银行西湖支行 2013.12.9 业务清讫 收款人开户银行签章　年　月　日			

此联作收款人开户银行给收款人的受理回单

图 5-45　托收凭证

福建省增值税专用发票

全国统一发票监制章 福建 国家税务总局监制

此联不作报销、扣税凭证使用

3500042385　　开票日期[illegible]月[illegible]日　　No. 00768912

购货单位	名称：厦门市角美贸易公司 纳税人识别号：350102778872334 地址、电话：82387564 开户行及账号：工商银行集美办 14568953764					密码区	
货物或应税劳务名称	规格型号	单位	数量	单价	金额	税率	税额
A 产品		件	80	300.00	24 000.00	17%	4 080.00
B 产品		件	140	350.00	49 000.00	17%	8 330.00
合　计					¥73 000.00		¥12 410.00
价税合计人民币（大写）	⊗捌万伍仟肆佰壹拾元整　　（小写）¥85 410.00						
销货单位	名称：福州市西湖公司 纳税人识别号：35010310026060511 地址、电话： 开户行及账号：工商银行西湖支行 13355667799					备注	福州市西湖公司 3501030123456789 发票专用章

第三联　记账联　销货方记账凭证

图 5-46　专用发票 9

中国工商银行（闽）

转账支票存根

$\frac{B}{0}\frac{J}{2}$　2306

附加信息

出票日期　2013 年 12 月 9 日

收款人：南昌铁路局
金额：¥3 000.00
用途：代垫运费

单位主管：　　　　会计：张玲

图 5-47　转账支票存根 7

要求：根据上述原始凭证，填制记账凭证。

基础知识

一、产品销售收入概述

产品销售收入是指企业销售产品或提供劳务等取得的收入，包括主营业务收入和其他业

务收入。主营业务收入是企业从事主营业务所取得的收入。其他业务收入是企业从事除主营业务以外的其他业务活动所取得的收入，具有不经常发生，每笔业务金额一般较小，占收入的比重较低等特点

二、账户设置

①“主营业务收入”账户是损益类账户，用来核算企业销售商品、提供劳务等主要经营业务所实现的收入。其贷方登记销售产品或提供劳务所实现的收入，借方登记期末转入“本年利润”账户的金额，期末结转后无余额。该账户应按商品或劳务种类设置明细账。

②“其他业务收入”账户是损益类账户，用来核算企业材料销售、包装物出租等业务所实现的收入。其贷方登记企业材料销售、包装物出租所实现的收入，借方登记期末转入“本年利润”账户的金额，期末结转后无余额。该账户应按商品或劳务种类设置明细账。

③“应交税费——应交增值税（销项税额）”账户是负债类账户，用来核算企业因对外出售商品或提供劳务等应向购货方收取的增值税销项税额。企业因销售商品或提供劳务应收取的增值税记入该账户的贷方。

④“应收账款”账户是资产类账户，用来核算企业因销售商品、产品、提供劳务应向购买单位收取而没有收到的款项。其借方登记由于销售业务而发生的应收款项，贷方登记收回的应收款项，期末余额在借方，表示尚未收回的应收账款。该账户应按债务单位设置明细账。

三、账务处理

【例 5-23】 3 日，某企业销售给东风工厂甲产品 500 件，价款 50 000 元，增值税销项税额为 8 500 元，用银行存款代垫运杂费 500 元，款项尚未收到。其会计分录如下：

	借方	贷方
借：应收账款——东风公司	59 000	
贷：主营业务收入——甲产品		50 000
应交税费——应交增值税（销项税额）		8 500
银行存款		500

【例 5-24】 20 日，该企业收到东风公司货款，存入银行。其会计分录如下：

	借方	贷方
借：银行存款	59 000	
贷：应收账款——东风公司		59 000

【例 5-25】 22 日，该企业将多余的 A 材料 100 千克出售，价款 10 000 元，增值税销项税额 1 700 元，款项已收存银行。其会计分录如下：

	借方	贷方
借：银行存款	11 700	
贷：其他业务收入		10 000
应交税费——应交增值税（销项税额）		1 700

活动二　产品销售费用核算

工作案例

2013年12月10日福州市西湖公司开出转账支票支付海峡都市报产品推广费用5 000元，原始凭证如图5-48～图5-50所示。

中国工商银行

转账支票存根

$\frac{B}{0}\frac{J}{2}$ 2307

附加信息

出票日期　2013 年 12 月 10 日

收款人：福建海峡都市报
金额：¥5 000.00
用途：支付广告费

单位主管：　　　　会计：张玲

图5-48　转账支票存根8

福建省福州市服务业统一发票　密码

全国统一发票监制章　闽福州市　国家税务总局监制

发票联　　135892

客户：福州市西湖公司　　2013年12月10日　　地税 No.1019072

项目	单位	数量	单价	金额						
				万	千	百	十	元	角	分
产品推广	天	5	1 000		5	0	0	0	0	0
合计人民币（大写）伍仟元整				¥	5	0	0	0	0	0

第二联　发票联

收款单位盖章：福建海峡都市报　发票专用章　　财务：　　复核：　　填票：吴云彩

图5-49　服务业统一发票

中国工商银行进账单（回单）

2013 年 12 月 10 日　　**1**

出票人	全　称	福州市西湖公司	收款人	全　称	福州海峡都市报
	账　号	13355667799		账　号	10055683422
	开户银行	工商银行西湖支行		开户银行	工商银行东街支行

人民币（大写）伍仟元整	百	十	亿	千	百	十	万	千	百	十	元	角	分
							¥	5	0	0	0	0	0

票据种类		中国工商银行东街支行 2013 年 12 月 10 日 业务清讫	出票人开户行盖章
票据张数			
单位主管：　会计：　复核：　记账：			

此联是银行给持票人的回单

图 5-50　进账单 12

根据上述原始凭证，填制记账凭证如图 5-51 所示。

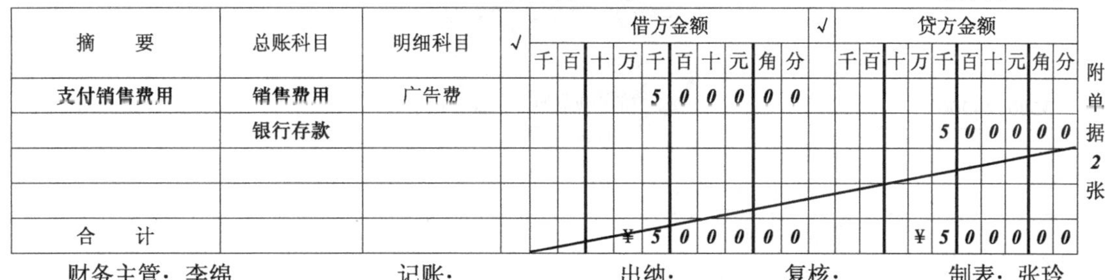

记　账　凭　证

2013 年 *12* 月 *10* 日　　记字第 *12* 号

摘　要	总账科目	明细科目	√	借方金额 千	百	十	万	千	百	十	元	角	分	√	贷方金额 千	百	十	万	千	百	十	元	角	分
支付销售费用	销售费用	广告费						5	0	0	0	0	0											
	银行存款																		5	0	0	0	0	0
合　计							¥	5	0	0	0	0	0					¥	5	0	0	0	0	0

附单据 *2* 张

财务主管：李绵　　记账：　　出纳：　　复核：　　制表：张玲

图 5-51　记账凭证 20

活动资料

2013 年 12 月 9 日福州市西湖公司开出转账支票支付福州市闽运汽车站销售产品运输费 1 110 元，原始凭证如图 5-52～图 5-54 所示。

中国工商银行
转账支票存根

$\frac{B}{0}\frac{J}{2}$　2308

附加信息

出票日期　2013 年 12 月 9 日

收款人：福州市闽运汽车站
金额：¥1 110.00
用途：运费

单位主管：　　会计：张玲

图 5-52　转账支票存根 9

中国工商银行进账单（回单）

2013年12月9日 1

<table>
<tr><td rowspan="3">出票人</td><td>全　称</td><td>福州市西湖公司</td><td rowspan="3">收款人</td><td>全　称</td><td colspan="11">福州市闽运汽车站</td></tr>
<tr><td>账　号</td><td>13355667799</td><td>账　号</td><td colspan="11">15555683466</td></tr>
<tr><td>开户银行</td><td>工商银行西湖支行</td><td>开户银行</td><td colspan="11">工商银行铜盘支行</td></tr>
<tr><td colspan="3" rowspan="2">人民币（大写）壹仟壹佰壹拾元整</td><td>百</td><td>十</td><td>亿</td><td>千</td><td>百</td><td>十</td><td>万</td><td>千</td><td>百</td><td>十</td><td>元</td><td>角</td><td>分</td></tr>
<tr><td></td><td></td><td></td><td></td><td></td><td></td><td>¥</td><td>1</td><td>1</td><td>1</td><td>0</td><td>0</td><td>0</td></tr>
<tr><td colspan="2">票据种类</td><td colspan="2"></td><td colspan="12" rowspan="3">中国工商银行铜盘支行 2013年12月09日 业务清讫
出票人开户行盖章</td></tr>
<tr><td colspan="2">票据张数</td><td colspan="2"></td></tr>
<tr><td colspan="4">单位主管：　会计：　复核：　记账</td></tr>
</table>

此联是银行给持票人的回单

图5-53　进账单13

货物运输业增值税专用发票

此联不作报销、扣税凭证使用

全国统一发票监制章 福建 国家税务总局监制

3500124366　　开票日期：2013年12月9日　　No. 01706251

<table>
<tr><td colspan="2">承运人及纳税人识别号</td><td colspan="4">福州市闽运汽车站
350102778847233</td><td rowspan="3">密码区</td><td rowspan="3"></td></tr>
<tr><td colspan="2">实际受票方及纳税人识别号</td><td colspan="4">福州市西湖公司
35010310026060511</td></tr>
<tr><td colspan="2">收货人及纳税人识别码</td><td colspan="4">福州市东南公司
3501030123456777</td></tr>
<tr><td colspan="2">起运地、经由、到达地</td><td colspan="6">福州——福州</td></tr>
<tr><td>费用项目及金额</td><td colspan="5">费用项目　　　金额
运费　　　　　1 000</td><td>运输货物信息</td><td></td></tr>
<tr><td>合计金额</td><td>1 000</td><td>税率</td><td>11%</td><td>税额</td><td>110</td><td>机器编号</td><td>499900404889</td></tr>
<tr><td colspan="2">价税合计（大写）</td><td colspan="6">⊗ 壹仟壹佰壹拾元整　　（小写）¥1 110.00</td></tr>
<tr><td>车种车号</td><td colspan="2">闽A25768</td><td>车船吨位</td><td colspan="2">15吨</td><td rowspan="2">备注</td><td rowspan="2">福州市闽运汽车站 350102779945287 发票专用章</td></tr>
<tr><td colspan="2">主管税务机关及代码</td><td colspan="4">福州市鼓楼区国家税务局鼓楼税务分局
135011133</td></tr>
</table>

收款人：李方　　复核：吴凡　　开票人：姜东　　承运人：（章）

第一联　发票联　受票方记账凭证

图5-54　专用发票10

要求：根据上述原始凭证，填制记账凭证。

基础知识

一、产品销售费用概述

产品销售费用是指企业在商品销售过程中发生的各种费用开支，包括广告费、展览费和企业专设销售机构的经费开支以及产品销售过程中发生的应由企业负担的运输费、装卸费、包装费等。

二、账户设置

“销售费用”账户是损益类账户，借方登记发生商品销售过程中发生的各种费用开支，贷方登记期末结转入“本年利润”账户的金额，期末结转后无余额。该账户应按费用项目设置明细账。

三、账务处理

【例 5-26】某企业 9 月 10 日用银行存款支付自己负担的产品运输费用 5 000 元。

这笔经济业务的发生，一方面使企业负担的销售费用增加，另一方面使企业的银行存款减少，其会计分录如下：

借：销售费用——运输费　　5 000

　　贷：银行存款　　5 000

活动三　产品销售成本计算和结转

工作案例

2013 年 12 月福州市西湖公司结转当月已销售产品成本，编制计算表见表 5-14。

表 5-14　结转当月已销售产品成本计算表 1

福州市西湖公司　　2013 年 12 月　　单位：元

产品名称	销售数量/件	单位成本	已售产品生产成本
A 产品	80	160	12 800
B 产品	140	200	28 000
合　计			40 800

复核：李绵　　制表：张玲

根据上述原始凭证，填制记账凭证如图 5-55 所示。

记 账 凭 证

2013 年 *12* 月 *31* 日　　　　　　　　记字第 *13* 号

摘　　要	总账科目	明细科目	√	借方金额										√	贷方金额								
				千	百	十	万	千	百	十	元	角	分		千	百	十	万	千	百	十	元	角	分
结转已售产品成本	主营业务成本	A					1	2	8	0	0	0	0											
		B					2	8	0	0	0	0	0											
	库存商品	A																1	2	8	0	0	0	0
		B																2	8	0	0	0	0	0
合　　计						¥	4	0	8	0	0	0	0				¥	4	0	8	0	0	0	0

附单据 *1* 张

财务主管：李绵　　　　记账：　　　　出纳：　　　　复核：　　　　制表：张玲

图 5-55　记账凭证 21

活动资料

2013 年 12 月福州市西湖公司结转当月已销售材料成本，编制计算表见表 5-15。

表 5-15　结转当月已销售材料成本计算表 2

福州市西湖公司　　　　　　　　2013 年 12 月　　　　　　　　单位：元

产品名称	销售数量/千克	单位成本	已售材料成本
A 材料	100	60	6 000
合计			6 000

复核：李绵　　　　　　　　　　　　　　　　　　制表：张玲

要求：根据上述原始凭证，填制记账凭证。

基础知识

一、产品销售成本概述

企业通常在月末，通过编制“已售商品成本计算表”，汇总出当月售出商品数量，结转已售商品成本。

二、账户设置

①“主营业务成本”是损益类账户，其借方登记从“库存商品”账户转入的本期已销商品的实际成本，贷方登记期末转入“本年利润”账户的本期已销商品实际成本，期末结转后无余额。该账户应按主营业务种类设置明细账。

②“其他业务成本”是损益类账户，核算企业主营业务以外的其他销售或其他业务所发生的支出，发生其他业务成本时，记入本账户的借方，期末转入“本年利润”账户时记贷方，期末结转后无余额。该账户应当按其他业务的种类设置明细账。

三、账务处理

【例 5-27】某企业 12 月末计算并结转当月已销产品的生产成本。

本月已销某产品生产成本=本月已销产品的数量×已销产品的单位成本

A 产品的单位销售成本=200×300=60 000（元）

B 产品的单位销售成本=180×400=72 000（元）

结转已销商品的销售成本，一方面使已销商品的成本增加，另一方面使库存商品的减少，其会计分录为：

借：主营业务成本——A 产品　　60 000
　　　　　　　　——B 产品　　72 000
　贷：库存商品——A 产品　　60 000
　　　　　　　——B 产品　　72 000

【例 5-28】某企业 12 月末结转当月已销售材料成本 720 元。

该笔业务一方面使已销材料的成本增加，另一方面使原材料减少，其会计分录为：

借：其他业务成本　　720
　贷：原材料　　720

活动四　产品销售税费的核算

工作案例

2013 年 12 月，福州市西湖公司计提当月应承担的城市维护建设费和教育费附加如图 5-56 所示。

福建省地方税（费）纳税（费）申报表（简表）

纳税人名称（盖章）　福州市西湖公司

企业计算机编号：　　　　单位：元

序号	税　种	应税项目	税款所属时间	计税数量	计税金额	税率或单位税额	应纳税款
1	城市维护建设税	增值税部分	2013.12		17 000	7%	1 190
2	教育费附加	增值税部分	2013.12		17 000	3%	510
	合　计						1 700

第一联　纳税人

企业负责人：陈彬　财会主管：李绵　纳税员：张玲　税务经办人：孙芳　报送时间：2013 年 12 月 31 日

图 5-56　纳税申报表

根据上述原始凭证，填制记账凭证如图 5-57 所示。

记 账 凭 证

2013 年 12 月 31 日　　　　记字第 14 号

摘要	总账科目	明细科目	√	借方金额 千	百	十	万	千	百	十	元	角	分	√	贷方金额 千	百	十	万	千	百	十	元	角	分
计提城市维护建设税和教育费附加	税金及附加							1	7	0	0	0	0											
	应交税费	应交城市维护建设税																	1	1	9	0	0	0
		应交教育费附加																		5	1	0	0	0
合计							¥	1	7	0	0	0	0					¥	1	7	0	0	0	0

附单据 1 张

财务主管：李绵　　记账：　　出纳：　　复核：　　制表：张玲

图 5-57　记账凭证 22

活动资料

2013 年 12 月，福州市西湖公司缴纳 2013 年 11 月城市维护建设税和教育费附加。原始凭证如图 5-58 所示。

中华人民共和国　地
税收通用缴款书　　闽地缴 0352488 号

填发日期 2013 年 12 月 10 日　　征收机关：西湖地方税务局

缴款单位	代码	3501030123456777	预算科目	编码	
	全称	福州市西湖公司		名称	
	开户银行	工商银行西湖支行		级次	地市 100%
	账号	13355667799	收款国库		福州市西湖地方税务局

税款所属时期 2013 年 11 月 1 日至 2013 年 11 月 30 日			税款限缴日期 2013 年 12 月 10 日	
品目名称	课税数量	计税金额或销售收入	税率或单位税额	实 缴 税 额
城市维护建设税		13 600	7%	¥952.00
教育费附加		13 600	3%	¥408.00
金额合计	人民币（大写）壹仟叁佰陆拾元整			¥1 360.00
税务机关（盖章） 填票人（章） 西湖地税分局	缴款单位（盖章）经办人（章） 福州市西湖公司 财务专用章	上列款项已收妥并划转收款单位账户 国库（银行）盖章 年　月　日	备注：2013 年 12 月 10 日 工行西湖支行 2013、12、10 业务清讫	

无银行收讫章无效

第一联（收据）国库（银行）收款盖章后退缴款单位（人）作完税凭证

逾期不缴按税法规定加收滞纳金

图 5-58　税收通用缴款书

要求：根据上述原始凭证，填制记账凭证。

基础知识

一、城市维护建设税和教育费附加概述

城市维护建设税和教育费附加是一种附加税，它是以企业实际缴纳的增值税、消费税税额作为计税依据的税种。

计算公式：

城市维护建设税=应交增值税（消费税）税额合计×适用税率（7%）

教育费附加=应交增值税（消费税）税额合计×适用税率（3%）

二、账户设置

“税金及附加”账户是损益类账户，用来核算企业应负担的各种税金（即价内税，如消费税、城市维护建设税等）和教育费附加等。其借方登记按规定标准计算的本期应负担的各种销售税金及附加，贷方登记期末转入“本年利润”账户的各种销售税金及附加，期末结转后无余额。

三、账务处理

【例 5-29】11 月 30 日，某企业按当月应交增值税来计算本月应缴纳城市维护建设税为 1 012 元、教育费附加为 434 元。其会计分录如下：

借：税金及附加　　1 446

　　贷：应交税费——应交城市维护建设税　　1 012

　　　　　　　　——应交教育费附加　　434

【例 5-30】11 月 30 日，该企业缴纳上月城市维护建设税和教育费附加缴纳城建税 1 012 元和教育附加 434 元。

借：应交税费——应交城市维护建设税　　1 012

　　　　　　——应交教育费附加　　434

　　贷：银行存款　　1 446

任务六　财务成果核算

活动一　营业外收支核算

工作案例

2013 年 12 月，福州市西湖公司收到金磊迟到罚款，原始凭证如图 5-59 和图 5-60 所示。

罚款通知

福州市西湖公司财务科：

兹有我公司保管员金磊同志，因春节后无故旷工，触犯了劳动纪律，为了严肃此事，经公司领导研究决定给予经济处罚，罚款人民币壹仟元整。

同意罚款。张群桂 2013 年 12 月 18 日　　　　福州市西湖公司人事科

（印章：福州市西湖公司）2013 年 12 月 18 日

图 5-59　罚款通知

福 州 市 西 湖 公 司

收款收据　　　　No. 1118355

（印章：现金收讫）

2013 年 12 月 18 日

兹收到金磊同志　　收款方式：☑现金　▢ 银行

交来罚款

人民币（大写）壹仟元整　　¥1000.00

单位盖章（印章：福州市西湖公司 财务专用章）　　主管：李绵　　经手人：王芳

第三联 登账

图 5-60　收款收据 4

根据上述原始凭证，填制记账凭证如图 5-61 所示。

记　账　凭　证

2013 年 *12* 月 *31* 日　　　　记字第 *15* 号

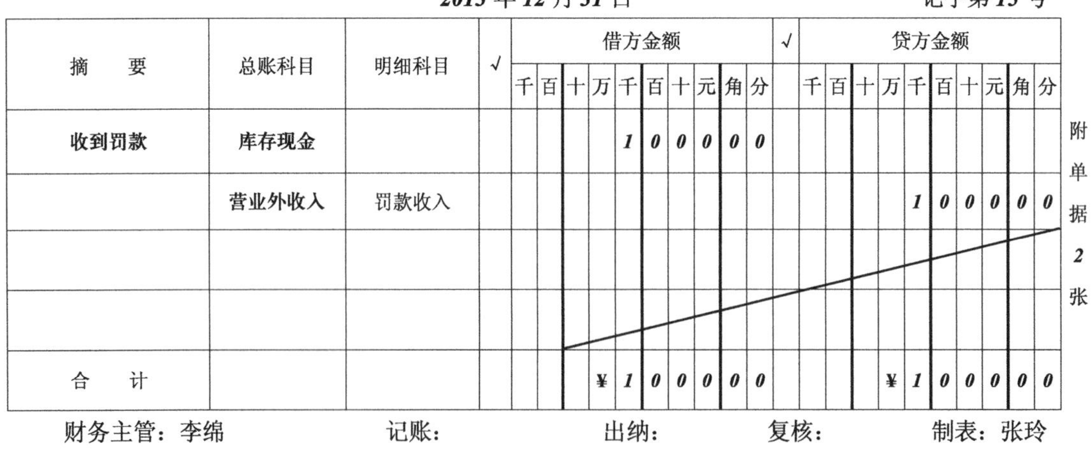

摘　要	总账科目	明细科目	√	借方金额										√	贷方金额									
				千	百	十	万	千	百	十	元	角	分		千	百	十	万	千	百	十	元	角	分
收到罚款	库存现金							*1*	*0*	*0*	*0*	*0*	*0*											
	营业外收入	罚款收入																	*1*	*0*	*0*	*0*	*0*	*0*
合　计							¥	*1*	*0*	*0*	*0*	*0*	*0*					¥	*1*	*0*	*0*	*0*	*0*	*0*

附单据 *2* 张

财务主管：李绵　　记账：　　出纳：　　复核：　　制表：张玲

图 5-61　记账凭证 23

活动资料

2013 年 12 月，福州市西湖公司开出支票向闽侯灾区捐款，原始凭证如图 5-62～图 5-64 所示。

中国工商银行
转账支票存根

$\frac{B}{0}\frac{J}{2}$　2308

附加信息

出票日期　2013 年 12 月 20 日

收款人：福州市民政局
金额：¥50 000.00
用途：向闽侯县水灾区捐款

单位主管：　　　　会计：张玲

图 5-62　转账支票存根 10

福 州 市 民 政 局

收款收据　　　　No.251555

2013 年 12 月 20 日

兹收到福州市西湖公司　　收款方式：☐现金　☑银行

交来向福州市闽侯县水灾区捐款

人民币（大写）伍万元整　　¥50 000.00

单位盖章　福州市民政局 财务专用章　主管：　　经手人：李玲

第二联收据

图 5-63　收款收据 5

中国工商银行进账单（回单）

2013 年 12 月 20 日　　1

出票人	全　称	福州市西湖公司	收款人	全　称	福州市民政局
	账　号	13355667799		账　号	1666683422
	开户银行	工商银行西湖支行		开户银行	工商银行湖东支行

人民币（大写）伍万元整	百	十	亿	千	百	十	万	千	百	十	元	角	分
						¥	5	0	0	0	0	0	0

票据种类		中国工商银行湖东支行 2013.12.20 业务清讫　出票人开户行盖章
票据张数		
单位主管：　会计：　复核：　记账：		

此联是银行给持票人的回单

图 5-64　进账单 14

要求：根据上述原始凭证，填制记账凭证。

基础知识

一、营业外收支概述

营业外收支是指与企业的业务经营无直接关系的收益和支出。它是企业财务成果的组成部分。

营业外收入包括接受捐赠收入、固定资产盘盈、处置固定资产净收益、非货币性交易收益、出售无形资产收益、罚款净收入等。

营业外支出如固定资产盘亏、处置固定资产净损失、出售无形资产损失、债务重组损失、计提的固定资产减值准备、计提的无形资产减值准备、计提的在建工程减值准备、罚款支出、捐赠支出、非常损失等。

二、账户设置

①“营业外收入”账户是损益类账户。它用来核算与生产经营活动无直接关系的各项收入，包括接受捐赠收入、固定资产盘盈、清理固定资产净收益、罚款收入等。其贷方登记企业发生的各项营业外收入，借方登记期末转入“本年利润”账户的收入数，期末结转后无余额。该账户应按收入项目设置明细账。

②“营业外支出”账户是损益类账户。它用来核算企业发生的与生产经营无直接关系的各项支出，包括固定资产盘亏、清理固定资产净损失、罚款支出和非常损失等。其借方登记发生的各项营业外支出，贷方登记期末转入“本年利润”账户的支出数，期末结转后无余额。该账户应按支出项目设置明细账。

三、账务处理

【例 5-31】12 月 15 日，某企业通过银行收到某公司的违约金罚款 8 000 元。其会计分录如下：

借：银行存款　　8 000

　　贷：营业外收入　　8 000

【例 5-32】12 月 16 日，某企业以银行存款支付税收滞纳金 3 000 元。其会计分录如下：

借：营业外支出　　3 000

　　贷：银行存款　　3 000

【例 5-33】12 月 25 日，福州市西湖公司经确认企业应付给吴航公司的一笔应付账款 10 000 元，因对方破产无法支付，予以转销，转入“营业外收入”。其会计分录如下：

借：应付账款——吴航公司　　10 000

　　贷：营业外收入　　10 000

活动二　结转损益

工作案例

12 月 31 日，福州市西湖公司结转损益类账户，有关账户发生额见表 5-16。

表 5-16　损益账户结转额汇总表

福州市西湖公司　　　　2013 年 12 月 31 日　　　　单位：元

转入“本年利润”账户借方的金额		转入“本年利润”账户贷方的金额	
账户名称	应转金额	账户名称	应转金额
主营业务成本	85 000	主营业务收入	200 000
税金及附加	3 000	其他业务收入	15 000
其他业务成本	7 000	营业外收入	9 000
销售费用	5 000		
管理费用	10 050		
财务费用	4 500		
营业外支出	54 500		
所得税费用			
合　计	159 050	合　计	224 000

复核：李绵　　　　制表：张玲

根据上述原始凭证，填制记账凭证如图 5-65 所示，结转收入类账户金额。

记　账　凭　证

2013 年 *12* 月 *31* 日　　　　记字第 *16* 号

摘　要	总账科目	明细科目	√	借方金额										√	贷方金额									
				千	百	十	万	千	百	十	元	角	分		千	百	十	万	千	百	十	元	角	分
结转损益	主营业务收入					2	0	0	0	0	0	0	0											
	其他业务收入						1	5	0	0	0	0	0											
	营业外收入							9	0	0	0	0	0											
	本年利润																2	0	2	4	0	0	0	0
合　计					¥	2	0	2	4	0	0	0	0			¥	2	0	2	4	0	0	0	0

附单据　张

财务主管：李绵　　记账：　　出纳：　　复核：　　制表：张玲

图 5-65　记账凭证 24

活动资料

要求：根据上述原始凭证，填制记账凭证结转费用类账户金额。

基础知识

一、损益的结转

（1）会计期末，企业应该将损益类账户的余额结转入“本年利润”账户。

（2）财务成果是指企业在一定会计期间的经营成果。利润包括收入减去费用后的净额、直接计入当期利润的利得和损失等。利润按其构成的不同层次可划分为：营业利润、利润总额和净利润。利润是衡量企业优劣的一种重要标志，往往是评价企业管理层业绩的一项重要指标，也是投资者等财务报告使用者进行决策时的重要参考。

（3）利润的构成。

净利润=利润总额–所得税费用

利润总额=营业利润+营业外收入–营业外支出

营业利润=营业收入–营业成本–税金及附加–管理费用–财务费用–销售费用–资产减值损失+投资收益

二、账户设置

“本年利润”账户是所有者权益类账户。它用来核算企业本年度累计实现的净利润或发生的净亏损。其贷方登记期末从收入类账户转入的本期实现的各项收入，借方登记期末从费用类账户转入的本期发生的各项支出。在年度内的各月月末，该账户余额若在贷方即为从年初至本月末为止累计实现的净利润；若在借方则为从年初至本月末为止累计发生的亏损。年末，该账户余额应转入“利润分配——未分配利润”账户，结转后无余额。

三、账务处理

【例 5-34】12 月末，某企业将本期各损益类账户（除“所得税”账户）的余额结转至“本年利润”账户。本月各损益类账户的余额分别为：主营业务收入 208 000 元、其他业务收入 25 000 元、营业外收入 3 000 元；主营业务成本 134 000 元、税金及附加 2 335.51 元、其他业务支出 12 500 元、销售费用 6 000 元、管理费用 17 370 元、财务费用 3 000 元、营业外支出 2 000 元。

（1）将本期收入类账户的贷方余额结转至“本年利润”账户的贷方。其会计分录为：

借：主营业务收入	208 000	
其他业务收入	25 000	
营业外收入	3 000	
贷：本年利润		236 000

（2）将本期支出类账户的借方余额结转至“本年利润”账户的借方。其会计分录为：

借：本年利润	177 205.51	
贷：主营业务成本		134 000
税金及附加		2 335.51
其他业务成本		12 500
销售费用		6 000

管理费用	17 370
财务费用	3 000
营业外支出	2 000

拓展知识

利润总额的形成：

将上述转入“本年利润”账户贷方的收入总额与转入“本年利润”账户借方的费用总额对比，其差额为本月的利润（亏损）总额。

例【例 5-34】中，236 000–177 205.51=58 794.49（元），即为本月实现的利润总额。

活动三　所得税费用计算与结转

工作案例

福州市西湖公司 2013 年 12 月利润总额为 150 000 元，编制所得税计算表见表 5-17。

表 5-17　所得税计算表（简表）1

福州市西湖公司　　2013 年 12 月 31 日　　单位：元

项　　目	金　　额
利润总额	150 000
加：调增项目	0
减：调减项目	0
应纳税所得额	150 000
适用税率	25%
应交所得税	37 500

复核：李绵　　制表：张玲

12 月 31 日结转所得税费用如图 5-66 所示。

福州市西湖公司

内 部 转 账 单

2013 年 12 月 31 日

摘　　要	金　　额
结转“所得税费用”账户	37 500.00
合　　计	¥37 500.00

复核：李绵　　制单：张玲

图 5-66　内部转账单 1

根据上述原始凭证填制记账凭证如图 5-67 所示。

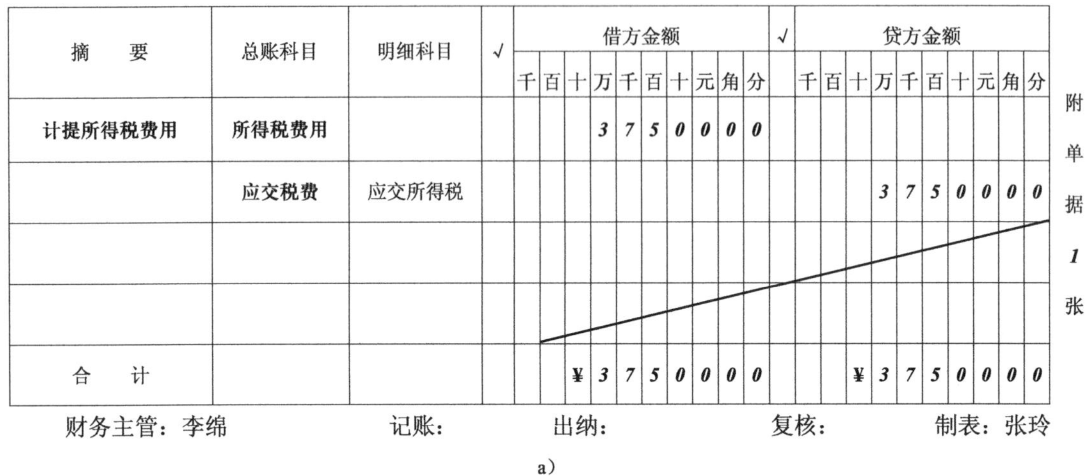

记账凭证

2013年12月31日　　记字第17 1/2 号

摘要	总账科目	明细科目	√	借方金额										√	贷方金额									
				千	百	十	万	千	百	十	元	角	分		千	百	十	万	千	百	十	元	角	分
计提所得税费用	所得税费用						3	7	5	0	0	0	0											
	应交税费	应交所得税																3	7	5	0	0	0	0
合计						¥	3	7	5	0	0	0	0				¥	3	7	5	0	0	0	0

附单据1张

财务主管：李绵　　记账：　　出纳：　　复核：　　制表：张玲

a）

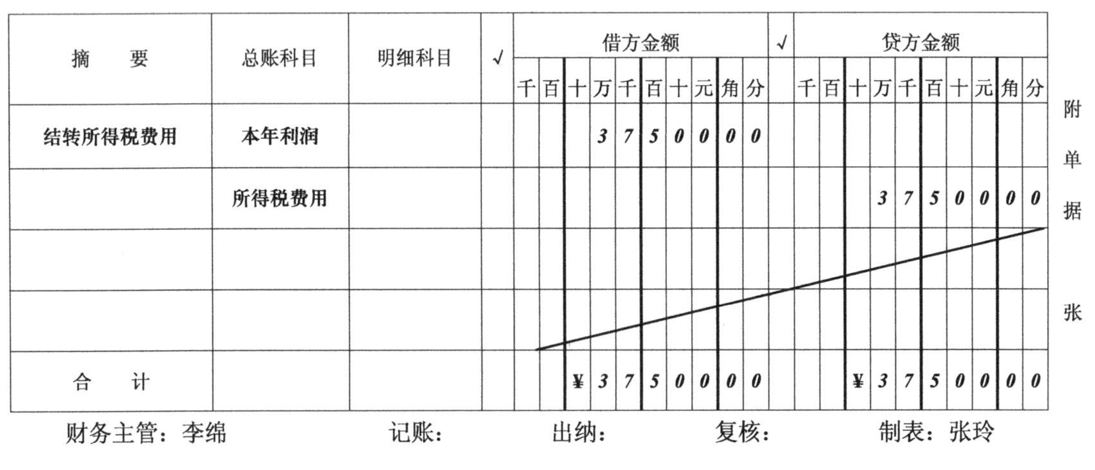

记账凭证

2013年12月31日　　记字第7号 2/2

摘要	总账科目	明细科目	√	借方金额										√	贷方金额									
				千	百	十	万	千	百	十	元	角	分		千	百	十	万	千	百	十	元	角	分
结转所得税费用	本年利润						3	7	5	0	0	0	0											
	所得税费用																	3	7	5	0	0	0	0
合计						¥	3	7	5	0	0	0	0				¥	3	7	5	0	0	0	0

附单据　张

财务主管：李绵　　记账：　　出纳：　　复核：　　制表：张玲

b）

图5-67　记账凭证25

活动资料

福州市西湖公司2014年1月利润总额为100 000元，编制所得税计算表见表5-18。

表 5-18　所得税计算表（简表）2

福州市西湖公司　　　　2014 年 1 月 31 日　　　　单位：元

项　　目	金 额
利润总额	100 000
加：调增项目	0
减：调减项目	0
应纳税所得额	100 000
适用税率	25%
应交所得税	25 000

1 月 31 日结转所得税费用如图 5-68 所示。

福州市西湖公司

内 部 转 账 单

2013 年 *12* 月 *31* 日

摘　　要	金　　额
结转“所得税费用”账户	25 000.00
合　　计	¥25 000.00

复核：李绵　　　　制单：张玲

图 5-68　内部转账单 2

要求：根据上述原始凭证填制记账凭证。

基础知识

一、所得税的计算、确认与结转

企业所得税是对我国境内的企业和取得收入的组织的生产经营所得和其他所得征收的一种税。

二、账户设置

“所得税费用”账户是损益类账户，用来核算企业发生的所得税费用。其借方登记应计入本期损益的所得税费用，贷方登记期末转入“本年利润”账户的所得税费用数，期末结转后无余额。

三、账务处理

【例 5-35】某企业 12 月利润总额为 100 000 元，企业所得税税率为 25%，月末计算并结转应交所得税。

企业所得税=应纳税所得额×适用税率

本月应交所得税=100 000×25%=25 000（元）

这笔经济业务的发生，一方面使企业所得税费用的增加，另一方面使企业应交税金的增加。其会计分录如下：

借：所得税费用 25 000

贷：应交税费——应交所得税 25 000

将本月“所得税”账户的借方余额转入“本年利润”账户的借方。其会计分录如下：

借：本年利润 25 000

贷：所得税费用 25 000

净利润的形成：

净利润=利润总额−所得税费用=100 000−25 000=75 000（元）

拓展知识

企业所得税的计算及缴纳的基本公式为：

企业所得税=应纳税所得额×适用税率

应纳税所得额=利润总额+（或−）税收调整项目金额

应纳所得税额=应纳税所得额×所得税税率

会计实务中企业所得税通常是按年或按月预交的，年终汇算清缴，多退少补。

【例 5-36】假设某企业 1～11 月累计应纳税所得额为 1 000 000 元，12 月实现的应纳税所得额为 58 794.49 元，所得税税率为 25%，1～11 月累计已缴纳所得税为 230 000 元。计算并结转本月应交所得税。

本年应纳税所得额=1 000 000+58 794.49=1 058 794.49（元）

本年应交所得税税额=1 058 794.49×25%=264 698.62（元）

本月应交所得税税额=264 698.62−230 000=34 698.62（元）

这笔经济业务的发生，一方面使企业所得税费用的增加，另一方面使企业应交税费的增加。其会计分录如下：

借：所得税费用 34 698.62

贷：应交税费——应交所得税 34 698.62

将本月“所得税费用”账户的借方余额转入“本年利润”账户的借方。其会计分录如下：

借：本年利润 34 698.62

贷：所得税费用 34 698.62

活动四　利润分配核算

工作案例

12 月 31 日，福州市西湖公司编制税后利润分配表进行利润分配，税后利润为 112 500 元（150 000−37 500），见表 5-19 所示。

表 5-19 税后利润分配表 1

福州市西湖公司　　2013 年 12 月 31 日　　单位：元

应分配项目 \ 应分配额	税后利润	分配比例	应分配额
（项目关系）	①	②	③=①×②
盈余公积		10%	11 250
任意盈余公积		5%	5 625
应付股利		50%	56 250
未分配利润		35%	39 375
合　计	112 500	100%	112 500

复核：李绵　　制表：张玲

根据上述原始凭证填制记账凭证如图 5-69 所示。

记 账 凭 证

2013 年 ***12*** 月 ***31*** 日　　记字第 ***18*** $\frac{1}{2}$ 号

摘　要	总账科目	明细科目	√	借方金额										√	贷方金额									
				千	百	十	万	千	百	十	元	角	分		千	百	十	万	千	百	十	元	角	分
提取盈余公积	**利润分配**	提取法定盈余公积					1	1	2	5	0	0	0											
		提取任意盈余公积						5	6	2	5	0	0											
	盈余公积	法定盈余公积																1	1	2	5	0	0	0
		任意盈余公积																	5	6	2	5	0	0
合　计						¥	1	6	8	7	5	0	0				¥	1	6	8	7	5	0	0

附单据 ***1*** 张

财务主管：李绵　　记账：　　出纳：　　复核：　　制表：张玲

a）

记 账 凭 证

2013 年 ***12*** 月 ***31*** 日　　记字第 ***18*** $\frac{2}{2}$ 号

摘　要	总账科目	明细科目	√	借方金额										√	贷方金额									
				千	百	十	万	千	百	十	元	角	分		千	百	十	万	千	百	十	元	角	分
向投资者分配股利	**利润分配**	应付股利					5	6	2	5	0	0	0											
	利润分配																	5	6	2	5	0	0	0
合　计						¥	5	6	2	5	0	0	0				¥	5	6	2	5	0	0	0

附单据 ***1*** 张

财务主管：李绵　　记账：　　出纳：　　复核：　　制表：张玲

b）

图 5-69 记账凭证 26

活动资料

2014 年 1 月 31 日福州市西湖公司编制税后利润分配表进行利润分配，税后利润为 100 000 元，见表 5-20。

表 5-20　税后利润分配表 2

福州市西湖公司　　2014 年 1 月 31 日　　单位：元

应分配额 / 应分配项目	税后利润	分配比例	应分配额
（项目关系）	①	②	③=①×②
盈余公积		10%	10 000
任意盈余公积		5%	5 000
应付股利		50%	50 000
未分配利润		35%	35 000
合　　计	100 000	100%	100 000

复核：李绵　　制表：张玲

要求：根据上述原始凭证填制记账凭证。

基础知识

一、利润分配核算的内容

利润分配是指对企业实现的净利润进行分配。按照国家有关规定，利润分配的主要内容和顺序如下：

（1）弥补企业以前年度的亏损。

（2）提取盈余公积，包括法定盈余公积和任意盈余公积。

（3）向投资者分配利润。

二、账户设置

（1）“利润分配”账户是所有者权益类账户。它用来核算企业实现利润的分配（或亏损的弥补）情况和历年分配（或弥补）后的积存余额。借方登记实际分配的利润数额或结转年度亏损额，贷方登记从“本年利润”账户转入数或亏损的弥补数，年末“利润分配”账户如为贷方余额，表示历年累计未分配利润；如为借方余额，表示历年累计未弥补的亏损。“利润分配”账户一般应设置“提取法定盈余公积”“提取任意盈余公积”“应付股利”“未分配利润”等明细账户，进行明细分类核算。

（2）“盈余公积”账户是所有者权益类账户。它用来核算企业从净利润中提取的盈余公积（包括法定盈余公积和任意盈余公积）。提取盈余公积时记贷方，依法转增资本、弥补亏损等发生的盈余公积的减少时记借方，期末余额在贷方，表示盈余公积的结余额。该账户应按盈余公积的种类设置明细账。

三、账务处理

【例 5-37】假设 12 月末企业税后利润为 700 000 元，按税后利润的 10%提取法定盈余公积，按税后利润的 5%提取任意盈余公积。

应提取的法定盈余公积=700 000×10%=70 000（元）

应提取的任意盈余公积=700 000×5%=35 000（元）

这笔经济业务的发生，一方面使企业的利润分配增加，另一方面使企业的盈余公积增加，其会计分录如下：

借：利润分配——提取法定盈余公积　　70 000
　　　　　　——提取任意盈余公积　　35 000
　贷：盈余公积——法定盈余公积　　　　70 000
　　　　　　　——任意盈余公积　　　　35 000

【例 5-38】年末，经董事会决定，向投资者分配利润 300 000 元。其会计分录如下：

借：利润分配——应付股利　　300 000
　贷：应付股利　　　　　　　　300 000

拓展知识

企业应于年末结转本年实现的净利润或发生的净亏损。

【例 5-39】年末，结转本年实现的净利润 700 000 元。

年末，应将本年实现的净利润，从“本年利润”账户的借方转入“利润分配——未分配利润”账户的贷方。其会计分录如下：

借：本年利润　　700 000
　贷：利润分配——未分配利润　　700 000

若本例中是亏损 700 000 元，则作相反会计分录。

借：利润分配——未分配利润　　700 000
　贷：本年利润　　700 000

【例 5-40】年末，结转本年已分配的利润 405 000 元（70 000+35 000+300 000）。

年末，应将本年利润分配数分别从“利润分配——提取法定盈余公积”“利润分配——提取法定公益金”和“利润分配——应付股利”账户的贷方转入“利润分配——未分配利润”账户的借方。其会计分录如下：

借：利润分配——未分配利润　　405 000
　贷：利润分配——提取法定盈余公积　　70 000
　　　　　　　——提取任意盈余公积　　35 000
　　　　　　　——应付股利　　　　　　300 000

模块六
账簿

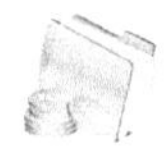

【岗位工作情景】

小丽刚与上任出纳办理完工作交接手续，看着桌面上刚交接过来的银行存款日记账和现金日记账，心里一直在打鼓。她应该怎样完成这些账簿的登记工作呢？通过本模块学习，将为大家解答这些问题。

【岗位学习目标】

一、岗位知识目标

1. 了解设置和登记会计账簿的意义。
2. 熟悉会计账簿的种类和结构。
3. 掌握会计账簿的登记方法。
4. 掌握结账、对账及错账更正的方法。

二、岗位能力目标

1. 正确开设和登记总账。
2. 正确开设和登记现金日记账和银行存款日记账。
3. 正确开设和登记三栏式、数量金额式和多栏式明细账。

三、职业素养目标

1. 培养学生严谨认真的工作作风。
2. 养成不怕困难、不怕繁琐的会计职业品质。
3. 树立规范意识，坚持依法做账的原则。

任务一　账簿的设置与登记

活动一　日记账的设置与登记

工作案例

（1）福州金牛公司 2013 年 5 月 1 日现金日记账的余额为 2 300 元。

（2）该公司 5 月份发生的有关现金收支业务见以下记账凭证登记表（见表 6-1）中的记录。

（3）要求根据所给记账凭证登记 5 月份现金日记账，如图 6-1 所示。

表 6-1　记账凭证登记表 1

2013 年		凭证		摘要（结算种类及号数）	总账科目	明细科目	借方	贷方	记账符号
月	日	字	号						
5	5	记	1	提现	库存现金		20 000		√
				（现支 3927023）	银行存款			20 000	
	5	记	2	提现备用	库存现金		10 000		√
				（现支 3927024）	银行存款			10 000	
	10	记	3	存入现金	银行存款		1 370		
				（存款闽 02345600）	库存现金			1 370	√
	15	记	4	预借差旅费	其他应收款	刘恒	1 000		
					库存现金			1 000	√
	20	记	5	购买办公用品	管理费用		500		
					库存现金			500	√
	26	记	6	销货收入	库存现金		1 170		√
					主营业务收入	甲产品		1 000	
					应交税费	应交增值税（销项税额）		170	

现金日记账

2013年		凭证		摘 要	对方科目	借 方										贷 方										余 额									
月	日	字	号			千	百	十	万	千	百	十	元	角	分	千	百	十	万	千	百	十	元	角	分	千	百	十	万	千	百	十	元	角	分
5	1			期初余额																										2	3	0	0	0	0
	5	记	1	提现	银行存款				2	0	0	0	0	0	0																				
	5	记	2	提现	银行存款				1	0	0	0	0	0	0																				
	5			本日合计					3	0	0	0	0	0	0														3	2	3	0	0	0	0
	10	记	3	存现	银行存款															1	3	7	0	0	0				3	0	9	3	0	0	0
	15	记	4	预借差旅费	其他应收款															1	0	0	0	0	0				2	9	9	3	0	0	0
	20	记	5	购买办公用品	管理费用																5	0	0	0	0				2	9	4	3	0	0	0
	26	记	6	销货收入	主营业务收入，应交税费					1	1	7	0	0	0														3	0	6	0	0	0	0

说明：

①“时间栏”根据记账凭证日期填列。

②“凭证号数”栏根据记账凭证的编号填列。

③“摘要”栏根据经济业务内容简明扼要说明。

④“对方科目”栏根据分录中现金科目的对方科目填列。

⑤“借方”栏、“贷方”栏根据记账凭证所列金额填列。

⑥“余额”栏根据每笔业务终了计算填列。

⑦当日业务超过2笔时应每日合计并记入“本日合计”。

⑧“本月合计”栏应计算出借方合计、贷方合计，并结出余额。

图6-1 现金日记账1

活动资料

（1）福州金牛公司2013年7月1日现金日记账的余额为4 200元。

（2）该公司7月份发生的有关现金收支业务见以下记账凭证登记表（见表6-2）中的记录。

（3）要求根据所给记账凭证登记7月份现金日记账。

表6-2 记账凭证登记表2

2013年		凭证		摘要（结算种类及号数）	总账科目	明细科目	借方	贷方	记账符号
月	日	字	号						
7	2	记	1	提现	库存现金		10 000		
				（现支3927029）	银行存款			10 000	
	3	记	2	提现备用	库存现金		10 000		
				（现支3927030）	银行存款			10 000	
	3	记	3	存入现金	银行存款		1 650		

（续）

2013 年		凭证		摘要 （结算种类及号数）	总账科目	明细科目	借方	贷方	记账符号
月	日	字	号						
				（存款闽 02345610）	库存现金			1 650	
	5	记	4	预借差旅费	其他应收款	李冰	1 500		
					库存现金			1 500	
	10	记	5	购买办公用品	管理费用		600		
					库存现金			600	
	13	记	6	销货收入	库存现金		2 340		
					主营业务收入	B 产品		2 000	
					应交税费	应交增值税 （销项税额）		340	

基础知识

一、账簿的概念

账簿是由具有一定格式，按一定形式相互连接的账页组成的，以审核无误的会计凭证为依据，连续、系统、全面、综合地记录和反映各项资产和权益增减变动情况和结果的簿籍。

二、设置和登记账簿的意义

填制与审核会计凭证，可以将每天发生的经济业务进行如实、正确的记录，明确其经济责任。但会计凭证数量繁多、信息分散，缺乏系统性，不便于会计信息的整理与报告。为了全面、系统、连续地核算和监督单位的经济活动及财务收支情况，应设置会计账簿。设置和登记账簿，是会计核算方法之一，是编制会计报表的基础，是连接会计凭证与会计报表的中间环节，在会计核算中具有重要意义。

（1）通过账簿的设置和登记，记载、储存会计信息。将会计凭证所记录的经济业务一一记入有关账簿，可以全面反映会计主体在一定时期内所发生的各项资金运动，储存所需要的各项会计信息。

（2）通过账簿的设置和登记，分类、汇总会计信息。账簿由不同的相互关联的账户所构成。通过账簿记录，一方面可以分门别类地反映各项会计信息，提供一定时期内经济活动的详细情况；另一方面可以通过对发生额和余额的计算，提供各方面所需要的总括会计信息，反映财务状况及经营成果的综合价值指标。

（3）通过账簿的设置和登记，检查、校正会计信息。账簿记录是会计凭证的进一步整理。例如在永续盘存制下，通过有关盘存账户余额与实际盘点或核查结果的对比，可以确认财产的盘盈或盘亏，并根据实际结存数额调整账簿记录，做到账实相符，提供真实、可靠的会计信息。

（4）通过账簿的设置和登记，编辑、输出会计信息。为了反映一定时期的财务状况及经营成果，应定期进行结账工作，进行有关账簿之间的核对，计算出本期发生额和余额，据以编制会计报表，向有关各方提供所需要的会计信息。

三、账簿的种类

会计账簿的种类多种多样，可以按其用途、外表特征和账页格式等不同标准进行分类。

1．按用途分类

账簿按其用途不同，可以分为序时账簿、分类账簿和备查账簿三类。

（1）序时账簿。序时账簿又称日记账，是按照经济业务发生或完成时间的先后顺序逐日逐笔进行登记的账簿。序时账簿可以用来核算和监督某一类型经济业务或全部经济业务的发生或完成情况。用来记录全部经济业务的日记账称为普通日记账。用来记录某一类型经济业务的日记账称为特种日记账，如记录现金收付业务及其结存情况的现金日记账，记录银行存款收付业务及其结存情况的银行存款日记账，以及专门记录转账业务的转账日记账。在我国，大多数企业一般只设现金日记账和银行存款日记账，而不设转账日记账和普通日记账。

（2）分类账簿。分类账簿是对全部经济业务事项按照会计要素的具体类别设置的分类账户进行登记的账簿。按照总分类账户分类登记经济业务事项的是总分类账簿，简称总账。按照明细分类账户分类登记经济业务事项的明细分类账簿，简称明细账。总分类账提供总括的会计信息，明细分类账提供详细的会计信息，两者相辅相成，互为补充。

（3）备查账簿。备查账簿（或称辅助登记簿），简称备查簿，是对某些在序时账簿和分类账簿等主要账簿中都不予登记或登记不够详细的经济业务进行补充登记时使用的账簿。例如，租入固定资产备查簿、应收票据贴现备查簿。

2．按外表特征分类

账簿按其外表特征不同，可分为订本账、活页账和卡片账三种。

（1）订本账。订本账是启用之前就已将账页装订在一起，并对账页进行了连续编号的账簿。订本账的优点是能避免账页的流失和防止抽换账页；其缺点是不能准确地为各账户预留账页，预留太多，造成浪费，预留太少，影响连续登记。这种账簿一般适用于总分类账、现金日记账和银行存款日记账。

（2）活页账。活页账是在登记完毕之前并不固定装订在一起，而是装在活页账夹中的账簿。当账簿登记完毕之后（通常是一个会计年度结束之后），才将账页予以装订，加具封面，并给各账页连续编号。这类账簿的优点是记账时可根据实际需要，随时将空白账页装入账簿，或抽去不需要的账页，便于分工记账；缺点是如果管理不善，可能会造成账页散失或故意抽换账页。各种明细分类账一般采用活页账形式。

（3）卡片账。卡片账是将账户所需格式印刷在硬卡上的账簿。严格说，卡片账也是一种活页账，只不过它不是装在活页账夹中，而是装在卡片箱内。在我国，企业一般只对固定资产的核算采用卡片账形式。因为固定资产在长期使用中其实物形态不变，又可能经常转移使用部门，设置卡片账便于随同实物转移。少数企业在材料核算中也使用材料卡片账

3．按账页格式分类

按账页格式不同，账簿可分为三栏式、数量金额式、多栏式和横线登记式四种。

（1）三栏式账簿。三栏式账簿是设有借方、贷方和余额三个栏目的账簿。各种日记账、总分类账以及资本、债权、债务明细账都可以采用三栏式账簿。如固定资产总账、应收账款明细账等。

（2）数量金额式账簿。数量金额式账簿的借方、贷方和余额三个栏目内，都分设数量、

单价和金额三小栏，借以反映财产物资的实物数量和价值量。如原材料、库存商品等明细账一般都采用数量金额式账簿。

（3）多栏式账簿。多栏式账簿是在账簿的两个基本栏目借方和贷方中按需要分设若干专栏的账簿。但是，专栏设在借方，还是设在贷方，或是同时设专栏，设多少栏，则根据需要确定。收入、费用明细账一般均采用这种格式的账簿。如制造费用、管理费用、主营业务收入明细账等。

（4）横线登记式账簿。横线登记式账簿是指在同一张账页的同一行内记录某一项经济业务从发生到结束的有关内容的账簿。这样可以对照反映一项经济业务的来龙去脉，对应关系清楚明了。如材料采购、其他应收款明细账等。

四、账簿的设置和登记

1．账簿的设置原则

任何单位都应当根据本单位经济业务的特点和经营管理的需要，设置一定种类和数量的账簿。一般来说，设置账簿应当遵循以下原则：

（1）账簿的设置要能保证全面、系统地反映和监督各单位的经济活动情况，为经营管理提供系统、分类的核算资料。

（2）账簿的设置要在满足实际需要的前提下，考虑人力和物力的节约，力求避免重复设账。

（3）账簿的格式，要按照所记录的经济业务的内容和需要提供的核算指标进行设计，力求简便实用，避免烦琐、重复。

2．账簿的基本内容

在实际工作中，账簿的格式是多种多样的，不同格式的账簿所包含的具体内容也不尽相同。但各种账簿都应具备以下基本内容。

（1）封面。封面主要标明记账单位的名称和账簿的名称，如总分类账、各种明细账、现金日记账、银行存款日记账等。

（2）扉页。扉页主要列明账户目录、账簿启用与经管人员一览表（活页账、卡片账在装订成册后，填列账簿启用与经管人员一览表），为了保证账簿记录的合法性，明确记账责任，启用会计账簿时，应在账簿扉页填制“账簿使用登记表”，内容包括：企业名称、账簿名称、启用日期、账簿页数、记账人员和会计主管人员姓名，并加盖会计人员名章和单位公章，见表6-3。

表6-3 账簿启用与经管人员一览表

账簿名称：__________　　单位名称：__________

账簿编号：__________　　账簿册数：__________

账簿页数：__________　　启用日期：__________

会计主管：（签章）______　　记账人员：（签章）______

移交日期			移交人		接管日期			接管人		监交人	
年	月	日	姓名	签章	年	月	日	姓名	签章	姓名	签章

（3）账页。账页是账簿用来记录具体经济业务的载体，其格式因记录经济业务内容的不同而有所不同，但基本内容应包括：

1）账户的名称（总分类账户、二级账户或明细账户）。

2）登记账户的日期栏。

3）凭证种类和号数栏。

4）摘要栏（简要说明所记录经济业务的内容）。

5）金额栏（记录经济业务引起账户发生额或余额增减变动的数额）。

6）总页次和分户页次。

3．账簿的登记规则

账簿记录的资料是否清楚、准确、完整，直接影响到会计核算工作的顺利进行和会计核算资料的质量。因此，为了保证账簿记录的正确性，会计人员在登记账簿时必须遵循以下规则：

（1）登记要及时。会计人员必须根据审核无误的会计凭证，及时登记会计账簿，不得拖延，以免工作积压造成错记、漏记，影响会计工作进行。

（2）内容准确、完整。登记会计账簿时，应当将会计凭证日期、编号、业务内容摘要、金额和其他有关资料逐项记入账内，做到数字准确、摘要清楚、字迹工整。每一项会计事项，一方面要记入有关的总账，另一方面又要记入该总账的所属的明细账。账簿记录的日期，应该填写凭证上的日期；如果是自制原始凭证的，如收料单、领料单等作为记账依据的，账簿记录的日期应按有关自制原始凭证上的日期填列。

（3）注明记账符号。账簿登记完毕，应在记账凭证上签名或盖章，并在记账凭证的“过账”栏内注明账簿页数或用“√”符号表示记账完毕，避免重记、漏记。

（4）书写要留空。账簿中书写的文字和数字上面要留有适当的空隙，不要写满格，书写时紧靠本行底线，一般应占格距的二分之一。这样，一旦发生错误登记时，能比较容易地进行更正，同时也方便查账工作。

（5）正常记账使用蓝墨水。为了保持账簿记录的持久性，防止涂改，登记账簿时必须使用蓝黑墨水或碳素墨水，并用钢笔书写，不得使用圆珠笔（银行的复写账簿除外）或者铅笔书写。

（6）特殊记账使用红墨水。可以使用红墨水记账的情况包括：按照红字冲账的记账凭证，冲销错误记录；在不设借贷等栏的多栏式账页中，登记减少数；在三栏式账户的余额栏前，如无“借或贷”栏的，在余额栏内登记负数余额时；根据国家统一的会计制度规定可以用红色登记的其他会计记录。会计的红字表示负数，因此，除上述情况外，不得用红色墨水登记账簿。

（7）顺序、连续登记。记账时，必须按账户页次逐页逐行登记，不得隔页、跳行。如不慎发生隔页、跳行现象，应在空页、空行处使用红墨水画对角线注销，或注明“此页空白”“此行空白”字样，并由记账人员在空白处签名或盖章。

（8）结出余额。凡需要结出余额的账户，在结出余额后，应当在“借或贷”栏目内注明“借”或“贷”字样，以表示余额的方向；对于没有余额的账户，应在“借或贷”栏内写“平”字，并在“余额”栏内“元”的位数上用“0”表示。现金日记账和银行存款日记账必须逐日结出余额。

（9）办理过此页、承前页。每一账页登记完毕时，应当结出本账页借、贷方发生额合计及余额，在该账页最末一行“摘要”栏注明“转次页”或“过次页”，并将这一金额记入下一账页第一行相关金额栏内，在该行“摘要”栏注明“承前页”。办理转页手续后，再开始登记其他经济业务，以保持账簿记录的连续性，便于对账和结账。

（10）不得刮擦、涂改。如果发现账簿记录错误，不得随意涂改，也不得刮、擦、挖补或药水消除更改字迹，而应由会计人员按照规定的方法进行更正。

五、序时账的设置和登记

1. 现金日记账的格式和登记方法

现金日记账是用来核算和监督库存现金每天的收入、支出和结存情况的账簿，即由出纳每日根据与现金收付有关的记账凭证，按时间顺序逐日逐笔进行登记的账簿。现金日记账通常采用“三栏式”订本账，设有借方、贷方和余额三个基本的金额栏目，一般将其分别称为收入、支出和结余。

出纳人员每日登记现金日记账时，“年、月、日”“凭证号数”“摘要”各栏根据审核无误的记账凭证及所附原始凭证填写；“对方科目”栏根据现金收、付款凭证中的贷方科目或借方科目填写；同时根据现金收款凭证和与现金有关的银行存款付款凭证（从银行提取现金的业务）登记现金日记账“借方”栏，根据现金付款凭证登记现金日记账“贷方”栏；并根据“上日余额+本日收入–本日支出=本日余额”的公式，逐日结出现金余额，登记现金日记账“余额”栏，与库存现金实存数核对，以检查每日现金收付是否有误，做到日清日结。

2. 银行存款日记账的格式和登记方法

银行存款日记账是用来核算和监督银行存款每日收入、支出和结余情况的账簿，即由出纳人员根据与银行存款收付业务有关的记账凭证，按时间先后顺序逐日逐笔进行登记。银行存款日记账应按企业在银行开立的账户和币种分别设置，每个银行存款账户设置一本日记账。

出纳人员每日登记银行存款日记账时，“年、月、日”“凭证号数”“摘要”各栏根据审核无误的记账凭证及所附原始凭证填写；“结算方式”栏根据所发生的经济业务的结算凭证的种类和编号填写；“对方科目” 栏根据银行存款收、付款凭证中的贷方科目和借方科目填写；同时根据银行存款收款凭证和与银行存款有关的现金付款凭证登记银行存款日记账“贷方”栏；并根据“上日余额+本日收入–本日支出=本日余额”的公式，逐日结出银行存款余额，登记银行存款日记账“余额”栏。期末，应将本单位的银行存款日记账与开户银行转来的对账单进行逐笔核对，以检验企业银行存款日记账的记录是否正确。

银行存款日记账的格式与现金日记账相同，通常也是采用“三栏式”订本账，设有借方、贷方和余额三个基本的金额栏目，一般也将其分别称为收入、支出和结余。

【例 6-1】（1）福州金牛公司 2013 年 5 月 1 日银行存款日记账的余额为 658 000 元。

（2）该公司 5 月发生的有关银行存款收支业务见以下记账凭证登记表（见表 6-4）中的记录。

（3）要求根据所给记账凭证登记 5 月份银行存款日记账（见图 6-2）。

表 6-4　记账凭证登记表 3　　　　单位：元

2013 年		凭证		摘要 （结算种类及号数）	总账科目	明细科目	借方	贷方	记账符号
月	日	字	日						
5	2	记	1	收到投资款	银行存款		100 000		√
				（转账支票 01026）	实收资本	国家资本		100 000	
	2	记	2	归还短期借款	短期借款		200 000		
				（转账支票 09002）	银行存款			200 000	√
	2	记	3	偿还前欠货款	应付账款	金山公司	58 500		
				（电汇 88420）	银行存款			58 500	√
	5	记	4	收回货款	银行存款		50 000		√
				（电汇 04107）	应收账款	长春工厂		50 000	
	6	记	5	支付材料款	原材料	A 材料	40 000		
				（托收承付 07535）	应交税费	应交增值税 （进项税额）	6 800		
					银行存款			46 800	√
	8	记	6	付广告费	销售费用		2 000		
				（转账支票 09003）	银行存款			2 000	√
	10	记	7	缴纳增值税	应交税费	应交增值税	3 500		
					银行存款			3 500	√

银行存款日记账

2013 年		凭证		摘　要	结算凭证		借　方										贷　方										余　额									
月	日	字	号		种类	号数	千	百	十	万	千	百	十	元	角	分	千	百	十	万	千	百	十	元	角	分	千	百	十	万	千	百	十	元	角	分
5	1			期初余额																									6	5	8	0	0	0	0	0
	2	记	1	收到投资款	转支	01026			1	0	0	0	0	0	0	0																				
	2	记	2	归还短期借款	转支	09002													2	0	0	0	0	0	0	0										
	2	记	3	偿还前欠货款	电汇	88420														5	8	5	0	0	0	0										
				本日合计					1	0	0	0	0	0	0	0			2	5	8	5	0	0	0	0			4	9	5	5	0	0	0	0
	5	记	4	收回货款	电汇	04107				5	0	0	0	0	0	0													5	4	5	5	0	0	0	0
	6	记	5	支付材料款	托收	07535														4	6	8	0	0	0	0			4	9	8	7	0	0	0	0
	8	记	6	付广告费	转支	09003															2	0	0	0	0	0			4	9	6	7	0	0	0	0
	10	记	7	缴纳增值税																	3	5	0	0	0	0			4	9	3	2	0	0	0	0

说明：

① “结算凭证”栏根据结算凭证种类和号码填列。

② 其他各项目的填列同现金日记账。

图 6-2　银行存款日记账

活动二　总分类账的设置与登记

工作案例

（1）福州金牛公司 2013 年 6 月 1 日应付账款总账余额为 23 400 元。

（2）该公司 6 月份发生应付账款相关业务如以下记账凭证登记表（见表 6-5）中的记录。

（3）假设该公司采用记账凭证账务处理程序，要求根据所给的记账凭证登记该公司 6 月份应付账款总分类账，如图 6-3 所示。

表 6-5　记账凭证登记表 4　　　　单位：元

2013年		凭证		摘要（结算种类及号数）	总账科目	明细科目	借方	贷方	记账符号
月	日	字	日						
6	2	记	1	偿还材料款	应付账款	金山公司	23 400		√
					银行存款			23 400	
	5	记	6	购买材料	原材料	A 材料	40 000		
				（托收承付 085435）	应交税费	应交增值税（进项税额）	6 800		
					应付账款	金山公司		46 800	√
	20	记	8	偿还材料款	应付账款	金山公司	46 800		√
					银行存款	金山公司		46 800	

应付账款 总分类账

2013年		凭证号数	摘要	借方										贷方										借或贷	余额									
月	日			千	百	十	万	千	百	十	元	角	分	千	百	十	万	千	百	十	元	角	分		千	百	十	万	千	百	十	元	角	分
6			期初余额																					贷				2	3	4	0	0	0	0
6	2	记 1	偿还材料款				2	3	4	0	0	0	0											平								0		
6	5	记 6	购买材料														4	6	8	0	0	0	0	贷				4	6	8	0	0	0	0
6	20	记 8	偿还材料款				4	6	8	0	0	0	0											平								0		

图 6-3　总分类账 1

活动资料

（1）福州市金牛公司 2013 年 7 月 1 日应收账款总账余额为 81 900 元。

（2）该公司 7 月发生的业务如以下记账凭证登记表（见表 6-6）中的记录。

（3）假设该公司采用记账凭证账务处理程序，要求根据所给的记账凭证登记该公司 7 月份应收账款总分类账。

表 6-6　记账凭证登记表 5　　　　单位：元

2013 年		凭证		摘要（结算种类及号数）	总账科目	明细科目	借方	贷方	记账符号
月	日	字	日						
7	5	记	2	收到前欠货款	银行存款		81 900		
					应收账款	滨州公司		81 900	
	8	记	6	销售商品	应收账款	滨州公司	35 100		
				（托收承付 075335）	主营业务收入	A 产品		30 000	
					应交税费	应交增值税（销项税额）		5 100	
	16	记	8	收到前欠货款	银行存款		35 100		
					应收账款	滨州公司		35 100	

基础知识

一、总分类账簿概述

总分类账簿（简称总账）是按照总分类账户分类登记，以提供总括会计信息的账簿。总账中的账页是按总账科目（一级科目）开设的总分类账户，可以全面、系统、综合地反映企业所有的经济活动情况和财务收支情况，可以为编制会计报表提供所需的资料。因此，每一企业都应设置总分类账。

二、总分类账簿的格式

总分类账簿常用的格式为“三栏式”的订本账，设置借方、贷方和余额三个基本金额栏目，具体格式如表 6-8 所示。

三、总分类账的记账依据和登记方法

总分类账的记账依据和登记方法取决于企业采用的账务处理程序，会计人员既可以直接根据审核无误的记账凭证及所附原始凭证逐日逐笔进行登记，也可以按不同的汇总方法，定期将有关的记账凭证进行归类汇总，编制“记账凭证汇总表（科目汇总表）”，然后再根据记账凭证汇总表在相应的总分类账簿中进行登记。

活动三　明细分类账的登记

工作案例

（1）福州市金牛公司 2013 年 6 月 1 日“应付账款——金山公司”明细账余额为 23 400 元。

（2）该公司 6 月份发生的业务如以下记账凭证登记表（见表 6-7）中的记录。

（3）要求根据所给的记账凭证登记该公司 6 月份“应付账款——金山公司”明细分类账，如图 6-4 所示。

表 6-7　记账凭证登记表 6　　单位：元

2013 年		凭证		摘要（结算种类及号数）	总账科目	明细科目	借方	贷方	记账符号
月	日	字	日						
6	2	记	1	偿还材料款	应付账款	金山公司	23 400		√
					银行存款			23 400	
	5	记	6	购买材料	原材料	A 材料	40 000		
				（托收承付 085435）	应交税费	应交增值税（进项税额）	6 800		
					应付账款	金山公司		46 800	√
	20	记	8	偿还材料款	应付账款	金山公司	46 800		√
					银行存款	金山公司		46 800	

应付账款 明细分类账

明细科目：金山公司

2013 年		凭证号数	摘要	借方										贷方										借或贷	余额									
月	日			千	百	十	万	千	百	十	元	角	分	千	百	十	万	千	百	十	元	角	分		千	百	十	万	千	百	十	元	角	分
6	1		期初余额																					贷				2	3	4	0	0	0	0
6	2	记 1	偿还材料款				2	3	4	0	0	0	0											平								0		
6	5	记 6	购买材料														4	6	8	0	0	0	0	贷				4	6	8	0	0	0	0
6	20	记 8	偿还材料款				4	6	8	0	0	0	0											平								0		

图 6-4　明细分类账

活动资料

（1）福州市金牛公司 2013 年 7 月 1 日“应收账款——滨州公司”明细账余额为 81 900 元。

（2）该公司 7 月份发生的业务如以下记账凭证登记表（见表 6-8）中的记录。

（3）要求根据所给的记账凭证登记该公司 7 月份“应收账款——滨州公司”明细分类账。

表 6-8　记账凭证登记表 7　　　　单位：元

2013 年		凭证		摘要（结算种类及号数）	总账科目	明细科目	借方	贷方	记账符号
月	日	字	日						
7	5	记	2	收到前欠货款	银行存款		81 900		
					应收账款	滨州公司		81 900	
	8	记	6	销售商品	应收账款	滨州公司	35 100		
				（托收承付 075335）	主营业务收入	A 产品		30 000	
					应交税费	应交增值税（销项税额）		5 100	
	16	记	8	收到前欠货款	银行存款		35 100		
					应收账款	滨州公司		35 100	

基础知识

明细分类账账簿（简称明细账）是根据二级账户或明细账户开设账页，分类、连续地登记经济业务以提供明细核算资料的账簿。它按照总分类账的核算内容，更加详细地分类反映某一具体类别经济活动的财务收支情况，对总分类账起补充说明的作用，它所提供的资料也是编制会计报表的重要依据。

不同类型经济业务的明细分类账，可以根据管理需要，依据审核无误的记账凭证及其所附原始凭证或汇总原始凭证逐日逐笔登记或定期汇总登记。固定资产、债权、债务等明细账应逐日逐笔登记。库存商品、原材料收发明细账以及收入、费用明细账可以逐笔登记，也可以定期汇总登记。“库存现金”“银行存款”账户由于已设置了日记账，不必再设置明细账，其日记账实际上也是一种明细账。

明细账的格式有三栏式、数量金额式、多栏式等多种，分别介绍如下：

一、三栏式明细分类账

三栏式明细分类账是设有借方、贷方和余额三个金额栏目，用以分类核算各项经济业务，提供详细核算资料的账簿，其格式与三栏式总账格式相同。三栏式明细分类账格式如图 6-4 所示。

三栏式明细账适用于只进行金额核算的账户，如应收账款、应付账款、应交税费等往来结算账户。

二、数量金额式明细分类账

数量金额式明细分类账适用于既要进行金额核算又要进行数量核算的账户，如原材料、库存商品等账户，其借方（收入）、贷方（发出）和余额（结存）都分别设有数量、单价和金额三个专栏，其格式见表 6-11。

登记数量金额式明细分类账时，首先将明细账名称、实物计量单位、规格、编号等填写在对应的项目类。经济业务发生后，根据有关记账凭证及所附原始凭证上记载的具体内容，登记明细科目的增减数量、单价，并计算出总金额，然后按照选定的核算方法计算出结余的数量、单价和金额。

数量金额式明细分类账提供了企业有关财产物资的收、发、存的详细资料，从而使企业能加强财产物资的实物管理和使用监督，可以保证这些财产物资的安全完整。

【例 6-2】福州金牛公司 2013 年 3 月份存货 A 材料的收、发、存数据资料和相关记账凭证见表 6-9 和表 6-10。据以登记原材料明细分类账，见表 6-11。

表 6-9 存货收、发、存情况汇总表

名称及规格：A 材料　　单价：10 元　　单位：元

日期	摘要	收入		发出		结存	
		数量/件	金额	数量/件	金额	数量/件	金额
3 月 1 日	结存					600	6 000
3 月 4 日	购入	400	4 000			1 000	10 000
3 月 10 日	发出			800	8 000	200	2 000
3 月 18 日	购入	600	6 000			800	8 000
3 月 25 日	发出			400	4 000	400	4 000
3 月 28 日	购入	500	5 000			900	9 000

表 6-10 记账凭证登记表 8　　单位：元

2013 年		凭证		摘 要	总账科目	明细科目	借方	贷方	记账符号
月	日	字	日						
3	4	记	2	购入 A 材料	原材料	A 材料	4 000		√
					应交税费	应交增值税（进项税额）	680		
					银行存款			4 680	
3	10	记	5	发出 A 材料	生产成本	甲产品	8 000		
					原材料	A 材料		8 000	√
	18	记	10	购入 A 材料	原材料	A 材料	6 000		√
					应交税费	应交增值税（进项税额）	1 020		
					应付账款	C 公司		7 020	
	25	记	12	发出 A 材料	管理费用		4 000		
					原材料	A 材料		4 000	√
	28	记	23	购入 A 材料	原材料	A 材料	5 000		√
					应交税费	应交增值税（进项税额）	850		
					银行存款			5 850	

表 6-11　原材料明细分类账

名称及规格：A 材料　　　　　　　　　　　　　　　　　　　　　　　　单位：元

2013 年		凭证编号	摘要	收入			发出			结存		
月	日			数量/件	单价	金额	数量/件	单价	金额	数量/件	单价	金额
3	1		期初余额							600	10	6 000
	4	记 2	购入	400	10	4 000				1 000	10	10 000
	10	记 5	发出				800	10	8 000	200	10	2 000
	18	记 10	购入	600	10	6 000				800	10	8 000
	25	记 12	发出				400	10	4 000	400	10	4 000
	28	记 23	购入	500	10	5 000				900	10	9 000
	31		本月合计	1 500	10	17 600	1 200	10	12 000	900	10	9 000

三、多栏式明细分类账

多栏式明细分类账将属于同一个总账科目的各个明细科目合并在一张账页上进行登记，即在这种格式账页的借方或贷方金额栏内按照明细项目设若干专栏。这种格式适用于成本费用类或收入类科目的明细核算。

在实际工作中，成本费用科目的明细账，可以只按借方发生额设置专栏，贷方发生额由于每月发生的笔数很少，可以在借方直接用红字冲记。多栏式明细账的格式见表 6-13。

【例 6-3】2013 年金牛山公司管理费用相关记账凭证见表 6-12 请登记管理费用多栏式明细账（见表 6-13）。

表 6-12　记账凭证登记表 9　　　　　　　　　　单位：元

2013 年		凭证		摘 要	总账科目	明细科目	借方	贷方	记账符号
月	日	字	日						
7	3	记	4	购买办公用品	管理费用	办公费	800		√
					银行存款			800	
	5	记	6	王平报销差旅费	管理费用	差旅费	1 650		√
					库存现金		350		
					其他应收款	王平		2 000	
	12	记	7	计提折旧	制造费用	折旧费	3 400		
					管理费用	折旧费	2 800		√
					累计折旧			6 200	
	16	记	10	分配工资	生产成本		60 000		
					制造费用	工资	30 000		
					管理费用	工资	35 000		√
					应付职工薪酬	工资		125 000	
	20	记	13	付修理费	管理费用	修理费	1 200		√
					银行存款			1 200	
	31	记	20	结转损益	本年利润		41 450		
					管理费用			41 450	√

表 6-13 管理费用明细分类账 单位：元

2013 年		凭证号数	摘要	借 方						
月	日			工资及福利	办公费	差旅费	折旧费	修理费	其他	合计
7	3	记 4	购买办公用品		800					800
	5	记 6	王平报销差旅费			1 650				1 650
	12	记 7	计提折旧				2 800			2 800
	16	记 10	分配工资	3 5000						35 000
	20	记 13	付修理费					1 200		1 200
	31	记 20	结转损益	35 000	800	1 650	2 800	1 200		41 450

拓展知识

一、备查账簿的格式

备查账簿是一种辅助账簿，它是为备忘查询而设置的，这种账簿可以为企业、行政事业单位的经济活动、经济管理的需要提供必要的补充资料。它一般没有固定的格式，各单位可以根据实际管理需要和要求设计相应的项目内容，如“租入固定资产登记簿”等。租入固定资产登记簿的格式见表 6-14。

表 6-14 租入固定资产登记簿

第 页

名称及规格	租赁协议号	租出单位	租入日期	租金	使用部门		归还日期
					日期	单位	

二、横线登记式明细账的格式

还有一种横线登记式的明细分类账在有些账户中也能用到，如在途物资、其他应收款明细账等。在途物资横线登记式明细账的格式见表 6-15。

表 6-15 在途物资明细分类账

单位：元

进货批次	供货单位	借 方					贷 方					注销号
		年		凭证号	摘要	金额	年		凭证号	摘要	金额	
		月	日				月	日				

任务二　错账更正

工作案例

福州市金牛公司 3 月份第 73 号记账凭证及过账后的账簿记录如图 6-5 和表 6-16 所示。发现这一问题时账簿已登记到最后一份第 87 号记账凭证。更正第 73 号记账凭证，如图 6-6 和图 6-7 所示。

记 账 凭 证

2013 年 3 月 31 日　　制单编号 记字第 73 号　附凭证 壹 张

摘　要	总账科目	明细科目	借　方										记账符号	贷　方										记账符号
			千	百	十	万	千	百	十	元	角	分		千	百	十	万	千	百	十	元	角	分	
计提折旧	制造费用					3	0	0	0	0	0	0	√											
	银行存款																3	0	0	0	0	0	0	√
合计金额					¥	3	0	0	0	0	0	0				¥	3	0	0	0	0	0	0	

会计主管：罗　锦　　记账：苏　玲　　稽核：罗　锦　　制单：苏　玲

图 6-5　记账凭证 27

表 6-16　折旧费用计算表

2013 年 3 月　　单位：元

车间、部门	上月计提折旧额	上月增加固定资产的折旧额	上月减少固定资产的折旧额	本月计提折旧额
产品生产车间	29 000.00	3 000.00	2 000.00	30 000.00
合　计	29 000.00	3 000.00	2 000.00	30 000.00

财务主管：罗　锦　　复核：罗　锦　　记账：苏　玲　　制表：苏　玲

记 账 凭 证

2013 年 3 月 31 日　　制单编号 记字第 88 号　附凭证 ______张

摘　要	总账科目	明细科目	借　方										记账符号	贷　方										记账符号
			千	百	十	万	千	百	十	元	角	分		千	百	十	万	千	百	十	元	角	分	
注销 73#凭证	制造费用					3	0	0	0	0	0	0												
	银行存款																3	0	0	0	0	0	0	
合计金额					¥	3	0	0	0	0	0	0				¥	3	0	0	0	0	0	0	

会计主管：罗　锦　　记账：苏　玲　　稽核：罗　锦　　制单：苏　玲

图 6-6　记账凭证 28

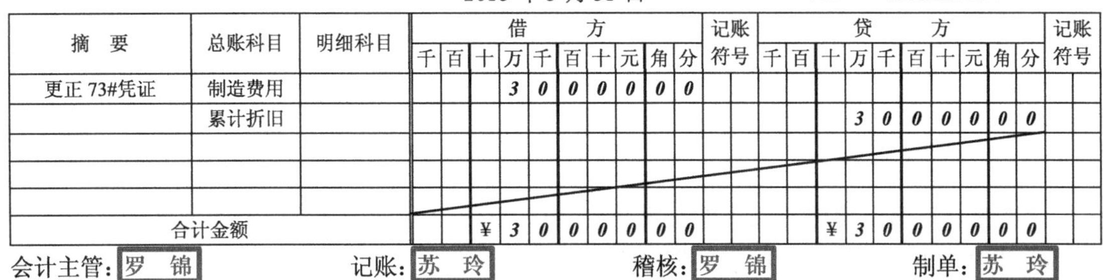

记 账 凭 证

制单编号　记字第89号

2013年3月31日　　附凭证＿＿张

摘　要	总账科目	明细科目	借方 千	百	十	万	千	百	十	元	角	分	记账符号	贷方 千	百	十	万	千	百	十	元	角	分	记账符号
更正73#凭证	制造费用					3	0	0	0	0	0	0												
	累计折旧																3	0	0	0	0	0	0	
合计金额					¥	3	0	0	0	0	0	0				¥	3	0	0	0	0	0	0	

会计主管：罗　锦　　记账：苏　玲　　稽核：罗　锦　　制单：苏　玲

图6-7　记账凭证29

活动资料

福州市金牛公司5月份第56号记账凭证及过账后的“应收账款”明细账的记录如图6-8和图6-9所示。发现这一问题时账簿已登记到最后一份第95号记账凭证。要求：更正第56号记账凭证。

记 账 凭 证

制单编号　记字第56号

2013年5月20日　　附凭证　壹　张

摘　要	总账科目	明细科目	借方 千	百	十	万	千	百	十	元	角	分	记账符号	贷方 千	百	十	万	千	百	十	元	角	分	记账符号
收回货款	应收账款	恒丰公司				3	8	8	0	0	0	0	√											
	银行存款																3	8	8	0	0	0	0	√
合计金额					¥	3	8	8	0	0	0	0				¥	3	8	8	0	0	0	0	

会计主管：罗　锦　　记账：苏　玲　　稽核：罗　锦　　制单：苏　玲

图6-8　记账凭证30

中国农业银行电汇凭证（收账通知）　　3

委托日期　2013年5月20日　　第04132号

汇款人	全称	恒丰公司			收款人	全称	福州市金牛公司		
	账号	33190028				账号	14455667788		
	汇出地点	三山市	汇出行名称	农业银行南山办事处		汇入地点	福州市	汇入行名称	工商银行金牛支行

金额	人民币（大写）	叁万捌仟捌佰元整	千	百	十	万	千	百	元	十	角	分
					¥	3	8	8	0	0	0	0

汇款用途：付货款

单位主管：　会计：　复核：　记账：

农行南山办事处 2013.05.28 转讫

年　月　日

此联是汇出行给汇款人的回单

图6-9　电汇凭证

基础知识

如果账簿记录出现错误，不准涂改、挖补、刮擦或者用药水消除字迹，不准重新抄写，应该及时查找原因，根据错账的具体情况，采用正确的方法予以更正。错账更正有划线更正法、红字更正法和补充登记法三种。

一、划线更正法

在结账前，发现账簿记录中的文字或数字有错误，而其所依据的记账凭证没有错误，即纯属过账笔误或计算错误，应采用划线更正法更正。

具体更正方法是：将错误的文字或数字画红线予以注销，但必须使原有字迹仍可辨认；在画线文字或数字的上方用蓝字（如果原来的错误数字是红字则此时也用红字）填写正确的文字或数字，并由更正人员在更正处签章，以明确责任。对于错误的数字，应当全部画红线更正，不得只更正其中的错误数字。对于文字错误，可只画去错误的部分。

【例 6-4】在登记应收账款总分类账时，误将金额 8 380 元写成 3 880 元，在结账前发现，其记账凭证没有错误，具体更正方法如图 6-10 所示。

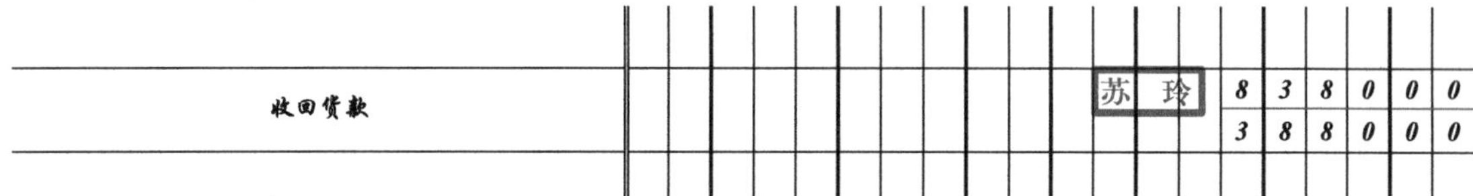

图 6-10 划线更正法

需要注意的是，划线更正法是更正错账的方法，不仅只适用于账簿记录错误的更正，当记账凭证在填制时（即尚未过账）发生错误，应当重新填制，但如果已经过账，也可以采用此方法更正。原始凭证有错误的，应当由开出单位重开或者更正（大、小写金额错误不得更正），其更正方法也可以采用画线更正法，并在更正处加盖开出单位的公章。

二、红字更正法

红字更正法，又称红字冲销法。它适用于以下两种情况：

（1）根据记账凭证记账以后，发现记账凭证中的应借、应贷会计科目或记账方向有错误，而导致账簿记录错误。

具体更正方法是：先用红字金额填制一张与原错误记账凭证内容完全一致的记账凭证，在摘要栏注明“注销某月某日某号凭证”字样，并据以用红字登记入账，以冲销原错误记录；同时再用蓝字填制一张正确的记账凭证，注明“订正某月某日某号凭证”字样，并据以登记入账。

【例 6-5】以银行存款 15 000 元向东风公司预付购买材料货款。会计人员编制 2013 年 2 月第 12 号记账凭证并已过账，发现这一问题时账簿已登记到最后一份第 82 号记账凭证。要求：更正 2 月第 12 号记账凭证。

（1）错误记录：记第 12 号预付东风公司材料款。

借：银行存款　　15 000

　　贷：预付账款——东风公司　　15 000

对此错账应当采用红字更正法予以更正。编制如下记账凭证并过账。

（2）更正错误：记第 83 号注销 2013 年第 12 号记账凭证。

借：银行存款　　　　　　　　　　　　15 000

　　贷：预付账款——东风公司　　　　　　15 000

记第 84 号更正 2013 年第 12 号记账凭证

借：预付账款——东风公司　　　　　　15 000

　　贷：银行存款　　　　　　　　　　　　15 000

（2）根据记账凭证记账以后，发现记账凭证中应借、应贷会计科目和记账方向都是正确的，只是所记金额大于应记金额，而导致账簿记录错误。

具体更正方法是：将多记的金额用红字填制一张与原错误记账凭证的会计科目、记账方向相同的记账凭证，并据以用红字登记入账，以冲销多记金额。

【例 6-6】以银行存款 15 000 元向东风公司预付购买材料货款。会计人员编制 2 月第 12 号记账凭证并已过账，发现这一问题时账簿已登记到最后一份记账凭证为第 82 号。要求：更正 2 月第 12 号记账凭证。

① 错误记录：记第 12 号预付东风公司材料款。

借：预付账款——东风公司　　　　　　51 000

　　贷：银行存款　　　　　　　　　　　　51 000

对此错账应当采用红字更正法（红字冲销法）予以更正。编制如下记账凭证并过账。

② 更正错误：记第 83 号冲销 2013 年第 12 号多计金额。

借：预付账款——东风公司　　　　　　36 000

　　贷：银行存款　　　　　　　　　　　　36 000

三、补充登记法

记账以后，发现记账凭证中应借、应贷会计科目和记账方向都正确，只是所记金额小于应记金额，应采用补充登记法更正。

具体更正方法是：将少记金额用蓝字填制一张与原错误记账凭证科目名称和方向一致的记账凭证，在摘要栏注明“补记某月某日某号凭证少记”字样，并据以登记入账，以补足少记的金额。

【例 6-7】以银行存款 15 000 元向东风公司预付购买材料货款。会计人员编制 2 月第 12 号记账凭证并已过账，发现这一问题时账簿已登记到最后一份第 82 号记账凭证。要求：更正 2 月第 12 号记账凭证。

① 错误记录：记第 12 号预付东风公司材料款。

借：预付账款——东风公司　　　　　　1 500

　　贷：银行存款　　　　　　　　　　　　1 500

对此错账应当采用补充登记法予以更正。编制如下记账凭证并过账。

② 更正错误：记第 83 号补记 2013 年第 12 号少计金额。

借：预付账款——东风公司　　　　　　13 500

　　贷：银行存款　　　　　　　　　　　　13 500

拓展知识

在记账过程中，可能发生各种各样的差错，产生错账，如重记、漏记、数字颠倒、数字错位、数字记错、科目记错、借贷方向记反（反向）等，从而影响会计信息的准确性。会计人员应及时找出差错，并予以更正。错账查找的方法主要有如下几种：

1．差数法

差数法是指按照错账的差数找错账的方法。例如，在记账过程中只登记了会计分录的借方或贷方，漏记了另一方，从而使试算平衡中借方合计与贷方合计不等。其表现形式是：借方金额遗漏，会使该金额在贷方超出；贷方金额遗漏，会使该金额在借方超出。对于这样的差错，可有会计人员通过回忆和与相关金额的记账核对来查找。

2．尾数法

对于发生的角、分的差错可以只查找小数部分，以提高查错的效率。

3．除 2 法

除 2 法是指以差数除以 2 来查找错账的方法。当某个借方金额错记入贷方（或相反）时，出现错账的差数表现为错误的 2 倍，将此差数用 2 去除，得出的商即是反向的金额。例如，应记入“原材料——甲材料”科目借方的 4 000 元误记入贷方，则该明细科目的期末余额将比总分类科目期末余额少 8 000 元，被 2 除的商 4 000 元即为借贷方向反向的金额。同理，如果借方总额比贷方多 600 元，即应查找有无 300 元的贷方金额误记入借方。如非此类错误，则应另寻差错的原因。

【例 6-8】某会计人员记账时将应记入“库存商品——甲商品”科目的借方 3 000 元误记入贷方。会计人员在查找该项错账时，在下列方法中，应采用的方法是（　　）

A．除 2 法　　B．除 9 法　　C．差数法　　D．尾数法

正确答案为 A，将应记入“库存商品——甲商品”科目的借方金额错记入贷方时，出现错账的差数表现为错误的 2 倍，因此，应采用除 2 法。

4．除 9 法

除 9 法是指以差数除以 9 来查找错数的方法。适用于以下三种情况：

（1）将数字写小。如将 400 写为 40，错误数字比正确数字小 9 倍。查找的方法是：以差数除以 9 后得出的商为写错的数字，商乘以 10 即为正确的数字。上例差数 360（400–40）除以 9 后，所得的商 40 即为错数，扩大 10 倍后即可得出正确的数字 400。

【例 6-9】某会计人员记账时应将记入“银行存款”科目借方的 5 100 元误记为 510 元。会计人员在查找该项错账时，在下列方法中应采用的方法是（　　）。

A．除 2 法　　B．除 9 法　　C．差数法　　D．尾数法

正确答案为 B，将应记入“银行存款”科目的借方的 5 100 元误记为 510，属于将数字写小，因此，应采用除 9 法。

（2）将数字写大。如将 50 写成 500，错误数字比正确数字大 9 倍。查找的方法是：以差数除以 9 后得出的商为正确的数字，商乘以 10 后所得的即为错误数字，上例差数 450(500–50) 除以 9 后，所得的商 50 为正确数字，50 乘以 10（即 500）为错误数字。

（3）邻数颠倒。如将 78 写成 87，将 96 写为 69，将 36 写成 63 等。颠倒的两个数字之

差最小为 1，最大为 8（9−1）。查找的方法是：将差数除以 9，得出的商连续加 11，直到找出颠倒的数字为止。如将 78 记为 87，其差数为 9，查找此错误的方法是，将差数除以 9 得 1，连加 11 后可能的结果为 12、23、34、45、56、67、78、89。当发现账簿记录中出现上述数字（本例为 78）时，则有可能就是颠倒的数字。具体方法见表 6-17。

表 6-17　邻数颠倒查询表

颠倒数字的差数	1	2	3	4	5	6	7	8
颠倒的数字	12　21 23　32 34　43 45　54 56　65 67　76 78　87 89　98	13　31 24　42 35　53 46　64 57　75 68　86 79　97	14　41 25　52 36　63 47　74 58　85 69　96	15　51 26　62 37　73 48　84 59　95	16　61 27　72 38　83 49　94	17　71 28　82 39　93	18　81 29　92	19　91

任务三　对账、结账

工作案例

要求：完成现金日记账（见图 6-11）的结账。

现金日记账

2013年		凭证		摘　要	对方科目	借　方										贷　方										余　额									
月	日	种类	号数			千	百	十	万	千	百	十	元	角	分	千	百	十	万	千	百	十	元	角	分	千	百	十	万	千	百	十	元	角	分
5	1			期初余额																										2	3	0	0	0	0
	5	现支	3927023	提现	银行存款				2	0	0	0	0	0	0																				
	5	现支	3927024	提现	银行存款				1	0	0	0	0	0	0																				
	5			本日合计					3	0	0	0	0	0	0														3	2	3	0	0	0	0
	10			存现	银行存款															1	3	7	0	0	0				3	0	9	3	0	0	0
	20			购买办公用品	管理费用																5	0	0	0	0				3	0	4	3	0	0	0
	26			销货收入	主营业务收入，应交税费					1	1	7	0	0	0														3	1	6	0	0	0	0
	31																																		

a）

图 6-11　现金日记账 2

现金日记账

2013年		凭证		摘要	对方科目	借方										贷方										余额									
月	日	种类	号数			千	百	十	万	千	百	十	元	角	分	千	百	十	万	千	百	十	元	角	分	千	百	十	万	千	百	十	元	角	分
5	1			期初余额																										2	3	0	0	0	0
	5	现支	3927023	提现	银行存款				2	0	0	0	0	0	0																				
	5	现支	3927024	提现	银行存款				1	0	0	0	0	0	0																				
	5			本日合计					3	0	0	0	0	0	0														3	2	3	0	0	0	0
	10			存现	银行存款															1	3	7	0	0	0				3	0	9	3	0	0	0
	20			购买办公用品	管理费用																5	0	0	0	0				3	0	4	3	0	0	0
	26			销货收入	主营业务收入，应交税费					1	1	7	0	0	0														3	1	6	0	0	0	0
	31			本月合计					6	1	1	7	0	0	0					1	8	7	0	0	0				3	1	6	0	0	0	0

b）

图 6-11　现金日记账 2（续）

活动资料

要求：完成应付账款总分类账（见图 6-12）的结账。

应付账款 总分类账

2013年		凭证号数	摘要	借方										贷方										借或贷	余额									
月	日			千	百	十	万	千	百	十	元	角	分	千	百	十	万	千	百	十	元	角	分		千	百	十	万	千	百	十	元	角	分
6			期初余额																					贷				2	3	4	0	0	0	0
6	2	记 1	偿还材料款				2	3	4	0	0	0	0											平								0		
6	5	记 6	购买材料														4	6	8	0	0	0	0	贷				4	6	8	0	0	0	0
6	20	记 8	偿还材料款				4	6	8	0	0	0	0											平								0		
6	30																																	

图 6-12　总分类账 2

基础知识

一、对账

为了保证账簿所提供的会计资料准确、真实、可靠，会计人员在登记账簿时，一定要有高度的责任心，切不可马虎，记完账后，还应定期做好对账工作。对账时定期对会计账簿记录有关的会计凭证、库存实物、货币资金、有价证券、往来单位或者个人等进行互相核对，以保证账账相符、账证相符、账实相符，是会计的一项基本工作。会计对账工作的主要内容包括以下几个方面：

1．账证核对

账证核对就是将账簿记录与会计凭证进行核对，核对账簿记录与原始凭证、记账凭证的时间、凭证字号、内容、金额等是否一致，记账方向是否相符，做到账证相符。

2．账账核对

账账核对是指通过账簿之间的相互核对发现记账工作是否有误。一旦发现错误，就应立即更正，做到账账相符。账簿之间的核对包括以下内容：

（1）核对总分类账簿的记录。

（2）总分类账簿与所属明细分类账簿核对。

（3）总分类账簿与序时账簿核对。

（4）明细分类账簿之间核对。

3．账实相符

账实核对是指各项财产物资、债权债务等明细的账面余额与实有数额之间的核对。账实核对的内容主要有：

（1）现金日记账账面余额与库存现金数额核对是否相符。

（2）银行存款日记账账面余额与银行对账单的余额是否相符。

（3）各项财产物资明细账账面余额与财产物资的实有数核对是否相符。

（4）各种应收、应付款项的明细分类账账面余额与债权、债务单位或个人进行核对是否相符。

二、结账

企事业单位在一定会计期间结束时（如月末、季末和年末），为了编制会计报表，需要进行结账。结账是指在把一定时期内所发生的全部经济业务登记入账的基础上，将各类账簿记录核算完毕，结算出各种账簿本期发生额合计和期末余额的一项会计核算工作。结账的内容通常包括两个方面：一是结算各种损益类账户，并据以计算确定本期利润；二是结算各项资产、负债和所有者权益账户，分别结出本期发生额合计和余额。

1．结账的程序

（1）将本期发生的经济业务全部记入账，并保证其正确性。

（2）根据权责发生制的要求，调整有关账项，合理确定本期应计的收入和应计的费用。

具体包括两类：

1）应计收入和应计费用的调整。应计收入是指那些已在本期实现、因款项未收而未登记入账的收入。企业发生的应计收入，主要是本期已经发生且符合收入确认标准，但尚未收到相应款项的销售商品或提供劳务业务。对于这类调整事项，应确认为本期收入。

应计费用是指那些已在本期发生、因款项未付而未登记入账的费用。企业发生的应计费用，本期已经受益，如应付未付的借款利息等。由于这些费用已经发生，应当在本期确认为费用。

2）收入分摊和成本分摊的调整。收入分摊是指企业已经收取有关款项，但未完成或未全部完成销售商品或提供劳务，需在期末按本期已完成的比例，分摊确认本期已实现收入的金额，并调整以前预收款项时形成的负债，例如企业销售商品预收定金、提供劳务预收佣金。

成本分摊是指企业的支出已经发生，能使若干个会计期间受益，为正确计算各个会计期间的盈亏，将这些支出在其受益的会计期间所进行的分配，如虽企业已经支出，但应由本期和以后各期个负担的预付账款。

（3）将损益类科目转入“本年利润”科目，结平所有损益科目。

（4）结算出资产、负债和所有者权益类科目的本期发生额和余额，并结转至下期。

2．结账的方法

（1）对不需按月结记本期发生额的账户，如各项应收、应付款明细账和各项财产物资明细账等，每次记账以后，都要随时结出余额，每月最后一笔余额即为月末余额。也就是说，月末余额就是本月最后一笔经济业务记录的同一行内余额。月末结转时，只需要在最后一笔经济业务事项记录之下通栏画单红线，不需要再结计一次余额。

（2）现金日记账、银行存款日记账和需要按月结计发生额的收入、费用等明细账，每月结账时，要在最后一笔经济业务记录下面通栏画单红线，结出本月发生额和余额，在摘要栏内注明“本月合计”字样，并在下面通栏画单红线。

（3）需要结计本年累计发生额的某些明细账户，每月结转时，应在“本月合计”行下结出自年初起至本月止的累计发生额，登记在月份发生额下面，在摘要栏内注明“本年累计”字样，并在下面通栏画单红线。12月末的“本年累计”就是全年累计发生额，全年累计发生额下通栏画双红线。

（4）总账账户平时只需结出月末余额。年终结转时，为了总括地反映全年各项资金运动情况的全貌，要将所有总账账户结出全年发生额和年末余额，在摘要栏内注明“本年合计”字样，并在合计数下通栏画双红线。

年终结账时，有余额的账户，要将其余额结转下年，并在摘要栏内注明“结转下年”字样；在下一会计年度新建有关会计账户的第一行余额栏内填写上年结转的余额，并在摘要栏注明“上年结转”字样。

三、账簿的更换、交接和保管

1．账簿的更换

为了便于账簿的使用和管理，年度结账后，应当更换一些账簿，在新年度启用新账簿（建账）。一般来说，总账、现金日记账和银行存款日记账和大部分明细账应每年更换一次。但有些财产物资明细账和债权债务明细账，由于品种、规格和往来单位较多，更换新账重抄一

遍工作量较大，因此，可以跨年使用，不必每年更换。在年度内业务发生量较少、账簿变动不大的明细账，如固定资产明细账或固定资产卡片账，也可以连续使用而不必每年更换。各种备查簿也可以连续使用。

2．账簿的交接

记账人员调动工作或因故离职时，应办理交接手续，在交接记录栏内填写交接日期和交接人员姓名（签章）。其一般格式见表 6-18。

表 6-18　账簿使用登记表

<table>
<tr><td colspan="2">单位名称</td><td colspan="5"></td></tr>
<tr><td colspan="2">账簿编号</td><td colspan="5"></td></tr>
<tr><td colspan="2">账簿页数</td><td colspan="5">本账簿共计　页　　已使用　页</td></tr>
<tr><td colspan="2">启用日期</td><td colspan="5">年　月　日</td></tr>
<tr><td colspan="2">截止日期</td><td colspan="5">年　月　日</td></tr>
<tr><td rowspan="3">责任者盖章</td><td>出纳</td><td>审核</td><td colspan="2">主管</td><td colspan="2">部门领导</td></tr>
<tr><td></td><td></td><td colspan="2"></td><td colspan="2"></td></tr>
<tr><td></td><td></td><td colspan="2"></td><td colspan="2"></td></tr>
<tr><td colspan="7">交 接 记 录</td></tr>
<tr><td colspan="2" rowspan="2">姓名</td><td rowspan="2">交接日期</td><td rowspan="2">交接盖章</td><td colspan="3">监交人员</td></tr>
<tr><td>职务</td><td colspan="2">姓名</td></tr>
<tr><td colspan="2" rowspan="2"></td><td>经管　年　月　日</td><td></td><td></td><td colspan="2"></td></tr>
<tr><td>交出　年　月　日</td><td></td><td></td><td colspan="2"></td></tr>
<tr><td colspan="2" rowspan="2"></td><td>经管　年　月　日</td><td></td><td></td><td colspan="2"></td></tr>
<tr><td>交出　年　月　日</td><td></td><td></td><td colspan="2"></td></tr>
<tr><td colspan="2" rowspan="2"></td><td>经管　年　月　日</td><td></td><td></td><td colspan="2"></td></tr>
<tr><td>交出　年　月　日</td><td></td><td></td><td colspan="2"></td></tr>
<tr><td colspan="2" rowspan="2"></td><td>经管　年　月　日</td><td></td><td></td><td colspan="2"></td></tr>
<tr><td>交出　年　月　日</td><td></td><td></td><td colspan="2"></td></tr>
<tr><td>印花税票</td><td colspan="6"></td></tr>
</table>

四、账簿的保管

1．会计账簿的日常管理

会计账簿的日常管理应注意以下几点：

（1）分工明确，专人管理。谁负责登记，谁负责管理。

（2）非经管人员未经授权不得翻阅查看会计账簿。

（3）会计账簿除需要与外单位核对账目外，不准携带外出。

2．会计账簿的归档保管

年度结账后，会计账簿要归档保管。会计账簿是会计档案的重要组成部分，应当由会计机构按照归档要求负责整理立卷，装订成册，编制会计账簿档案保管清册。

3．活页账簿的装订

活页账簿的装订应注意以下几点：

（1）一般按账户分类装订成册，一个账户装订一册或数册；某些账户账页较少，也可以几个账户合并装订成一册；检查各账户页次（即分页次），编定总页次。

（2）将账簿经管人员一览表及账户目录表附在账页前面并加具封面和封底。

（3）采用侧订法，并将装订线用棉纸封口并由经办、装订及会计主管人员在封口处签章。

4．会计账簿的保管

旧账装订完毕后，交由会计档案保管人员造册归档，将全部账簿按册数顺序或保管期限统一编写“会计账簿归档登记表”。

拓展知识

当年形成的会计账簿档案，在会计年度终了后，可暂由会计机构保管1年，期满之后，应当由会计机构编制移交清册，移交本单位档案机构统一保管；未设立档案机构的，应当在会计机构内部指定专人保管。出纳人员不得兼管会计账簿档案。

会计账簿的保管期限，见表6-19。

表6-19　会计账簿的保管期限

账簿名称	保管期限	备注
总账	30年	
明细账	30年	
日记账	30年	
固定资产卡片		固定资产报废清理后保管5年。
其他辅助性账簿	30年	

模块七 财产清查

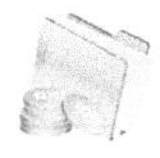

【岗位工作情景】

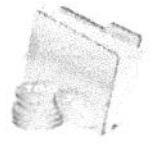

【岗位学习目标】

一、岗位知识目标

1. 了解财产清查的概念、作用、种类。
2. 熟悉财产清查的内容、盘存制度，熟悉货币资金、存货、固定资产、往来款项的清查方法以及财产清查结果的账务处理。
3. 熟悉“盘存单”“实存账存对比表”的编制方法，掌握银行存款余额调节表的编制方法。

二、岗位能力目标

1. 熟练掌握货币资金、存货、固定资产及往来款项的清查方法。
2. 编制库存现金盘点报告表、银行存款余额调节表。
3. 填制盘存单、实存账存对比表。
4. 熟练填制财产清查业务的记账凭证。

三、职业素养目标

1. 养成坚持准则，依法办事的职业品质。
2. 养成公私分明、清正廉洁的职业品质。
3. 培养严肃认真、一丝不苟的工作态度。

任务一　货币资金清查

活动一　现金长短款核算

工作案例

海西市金牛公司出纳员小张由于刚参加工作不久，对于货币资金业务管理和核算的相关规定不甚了解，在 2013 年 3 月 3 日现金业务结束后例行的现金清查中，发现现金莫名短缺 30 元，为了保全面子和息事宁人，小张决定自掏腰包补齐欠款。请问他的做法正确吗？

他的做法不正确，如在现金清查中发现长短款，应编制“现金盘点报告表”见表 7-1。

表 7-1　现金盘点报告表 1

填报日期：2013 年 3 月 3 日　　　　单位：元

<table>
<tr><td rowspan="2">账面余额</td><td rowspan="2">实存金额</td><td colspan="2">清查结果</td><td rowspan="2">备注</td></tr>
<tr><td>盘盈</td><td>盘亏</td></tr>
<tr><td>8 600</td><td>8 570</td><td></td><td>30</td><td></td></tr>
<tr><td></td><td></td><td></td><td></td><td></td></tr>
<tr><td rowspan="2">处理意见</td><td colspan="2">清查小组</td><td colspan="2">领导审批</td></tr>
<tr><td colspan="2"></td><td colspan="2"></td></tr>
</table>

会计主管：　　　　复核：　　　　出纳：　　　　盘点人：

然后按规定程序进行审批，凭证见表 7-2。

表 7-2　现金盘点报告表 2

填报日期：2013 年 3 月 3 日　　　　单位：元

<table>
<tr><td rowspan="2">账面余额</td><td rowspan="2">实存金额</td><td colspan="2">清查结果</td><td rowspan="2">备注</td></tr>
<tr><td>盘盈</td><td>盘亏</td></tr>
<tr><td>8 600</td><td>8 570</td><td></td><td>30</td><td></td></tr>
<tr><td></td><td></td><td></td><td></td><td></td></tr>
<tr><td rowspan="2">处理意见</td><td colspan="2">清查小组</td><td colspan="2">领导审批</td></tr>
<tr><td colspan="2">无法查明原因，计入管理费用。
王宁
2013.3.3</td><td colspan="2">同意。
肖青
2013.3.3</td></tr>
</table>

会计主管：　　　　复核：　　　　出纳：　　　　盘点人：

审批前，根据原始凭证见表 7-1，填制记账凭证（假设上一张记账凭证的编号是记字第

6 号）如图 7-1 所示。

记　账　凭　证

2013 年 *3* 月 *3* 日　　　　　　记字第 *7* 号

摘　要	总账科目	明细科目	√	借方金额										√	贷方金额									附单据 1 张
				千	百	十	万	千	百	十	元	角	分		千	百	十	万	千	百	十	元	角	分	
现金短款	待处理财产损溢	待处理流动资产损溢								3	0	0	0												
	库存现金																				3	0	0	0	
合　计									¥	3	0	0	0							¥	3	0	0	0	

财务主管：　　　　记账：　　　　出纳：　　　　复核：　　　　制表：

图 7-1　记账凭证 31

根据审批后的原始凭证见表 7-2，填制记账凭证如图 7-2 所示。

记　账　凭　证

2013 年 *3* 月 *3* 日　　　　　　记字第 *8* 号

摘　要	总账科目	明细科目	√	借方金额										√	贷方金额									附单据 1 张
				千	百	十	万	千	百	十	元	角	分		千	百	十	万	千	百	十	元	角	分	
现金短款处理	管理费用									3	0	0	0												
	待处理财产损溢	待处理流动资产损溢																			3	0	0	0	
合　计									¥	3	0	0	0							¥	3	0	0	0	

财务主管：　　　　记账：　　　　出纳：　　　　复核：　　　　制表：

图 7-2　记账凭证 32

活动资料

海西市金牛公司 2013 年 3 月 9 日库存现金清查中发现短款 10 元，有关原始凭证见表 7-3。要求根据原始凭证填制记账凭证（假设上一张记账凭证编号是记字第 20 号）。

表 7-3　现金盘点报告表 3

填报日期：2013 年 3 月 9 日　　　　单位：元

<table>
<tr><td rowspan="2">账面余额</td><td rowspan="2">实存金额</td><td colspan="2">清查结果</td><td rowspan="2">备注</td></tr>
<tr><td>盘盈</td><td>盘亏</td></tr>
<tr><td>9 200</td><td>9 190</td><td></td><td>10</td><td></td></tr>
<tr><td></td><td></td><td></td><td></td><td></td></tr>
<tr><td rowspan="2">处理意见</td><td colspan="2">清查小组</td><td colspan="2">领导审批</td></tr>
<tr><td colspan="2">无法查明原因，计入营业外收入。
王宁
2013.3.9</td><td colspan="2">同意。
肖青
2013.3.9</td></tr>
</table>

会计主管：　　　　复核：　　　　出纳：　　　　盘点人：

基础知识

一、财产清查意义和种类

1．财产清查的意义

财产清查是指对货币资金、实物资产和往来款项的盘点或核对，确定其实存数，查明账存数与实存数是否相符的一种会计专门方法。

财产清查的作用主要包括以下几点：

（1）保证会计核算资料的真实可靠。

（2）保护财产物资的安全完整。

（3）加速财产物资的周转速度。

（4）充分发挥会计的监督作用。

（5）提高企业的经验管理水平。

2．财产清查的种类

（1）按清查范围可分为全面清查和局部清查。全面清查是指对企业各项财产物资进行的全面的盘点和核对，局部清查是指根据实际情况对部分财产物资进行的盘点和核对。

（2）按清查时间可分为定期清查和不定期清查。定期清查是指根据事先规定的清查时间对财产物资所进行的清查，不定期清查是指没有事先约定时间，根据情况临时对财产物资进行的清查。

二、财产清查的一般程序

财产清查的一般程序包括以下几个方面：

（1）建立清查组织。

（2）确定清查对象、范围，明确清查任务。

（3）确定清查方案。

（4）先清查数量，后认定质量。

（5）填制盘存清单。

（6）根据盘存单，填制实物、往来款项清查结果报告表。

在清查前，会计人员应将清查前所有的经济业务登记到账簿上，结出账面余额，并进行账证核对、账账核对，使得账证相符、账账相符，保证账簿记录的完整正确。

三、货币资金的清查

货币资金的清查，包括对库存现金、银行存款的清查。

1．库存现金的清查

库存现金的清查是通过实地盘点的方法，确定库存现金的实存数，再与现金日记账的账面余额进行核对，以查明盈亏情况。

2．库存现金清查结果的账务处理

（1）现金短款的账务处理。库存现金清查中发现现金短款的，应调整“库存现金”账面余额，借记“待处理财产损溢”科目，贷记“库存现金”科目；查明原因后，如是出纳员工作疏忽，则借记“其他应收款”科目，贷记“待处理财产损溢”科目，如为自然灾害，转入“营业外支出”科目，如无法查明原因，则转入“营业外收入”科目。

【例 7-1】海西市金牛公司在库存现金清查中发现短款 79 元，查明原因前，作如下会计分录：

借：待处理财产损溢——待处理流动资产损溢　79

　　贷：库存现金　79

经查上述短款中有 50 元由出纳员赔偿，另 29 元无法查明原因，则作会计分录如下：

借：其他应收款　50

　　营业外支出　29

　　贷：待处理财产损溢——待处理流动资产损溢　79

（2）现金长款的账务处理。库存现金清查中发现现金长款的，应首先调整“库存现金”账面余额，借“库存现金”科目，贷“待处理财产损溢”科目；查明原因后，如应补付当事人，借记“待处理财产损溢”科目，贷记“库存现金”科目，如无法查明原因，则借记“待处理财产损溢”科目，贷记“营业外收入”科目。

【例 7-2】海西市金牛公司在库存现金清查中发现长款 92 元，查明原因前，作如下会计分录：

借：库存现金　92

　　贷：待处理财产损溢——待处理流动资产损溢　92

经查上述长款中有 62 元为少付职工林某的款项，当即补付，另 30 元无法查明原因，则作如下会计分录：

借：待处理财产损溢——待处理流动资产损溢　92

　　贷：库存现金　62

　　　　营业外收入　30

拓展知识

库存现金的清查方法

库存现金的清查一般在一天业务结束之后，采用实地形式，清查时应注意有无白条抵库、挪用现金、库存现金超限额。确定库存现金实际清点数（实存数）后，应填写“库存现金盘点表”，再将实存数与库存现金日记账的账面余额比较，如果不符，要查明原因并及时填写“库存现金盘点报告表”，由盘点人员和出纳人员签章。

活动二　银行存款清查

工作案例

海西市金牛公司出纳员小张由于刚参加工作不久，对于银行存款的清查不甚了解，第一次收到银行对账单核对后，发现对账单余额和他登记的银行存款日记账余额不一致，单据见表 7-4 和表 7-5。小张该怎么处理？

表 7-4　中国工商银行客户存款对账单 1

账号：243500121745062361　　　　2013/3/01～2013/3/31　　　　单位：元

交易日期	结算凭证		√	借方支出	贷方存入	金额
	种类	号数				
2013/3/1						406 720
2013/3/2	进账单	5923			24 500	431 220
2013/3/25	转账支票	0325		45 720		385 500
2013/3/28	委托收款			3 260		382 240
2013/3/30	进账单	7690			30 000	412 240
2013/3/30	转账支票	0391		15 670		396 570

表 7-5　银行存款日记账 1　　　　单位：元

2013 年		凭证号	摘要	结算凭证号	借方	贷方	借或贷	余额
月	日							
3	1		期初余额				借	406 720
3	3	记 17	收到货款	进账单#5923	24 500		借	431 220
3	23	记 39	支付材料款	转账支票#0325		45 720	借	385 500
3	27	记 54	支付广告费	转账支票#0391		15 670	借	369 830
3	29	记 57	支付罚款	转账支票#0381		1 000	借	368 830
3	30	记 59	追加投资	转账支票#3278	200 000		借	568 830

小张应逐一核对表 7-4 和表 7-5 所列账目，找出未达账项并填制“银行存款余额调节表”见表 7-6。

表 7-6 银行存款余额调节表

2013 年 3 月 31 日 单位：元

项目	金额	项目	金额
银行存款日记账余额	568 830	银行对账单余额	396 570
加：银行已收，企业未收	30 000	加：企业已收，银行未收	200 000
减：银行已付，企业未付	3 260	减：企业已付，银行未付	1 000
调节后的存款余额	595 570	调节后的存款余额	595 570

活动资料

海西市金牛公司出纳员小张经过学习后，了解了未达账项的存在及影响，在 2013 年 4 月底收到银行存款对账单，凭证见表 7-7。根据银行存款日记账（见表 7-8）和银行存款对账单填制 3“银行存款余额调节表”。

表 7-7 中国工商银行客户存款对账单 2

账号：243500121745062361 2013/4/01～2013/4/30 单位：元

交易日期	结算凭证		√	借方支出	贷方存入	金额
	种类	号数				
2013/4/1						316 610
2013/4/17	进账单	3371			52 300	368 910
2013/4/18	转账支票	6572		23 700		345 210
2013/4/20	转账支票	6573		1 500		343 710
2013/4/30	进账单	4387			5 873	349 583
2013/4/30	委托收款			6 935		342 648

表 7-8 银行存款日记账 2 单位：元

2013 年		凭证号	摘要	结算凭证号	借方	贷方	借或贷	余额
月	日							
4	1		期初余额				借	316 610
4	15	记 21	支付材料款	转账支票#6572		23 700	借	292 910
4	16	记 27	支付罚款	转账支票#6573		1 500	借	291 410
4	19	记 36	收销货款	进账单#3371	52 300		借	343 710
4	29	记 87	支付广告费	转账支票#6547		26 000	借	317 710
4	30	记 90	追加投资	转账支票#5230	60 000		借	377 710

基础知识

一、银行存款的清查

银行存款的清查一般采用核对账目法，即月末将企业的银行存款日记账和银行的对账单进行核对，以查明账实是否相符。通常情况下，即使企业和银行的记录正确无误，银行存款日记账的余额还是会和银行对账单的余额不相符合，这是因为未达账项的存在。

所谓未达账项，是指企业和银行由于凭证传递时间、记账时间不一致，造成一方已登记入账，而另一方尚未登记入账的款项。

企业的未达账项通常有四种情况：

（1）企业已收款入账，银行未收款入账。

（2）企业已付款入账，银行未付款入账。

（3）银行已收款入账，企业未收款入账。

（4）银行已付款入账，企业未付款入账。

二、银行存款余额调节表

当存在未达账项时，企业银行存款日记账的余额和银行对账单的余额会不相符合，此时，企业应编制“银行存款余额调节表”进行调节。该表是假定未登记的一方补充登记了未达账项，在原有日记账和对账单余额基础上，加上或减去未达账项，重新计算调节后的余额。如果账簿记录没有错误，只是存在未达账项，则调节后的日记账余额和对账单余额应该相等；若调节后的余额仍不等，则说明账簿记录有错，应认真核对查找原因。

拓展知识

一、银行存款余额调节表的作用

银行存款余额调节表调节后的余额既不是企业银行存款日记账的余额，也不是银行对账单的余额，它是企业在银行的实际存款数额。银行存款余额调节表只能起到核对账目的作用，不属于原始凭证，不得用于调整银行存款账面余额，未达账项必须等到取得原始凭证后才可以进行账务处理。

二、银行存款清查注意事项

通过编制银行存款余额调节表调节后，如果双方余额相等，一般可认为双方记账没有差错。调节后双方余额仍然不相等时，原因有两个，要么是未达账项未全部查出，要么是一方或双方账簿记录还有差错，应进一步清查清楚并加以调节，直到双方余额相等为止。

任务二　存货清查

工作案例

海西市金牛公司 2013 年 6 月对存货进行清查，有关原始凭证见表 7-9、表 7-10 和表 7-11。

表 7-9 海西市金牛公司盘存单 1

盘点时间：2013 年 6 月 30 日

财产类别：原材料　　　　存放地点：仓库　　　　单位：元

编号	名称	计量单位	数量	单价	金额	备注
	甲材料	千克	374			
	乙材料	千克	536			

盘点人签章：　　　　实物保管人签章：

表 7-10 海西市金牛公司账存实存对比表 1

2013 年 6 月 30 日　　　　单位：元

编号	名称	规格	计量单位	单价	数量		盘盈		盘亏		备注
					账存	实存	数量	金额	数量	金额	
	甲材料		千克	32	370	374	4	128			
	乙材料		千克	45	527	536	9	405			
合计								533			
处理意见	清查小组						领导审批				

会计主管：　　　　复核：　　　　保管员：　　　　盘点人：

表 7-11 海西市金牛公司账存实存对比表 2

2013 年 6 月 30 日　　　　单位：元

编号	名称	规格	计量单位	单价	数量		盘盈		盘亏		备注
					账存	实存	数量	金额	数量	金额	
	甲材料		千克	32	370	374	4	128			
	乙材料		千克	45	527	536	9	405			
合计								533			
处理意见	清查小组						领导审批				
	属自然升溢，冲减管理费用 王宁 2013 年 6 月 30 日						同意 肖青 2013 年 6 月 30 日				

会计主管：　　　　复核：　　　　保管员：　　　　盘点人：

根据表 7-9 和表 7-10，填制记账凭证（假设上一张记账凭证的编号是记字第 192 号）如图 7-3 所示。

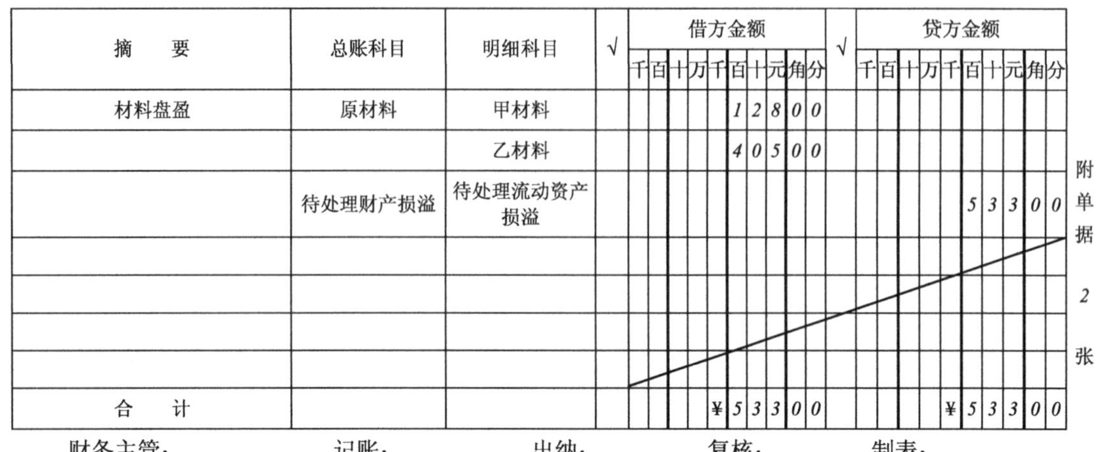

记 账 凭 证

2013 年 6 月 30 日　　　　记字第 193 号

摘 要	总账科目	明细科目	√	借方金额										√	贷方金额								
				千	百	十	万	千	百	十	元	角	分		千	百	十	万	千	百	十	元	角	分
材料盘盈	原材料	甲材料							1	2	8	0	0											
		乙材料							4	0	5	0	0											
	待处理财产损溢	待处理流动资产损溢																		5	3	3	0	0
合 计								¥	5	3	3	0	0						¥	5	3	3	0	0

附单据 2 张

财务主管：　　记账：　　出纳：　　复核：　　制表：

图 7-3　记账凭证 33

根据审批后的原始凭证表 7-11，填制记账凭证如图 7-4 所示。

记 账 凭 证

2013 年 6 月 30 日　　　　记字第 194 号

摘 要	总账科目	明细科目	√	借方金额										√	贷方金额								
				千	百	十	万	千	百	十	元	角	分		千	百	十	万	千	百	十	元	角	分
转销材料盘盈	待处理财产损溢	待处理流动资产损溢							5	3	3	0	0											
	管理费用																			5	3	3	0	0
合 计								¥	5	3	3	0	0						¥	5	3	3	0	0

附单据 1 张

财务主管：　　记账：　　出纳：　　复核：　　制表：

图 7-4　记账凭证 34

活动资料

海西市金牛公司 2013 年 7 月对存货进行清查，有关原始凭证见表 7-12～表 7-14。要求根据原始凭证填制记账凭证（假设上一张记账凭证编号是记字第 231 号）。

表 7-12　海西市金牛公司盘存单 2

盘点时间：2013 年 7 月 31 日

财产类别：原材料　　　　存放地点：仓库　　　　单位：元

编号	名称	计量单位	数量	单价	金额	备注
	甲材料	千克	474			
	乙材料	千克	540			

盘点人签章：　　　　实物保管人签章：

表 7-13 海西市金牛公司账存实存对比表 3

2013 年 7 月 31 日 单位：元

编号	名称	规格	计量单位	单价	数量		盘盈		盘亏		备注
					账存	实存	数量	金额	数量	金额	
	甲材料		千克	32	472	474	2	64			
	乙材料		千克	45	537	540	3	135			
合计								199			
处理意见	清查小组						领导审批				

会计主管： 复核： 保管员： 盘点人：

表 7-14 海西市金牛公司账存实存对比表 4

2013 年 7 月 31 日 单位：元

编号	名称	规格	计量单位	单价	数量		盘盈		盘亏		备注
					账存	实存	数量	金额	数量	金额	
	甲材料		千克	32	472	474	2	64			
	乙材料		千克	45	537	540	3	135			
合计								199			
处理意见	清查小组						领导审批				
	属自然升溢，冲减管理费用 王宁 2013 年 7 月 31 日						同意 肖青 2013 年 7 月 31 日				

会计主管： 复核： 保管员： 盘点人：

基础知识

一、存货的盘存制度

存货的盘存制度是指企业对各项存货情况进行登记，从而计算出结存数量的方法和制度。一般有两种盘存制度：永续盘存制和实地盘存制。

永续盘存制要求在会计核算中，应对各种存货设置明细账，详细反映各种存货的增减变动与结存情况，平时根据审核无误的会计凭证逐笔登记存货的增加数和减少数，并随时计算出存货的结存数。

实地盘存制要求平时根据会计凭证在账簿中对各种存货的增加数逐笔进行登记，但不登记减少数，月末对存货进行实地盘点后确定出实际结存数，再用倒挤的方法计算出本期存货的减少数。

二、存货的清查

存货的清查包括对原材料、周转材料、库存商品、半成品、在产品等的清查。由于存货的实物形态、体积、存放方式不同，所采用的清查方法也不同。存货的清查主要采用的方法有以下两种：实地盘点法和技术推算法。

实地盘点法是指通过对存货逐一清点或利用各种计量仪器确定出存货实际数量的方法，此方法计量准确、适用范围广，大多数存货的清查都采用此方法。

技术推算法是指对无法逐一清点的存货，采用一定的科学方法推算出存货实际数量的方法。此方法适用于大量、成堆、难以逐一清点的存货，如煤炭、石灰石等。

存货清查时，保管员必须在场，以明确经济责任。清查人员和保管员共同清点存货实际结存数量后，应填制“盘存单”见表 7-15，作为记录存货实际数量的原始凭证。

表 7-15　盘存单

盘点时间：　　　　　　　　　　财产类别：　　　　　　　　　　存放地点：

编号	名称	计量单位	数量	单价	金额	备注

盘点人签章：　　　　　　　　　　　　　　　　　　实物保管人签章：

为进一步查明账实是否相符，清查人员还应将“盘存单”中的实存数与存货明细账簿上的账面结存数进行核对，若不相符，应编制“实存账存对比表”见表 7-16，作为反映清查过程中存货盘盈或盘亏的原始资料，也是调整账簿记录的原始依据。

表 7-16　账存实存对比表

年　月　日

<table>
<tr><th rowspan="2">编号</th><th rowspan="2">名称</th><th rowspan="2">规格</th><th rowspan="2">计量单位</th><th rowspan="2">单价</th><th colspan="2">数量</th><th colspan="2">盘盈</th><th colspan="2">盘亏</th><th rowspan="2">备注</th></tr>
<tr><th>账存</th><th>实存</th><th>数量</th><th>金额</th><th>数量</th><th>金额</th></tr>
<tr><td></td><td></td><td></td><td></td><td></td><td></td><td></td><td></td><td></td><td></td><td></td><td></td></tr>
<tr><td></td><td></td><td></td><td></td><td></td><td></td><td></td><td></td><td></td><td></td><td></td><td></td></tr>
<tr><td colspan="7">合计</td><td></td><td></td><td></td><td></td><td></td></tr>
<tr><td colspan="2" rowspan="2">处理意见</td><td colspan="5">清查小组</td><td colspan="5">领导审批</td></tr>
<tr><td colspan="5"></td><td colspan="5"></td></tr>
</table>

会计主管：　　　　　　　　复核：　　　　　　　　保管员：　　　　　　　　盘点人：

三、存货清查结果的处理

存货的清查结果有三种可能：账实相符、盘盈或盘亏。

当出现盘盈或盘亏时，在查明原因前，应先调整存货账面价值，将盘盈或盘亏的存货价值转入“待处理财产损溢”科目，待查明原因后，依据审批意见进行处理。

1. **存货盘盈的账务处理**

清查中发现存货（包括原材料、库存商品、周转材料等）盘盈，应按同类或类似存货的市场价值调整增加存货的账面价值，借记“原材料”等科目，贷记“待处理财产损溢”科目；经批准后，如为在产品盘盈，冲减制造费用，其他存货则冲减管理费用。

【例 7-3】海西市金牛公司在财产清查中发现盘盈丙材料 20 千克，同类产品市场价格为 13 元/千克，原因待查。审批前，根据有关原始凭证，作如下会计分录：

借：原材料——丙材料　　260

　贷：待处理财产损溢——待处理流动资产损溢　　260

经查明，上述盘盈丙材料因记录错误造成的，则作如下会计分录：

借：待处理财产损溢——待处理流动资产损溢　　260

　贷：管理费用　　260

2. **存货盘亏的账务处理**

清查中发现存货盘亏，应调整减少存货的账面价值，借记“待处理财产损溢”科目，贷记“原材料”等科目；查明原因后，属定额内自然损耗或管理不善的，转入“管理费用”科目；应由过失人或保险公司赔偿的，转入“其他应收款”科目，赔偿后的净损失列入“管理费用”科目；属自然灾害造成的损失，扣除残值和赔款后的净损失列入“营业外支出”科目；如为在产品盘亏，则转入“制造费用”科目。

【例 7-4】海西市金牛公司在财产清查中发现盘亏甲材料 720 元，原因查明前，作如下会计分录：

借：待处理财产损溢——待处理流动资产损溢　　720

　贷：原材料——甲材料　　720

经查属管理不善造成的，批准列入管理费用，作如下会计分录：

借：管理费用　　720

　贷：待处理财产损溢——待处理流动资产损溢　　720

拓展知识

一、存货清查应注意问题

每年在编制年度报表前，必须对存货进行一次全面清查，以确保存货账实相符；平时为加强控制，还应结合企业实际情况进行定期或不定期的轮流或重点清查。存货清查时，除清查数量，以达到账实相符外，还应注意存货的质量和储存情况。

二、存货发生非正常损失

存货发生非正常损失，如自然灾害损失进项税额不需转出，如因管理不善造成货物被盗窃或霉烂变质等损失，应以非正常损失存货的账面价值为依据计算进项税额转出。

【例 7-5】海西市金牛公司因台风灾害，盘亏乙材料 30 000 元，审批前，作如下会计分录：

借：待处理财产损溢——待处理流动资产损溢　　30 000
　　贷：原材料——乙材料　　30 000

该损失由保险公司赔偿50%，其余损失列入营业外支出，作如下会计分录：

借：其他应收款　　15 000
　　营业外支出　　15 000
　　贷：待处理财产损溢——待处理流动资产损溢　　30 000

任务三　固定资产清查

工作案例

海西市金牛公司2013年6月在财产清查中，发现盘亏固定资产一项，原始凭证见表7-17。

表7-17　固定资产盘盈盘亏报告表1

2013年6月30日　　　　单位：元

固定资产编号	固定资产名称	盘盈			盘亏			原因
		数量	重置价值	估计已提折旧	数量	原价	已提折旧	
	A设备				1	208 000	147 000	火灾
	使用部门		财产清查部门			审批部门		
处理意见	车间					由保险公司赔偿20 000元，其余的作为企业损失予以转销		

会计主管：　　　　记账：　　　　制表：

根据原始凭证，审批前填制记账凭证（假设上一张记账凭证的编号是记字第201号）如图7-5所示。

记　账　凭　证

2013年6月30日　　　　记字第 202 号

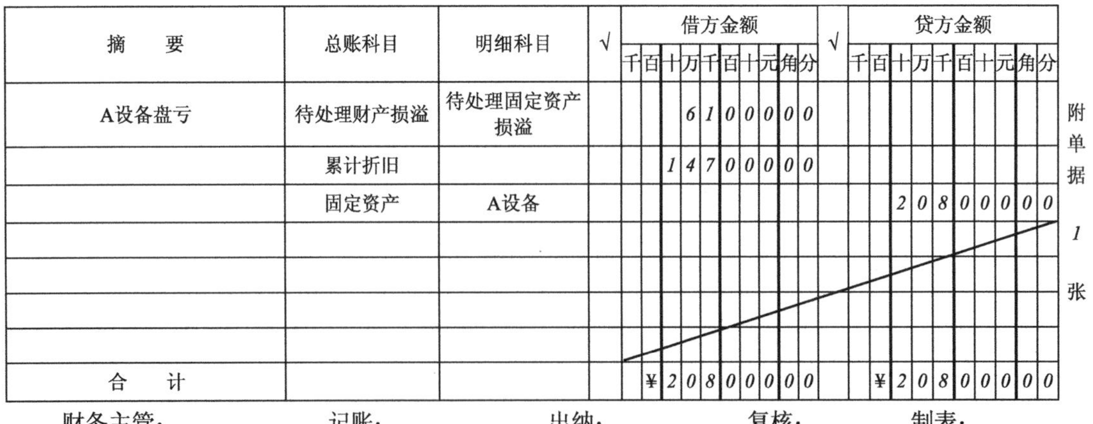

摘要	总账科目	明细科目	√	借方金额	√	贷方金额
A设备盘亏	待处理财产损溢	待处理固定资产损溢		61000.00		
	累计折旧			147000.00		
	固定资产	A设备				208000.00
合　计				¥208000.00		¥208000.00

附单据 1 张

财务主管：　　记账：　　出纳：　　复核：　　制表：

图7-5　记账凭证34

根据审批后的相关凭证，填制记账凭证如图 7-6 所示。

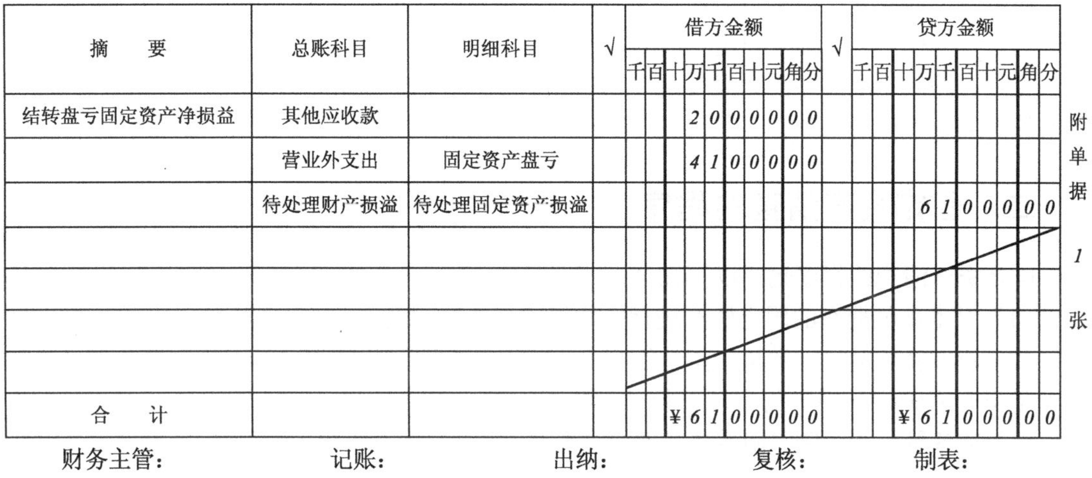

记 账 凭 证

2013 年 6 月 30 日　　　　记字第 203 号

摘要	总账科目	明细科目	√	借方金额	√	贷方金额
结转盘亏固定资产净损益	其他应收款			200000		
	营业外支出	固定资产盘亏		410000		
	待处理财产损溢	待处理固定资产损溢				610000
合计				¥610000		¥610000

附单据 1 张

财务主管：　　记账：　　出纳：　　复核：　　制表：

图 7-6　记账凭证 35

活动资料

海西市金牛公司 2013 年 7 月在财产清查中，发现盘亏固定资产一项，原始凭证见表 7-18。根据原始凭证填制记账凭证（假设上一张记账凭证编号是记字第 241 号）。

表 7-18　固定资产盘盈盘亏报告表 2

2013 年 7 月 31 日　　　　单位：元

<table>
<tr><td rowspan="2">固定资产编号</td><td rowspan="2">固定资产名称</td><td colspan="3">盘盈</td><td colspan="3">盘亏</td><td rowspan="2">原因</td></tr>
<tr><td>数量</td><td>重置价值</td><td>估计已提折旧</td><td>数量</td><td>原价</td><td>已提折旧</td></tr>
<tr><td></td><td>B 设备</td><td></td><td></td><td></td><td>1</td><td>135 000</td><td>102 000</td><td rowspan="2">火灾</td></tr>
<tr><td></td><td></td><td></td><td></td><td></td><td></td><td></td><td></td></tr>
<tr><td rowspan="2">处理意见</td><td>使用部门</td><td colspan="3">财产清查部门</td><td colspan="4">审批部门</td></tr>
<tr><td>管理部门</td><td colspan="3"></td><td colspan="4">由保险公司赔偿 10 000 元，其余的作为企业损失予以转销</td></tr>
</table>

会计主管：　　记账：　　制表：

基础知识

一、固定资产清查内容

固定资产清查是指对房屋、建筑物、机器设备等进行实地盘点，并将实物与固定资产明细账进行账务核对，以确定固定资产的盘存情况。

企业在编制年度财务会计报告前，应对固定资产进行全面清查。平时可根据需要，进行局部的定期或不定期清查。

二、固定资产清查的程序

固定资产清查的程序包括以下几个：

（1）对本单位拥有的固定资产进行实物清点，并登记造册。

（2）将实物按品种、数量、型号等与固定资产明细账进行核对，若有账实不符的，盘盈的固定资产应确定其同类的市场价及估计折旧，盘亏的固定资产应查明历史成本和已提折旧、减值准备等，并编制“固定资产清查盘点表”。

（3）按照管理权限上报有关情况，并根据批复进行账务处理。

三、固定资产盘亏的账务处理

盘亏的固定资产一般是由于责任事故、丢失或自然灾害等造成的，在审批前，应按盘亏固定资产的账面价值，将原始价值和已计提的累计折旧和固定资产减值准备予以转销，作会计分录如下：

借：待处理财产损溢——待处理固定资产损溢
　　累计折旧
　　固定资产减值准备
　　贷：固定资产

按规定程序审批后，结转“待处理财产损溢”科目，应由过失人或保险公司赔偿的，转入“其他应收款”科目，由企业承担损失的转入“营业外支出”科目，作会计分录如下：

借：其他应收款
　　营业外支出
　　贷：待处理财产损溢——待处理固定资产损溢

【例 7-6】海西市金牛公司盘亏机器设备一台，历史成本为 210 000 元，已计提折旧 169 000 元，计提固定资产减值准备 20 000 元，审批前根据有关原始凭证作会计分录如下：

	借	贷
借：待处理财产损溢——待处理固定资产损溢	21 000	
累计折旧	169 000	
固定资产减值准备	20 000	
贷：固定资产		210 000

报经有关部门审批后，作为企业损失处理，作会计分录如下：

借：营业外支出 21 000

　　贷：待处理财产损溢——待处理固定资产损溢 21 000

拓展知识

一、以前年度损益调整

以前年度损益调整是指企业对以前年度多计或少计的重大盈亏数额所进行的调整，调整后不影响当期利润的计算。

二、固定资产盘盈的账务处理

盘盈的固定资产一般是企业以前少记、漏记形成的，应作为前期差错处理，在按管理权限报经批准处理前先通过“以前年度损益调整”科目核算。

盘盈的固定资产，应按重置成本（同类或类似固定资产的市场价格，减去按该项资产的新旧程度估计的价值损耗后的余额）确定其入账价值，作会计分录如下：

借：固定资产

　　贷：以前年度损益调整

【例 7-7】海西市金牛公司盘盈机器设备一台，八成新，同类设备的市场价格为 160 000 元，根据原始凭证，作如下会计分录：

该设备的入账价值=160 000 × 80%=128 000（元）

借：固定资产 128 000

　　贷：以前年度损益调整 128 000

任务四 往来款项清查

工作案例

海西市金牛公司于 2013 年 6 月对应收应付等往来款项进行清查，特向各往来单位发函询证，并将清查结果编制“往来款项清查表”。清查结果表明，应收盛达公司 230 000 元的货款因该公司逾期 3 年未还款，已确认无法收回，经批准予以转销，原始凭证见表 7-19。

表 7-19 内部转账单 1

2013 年 6 月 30 日　　单位：元

项目	金额	备注
确认坏账损失	230 000	同意确认盛达公司欠款为坏账 2013.6.30　　肖青

会计主管：　　复核：　　制单：

根据内部转账单，填制记账凭证（假设上一张记账凭证编号是记字第 207 号）如图 7-7 所示。

记 账 凭 证

2013 年 6 月 30 日　　　　记字第 208 号

摘　要	总账科目	明细科目	√	借方金额									√	贷方金额									附单据
				千	百	十	万	千	百	十	元	角	分		千	百	十	万	千	百	十	元	角	分	
确认坏账损失	坏账准备					2	3	0	0	0	0	0	0												
	应收账款	盛达公司															2	3	0	0	0	0	0	0	
																									1
																									张
合　计					¥	2	3	0	0	0	0	0	0			¥	2	3	0	0	0	0	0	0	

财务主管：　　记账：　　出纳：　　复核：　　制表：

图 7-7　记账凭证 36

活动资料

海西市金牛公司于 2013 年 7 月对应收应付等往来款项进行清查，特向各往来单位发函询证，并将清查结果编制“往来款项清查表”。清查结果表明，应收海润公司 50 000 元的货款因该公司逾期未能履行债务达 3 年以上，经核实确实无法收回，予以转销，原始凭证见表 7-20。根据原始凭证填制记账凭证（假设上一张记账凭证编号是记字第 220 号）。

表 7-20　内部转账单 2

2013 年 7 月 31 日　　　　单位：元

项　目	金　额	备　注
确认坏账损失	50 000	同意确认海润公司欠款为坏账 2013.6.30　肖青

会计主管：　　复核：　　制单：

基础知识

一、往来款项内容

往来款项是指企业在生产经营过程中发生的各种应收、应付款项及预收、预付款项。为正确核算往来款项、保证往来款项的安全，应对往来款项做好清查工作。

二、往来款项清查方法

往来款项清查一般采用发函询证的方法进行核对，具体操作步骤包括以下几点：

（1）检查本单位的往来款项账目的登记是否全面、客观。

（2）在确保本单位的往来款项账目登记全面、客观的基础上，向对方单位填发“往来款项对账单”一式两联，如图 7-8 所示，其中一联送交对方单位核对账目，另一联作

为回单联。

（3）收到对方单位退回的加盖公章的回单联，据以编制“往来款项清查报告单”

往来款项对账单

致：

根据我公司资产清查工作的要求，需函证我公司与贵公司的往来款项余额，下列数据出自我公司账簿记录，如与贵公司记录相符，请在本函下端“数据证明无误”处签章证明；如有不符，请在“数据不符需加说明事项”处加以指正。请贵公司协助办理。

地址：　　　　　　　　　　　　邮编：

电话：　　　　　　　　　　　　传真：

清查单位：海西市金牛公司

会计科目	截止日期	贵公司欠	欠贵公司	备注

核对情况	
数据证明无误：	数据不符需加说明事项：
（单位签章） 日期：　　经办人：	（单位签章） 日期：　　经办人：

图 7-8　往来款项对账单

三、往来款项清查结果的处理

1．应收账款

当有确凿证据证明应收账款确实无法收回的，企业应按管理权限，经股东大会、董事会、经理（厂长）办公会或类似机构批准作为坏账损失处理。

【例 7-8】 海西市金牛公司在月末往来款项清查中发现，应收甲公司的款项 32 700 元因甲公司破产确实无法收回，经批准确认为坏账损失。根据有关原始凭证，作如下会计分录：

借：坏账准备　　　　　　　　　　　　32 700

　　贷：应收账款——甲公司　　　　　　　　32 700

2．应付账款

由于债权单位撤销或不存在等原因使得企业的应付账款无法支付的，报经批准后应转作营业外收入。

【例 7-9】海西市金牛公司应付丙公司的 34 500 元的欠款，因丙公司撤销确实无法支付，经批准作营业外收入处理，根据有关原始凭证，作如下会计分录：

借：应付账款——丙公司　　34 500
　　贷：营业外收入　　34 500

拓展知识

往来款项清查的原始凭证

往来款项对账单及清查表不能作为原始凭证入账，对清查结果进行账务处理时应以经过审批的内部转账单作为入账的原始依据。

模块八
财务会计报告

【岗位工作情景】

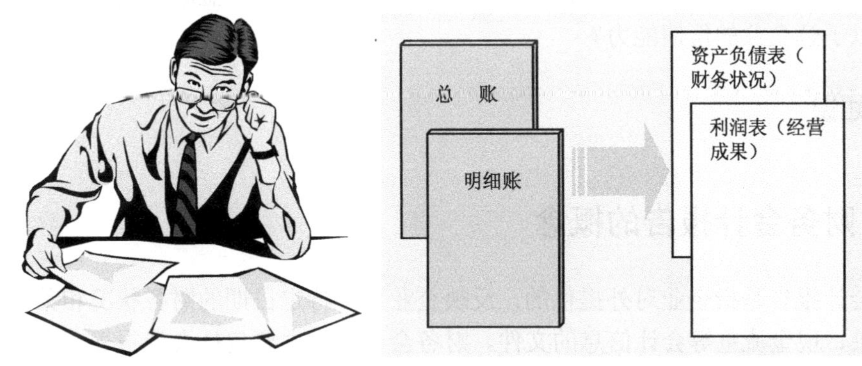

【岗位学习目标】

一、岗位知识目标

1. 了解财务会计报告的概念和组成。
2. 熟悉财务会计报告的种类、财务会计报告的编制要求。
3. 掌握资产负债表、利润表的内容、结构和编制方法。

二、岗位能力目标

1. 熟练掌握资产负债表、利润表的结构和编制方法。
2. 正确登记资产负债表中各项目期末余额。
3. 正确登记利润表中各项目本月数。

三、职业素养目标

1. 培养严谨的学习态度和求真务实的职业道德。
2. 自觉抵制作假账，依法编制会计报告。
3. 树立遵纪守法的意识。

任务一　财务会计报告的概述

活动一　财务会计报告的作用

工作案例

甲公司的福州分公司近两年经营业绩不理想，总公司派李四到福州分公司当主管，以扭转现有的局面，李四上任后，首先想了解公司的财务状况、经营成果以及现金流量等会计信息，这些信息从何而来？

这些信息可从公司的财务会计报告（包括资产负债表、利润表和现金流量表等）中获取。

活动资料

为了了解某企业的偿债能力，以便决定是否贷款给该企业，金融机构应该要求企业提供哪些资料以了解企业的偿债能力？

基础知识

一、财务会计报告的概念

财务会计报告是指企业对外提供的，反映企业某一特定日期的财务状况和某一会计期间的经营成果、现金流量等会计信息的文件。财务会计报告主要包括会计报表、会计报表附注和其他应当在财务报告中披露的相关信息和文件。

二、财务会计报告的组成

会计报表是财务会计报告的主要组成部分，是根据各种账簿记录和有关资料，按照规定的报表格式编制的表式文件，包括资产负债表、利润表、现金流量表、所有者权益（或股东权益）变动表。

三、编制财务会计报告的作用

编制财务会计报告具有以下几个方面的作用：

（1）为国家经济管理部门进行宏观调控和管理提供重要信息。

（2）为企业的投资者和债权人进行决策提供重要信息。

（3）为企业加强和改善经营管理提供重要信息。

活动二 财务会计报告的种类

工作案例

将下列财务会计报告中资产负债表、利润表和现金流量表按照编报的时间不同进行连线，展示如下：

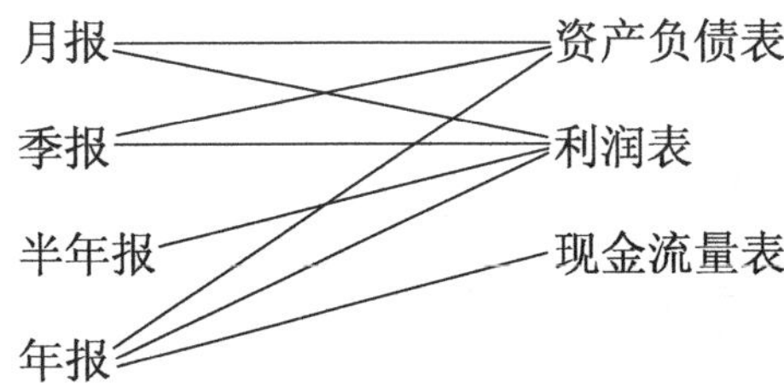

活动资料

按照报送对象的分类，将下列右边会计报表与左边报表分类进行连线。

对内报表	资产负债表
	产品成本表
对外报表	利润表
	费用明细表

基础知识

一、按照编报的时间不同分类

按照编报的时间不同，财务会计报告可以分为年度财务会计报告和中期财务会计报告，如图 8-1 所示。

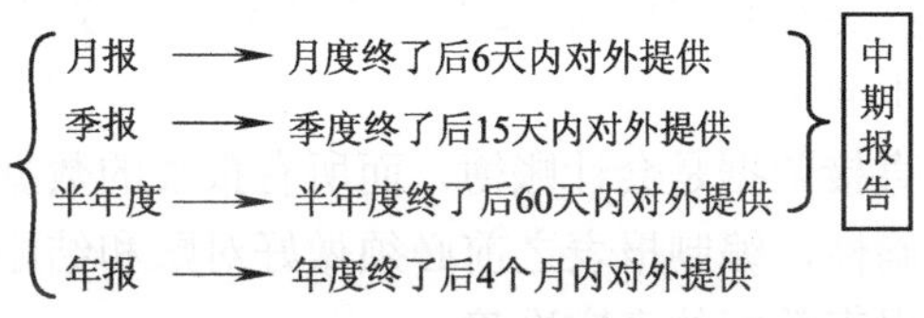

图 8-1 财务会计报告按照编报的时间分类

二、按照报送的对象不同分类

按照编报的对象不同，财务会计报告可以分为对外报表和对内报表，如图 8-2 所示。

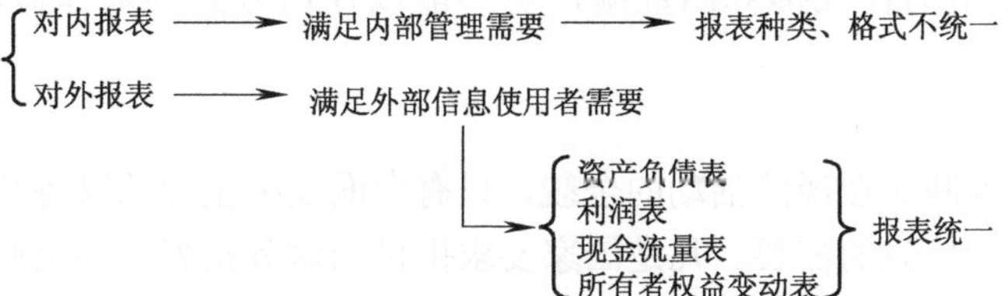

图 8-2 财务会计报告按照报送的对象分类

拓展知识

按照编制的主体不同，财务会计报告可以分为个别财务报表和合并财务报表，如图 8-3 所示。

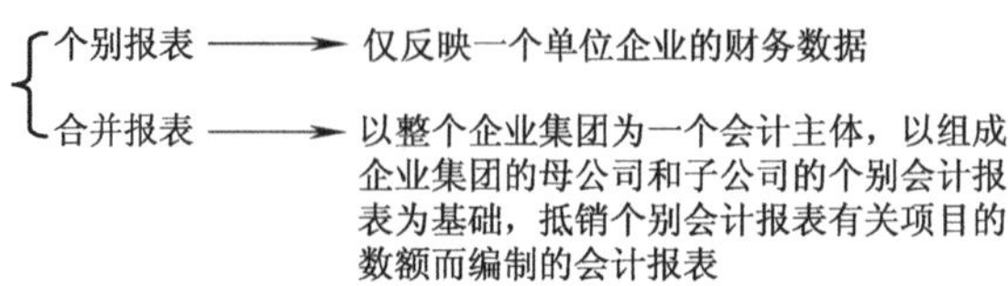

图 8-3　财务会计报告按照编制的主体分类

活动三　财务会计报告的编制要求

工作案例

甲公司 5 月份实际发生主营业务收入 60 万元，公司领导要求会计人员在编制利润表时主营业务收入只要体现 40 万元，隐瞒主营业务收入 20 万元，最终导致什么后果？

最终导致了利润虚减，少交税费，数字不真实、不准确，不符合财务报告编制要求。

活动资料

投资者小王准备投资甲公司，要求甲公司提供近期的会计报表，以了解该公司的财务状况和经营成果，但是，甲公司迟迟不能提供会计报表。如果你是投资者，应该如何决策？

基础知识

财务会计报告的编制要求如下：

1．数字真实

财务报告中的各项数据必须真实可靠，如实反映企业的财务状况、经营成果和现金流量。这是对会计信息质量的基本要求。

由于编制财务报表的直接依据是会计账簿，而所有报表的数据都来源于会计账簿，因此为保证财务报表数据的正确性，编制报表之前必须做好对账和结账工作，做到账证相符、账账相符、账实相符以保证报表数据的真实准确。

2．计算准确

日常的会计核算以及编制财务报表，涉及大量的数字计算，只有准确的计算，才能保证数字的真实可靠。这就要求编制财务报表必须以核对无误后的账簿记录和其他有关资料为依据，不能使用估计或推算的数据，更不能以任何方式弄虚作假，玩弄数字游戏或隐瞒谎报。

3．内容完整

财务报表应当反映企业经济活动的全貌，只有全面反映企业的财务状况和经营成果，才能满足各方面对会计信息的需要。凡是国家要求提供的财务报表，各企业必须全部编制并报送，不得漏编和漏报。凡是国家统一要求披露的信息，都必须披露。

4．填报及时

及时性是信息的重要特征，财务报表信息只有及时地传递给信息使用者，才能为使用者的决策提供依据。否则，即使是真实可靠和内容完整的财务报告，只要编制和报送不及时，对报告使用者来说，也将大大降低会计信息的使用价值。

任务二　资产负债表

活动一　资产负债表的概念和作用

工作案例

甲公司想向某工商银行借入一笔短期借款，该工商银行应该先了解甲公司有没有短期偿债能力？如果要了解公司的偿债能力，应该从哪些信息资料了解？

应该从企业资产负债表中取得。

活动资料

甲公司打算向工商银行借入一笔100 000元的短期借款。甲公司资产负债表中资产总计为832 000元，其中流动资产合计数为292 000元，负债总计为345 000元，其中流动负债合计数为145 000元。请问工商银行能否借钱给甲公司？

基础知识

一、资产负债表的概念

资产负债表是反映企业某一特定日期（如月末、季末、半年末、年末等）财务状况的报表。

二、资产负债表的作用

1．表明企业拥有或控制的资源及其分布情况

资产负债表可以提供某一日期资产的总额及其结构，使用者可以一目了然地从资产负债表上了解企业在某一特定日期所拥有的资产总量及其结构。

2．反映企业负债和所有者权益情况

资产负债表可以提供某一日期负债的总额及其结构，表明企业未来需要用多少资产或劳务清偿债务以及清偿时间，可以反映所有者所拥有的权益，据以判断资本保值增值的情况以及对负债的保障程度。

3．反映企业的流动性和财务实力

资产负债表还可以提供进行财务分析的基本资料，可以表明企业的变现能力、偿债能力和资金周转能力，从而有助于报表使用者作出正确的经济决策。

拓展知识

编制资产负债表的理论依据是“资产=负债+所有者权益”这一会计恒等式，资产负债表按照资产、负债、所有者权益分类分项列示而编制的静态报表。

活动二　资产负债表的结构

工作案例

账户式资产负债表结构如图 8-4 所示：

资产负债表

单位名称：　　　　年　月　日　　　　单位：元　（表首）

资产	行次	年初余额	期末余额	负债及所有者权益	行次	年初余额	期末余额
流动资产				流动负债			
货币资金				短期借款			
短期投资				应付账款			
应收账款				预收账款			
其他应收款				应付职工薪酬			
存货				应交税费			
流动资产合计				其他应交款			
长期股权投资				流动负债合计			
固定资产				长期负债			
减累计折旧				长期借款			
固定资产净值				长期负债合计			
固定资产合计				所有者权益			
无形资产				实收资本			
				资本公积			
				盈余公积			
				未分配利润			
资产合计				权益合计			

（表体）

图 8-4　资产负债表结构图

活动资料

请认真观察表 8-1，说一说资产负债表中资产类项目与负债及所有者权益类项目的排列顺序有何规律？

基础知识

一、资产负债表的结构

资产负债表包括表首和表体两部分。

表首列示编表单位的名称、报表名称、提供信息的期间、所用货币的名称和单位等。

资产负债表的格式主要有账户式和报告式两种。我国企业的资产负债表一般采用账户式结构。见表 8-1。

表 8-1 资产负债表 1

编制单位： 年 月 日 单位：元

资　产	期末余额	年初余额	负债和所有者权益	期末余额	年初余额
流动资产：			流动负债：		
货币资金			短期借款		
交易性金融资产			交易性金融负债		
应收票据			应付票据		
应收账款			应付账款		
预付款项			预收款项		
应收利息			应付职工薪酬		
应收股利			应交税费		
其他应收款			应付利息		
存货			应付股利		
一年内到期非流动资产			其他应付款		
其他流动资产			一年内到期的非流动负债		
流动资产合计			其他流动负债		
非流动资产：			流动负债合计		
可供出售金融资产			非流动负债：		
持有至到期投资			长期借款		
长期应收款			应付债券		
长期股权投资			长期应付款		
投资性房地产			专项应付款		
固定资产			预计负债		
在建工程			递延所得税负债		
工程物资			其他非流动负债		
固定资产清理			非流动负债合计		
生产性生物资产			负债合计		
油气资产			所有者权益：		
无形资产			实收资本（股本）		
开发支出			资本公积		
商誉			减：库存股		
长期待摊费用			盈余公积		
递延所得税资产			未分配利润		
其他非流动资产			所有者权益（或股东权益）合计		
非流动资产合计					
资产总计			负债和所有者权益（或股东权益）总计		

二、资产负债表的内容

资产按照其流动程度进行排序，流动性强的项目排前，即先流动资产项目，后非流动资产项目，而非流动资产又划分为若干项目；负债按其到期日由近至远的顺序排列，即先流动负债，后非流动负债；所有者权益则按照其永久性递减的顺序排列，即先实收资本，后资本公积、盈余公积，最后是未分配利润。

活动三　资产负债表的编制方法

工作案例

甲公司2013年12月31日各科目期末余额见表8-2。

表8-2　甲公司2013年12月31日各科目期末余额表

单位：元

账户名称	借方余额	贷方余额	账户名称	借方余额	贷方余额
库存现金	1 000		短期借款		10 000
银行存款	73 500		应付账款		41 000
其他货币资金	2 000		——C公司		55 000
应收票据	20 500		——D公司	14 000	
应收账款	50 000		预收账款		5 000
——A公司	60 000		应付职工薪酬		24 000
——B公司		10 000	应交税费		16 000
坏账准备		3 000	应付股利		25 000
在途物质	8 000		长期借款		200 000
原材料	40 000		实收资本		405 000
库存商品	50 000		资本公积		32 000
生产成本	26 000		盈余公积		35 000
固定资产	620 000		利润分配 ——未分配利润		15 000
累计折旧		80 000			

根据表8-2甲公司2013年12月31日各科目期末余额表中数据，填列表8-3资产负债表中短期借款项目金额。短期借款=10 000（元）

表8-3　资产负债表（简表）1

编制单位：甲公司　　　　2013年12月31日　　　　单位：元

资　产	期末余额	年初余额	负债和所有者权益	期末余额	年初余额
流动资产：			流动负债：		
货币资金			短期借款		
交易性金融资产			应付账款		
应收票据			预收款项		
应收账款			应付职工薪酬		
预付款项			应交税费		
应收股利			应付股利		
其他应收款			其他应付款		
存货			其他流动负债		

（续）

资　　产	期 末 余 额	年 初 余 额	负债和所有者权益	期 末 余 额	年 初 余 额
其他流动资产			流动负债合计		
流动资产合计			非流动负债：		
			长期借款		
非流动资产：			非流动负债合计		
长期股权投资			负债合计		
固定资产			所有者权益：		
固定资产清理			实收资本（股本）		
无形资产			资本公积		
其他非流动资产			盈余公积		
非流动资产合计			未分配利润		
			所有者权益合计		
资产总计			负债和所有者权益总计		

活动资料

根据表 8-2 甲公司 2013 年 12 月 31 日各科目期末余额表中数据，填列表 8-3 资产负债表中应付职工薪酬、应交税费、应付股利、实收资本、资本公积、盈余公积项目金额。

基础知识

资产负债表的各项目均需填列“年初余额”和“期末余额”两栏。

资产负债表“年初余额”栏内各项数字，应根据上年年末资产负债表的“期末余额”栏内所列数字填列。

资产负债表的“期末余额”栏内项目数字是根据各有关账户的期末余额填列，具体分为直接填列和分析计算填列两种。

“年初数”的填列：一般可根据上年年末资产负债表上的“期末数”填列。

直接填列是根据总分类账户的余额直接填列；如交易性金融资产、应收票据、应收股利、短期借款、应付票据、应付股利、应付职工薪酬、实收资本、资本公积、盈余公积等。

拓展知识

分析计算填列是根据有关账户的期末余额进行分析、计算后填列，又可分为根据若干总账科目余额分析计算填列及根据若干明细分类账户的余额分析计算填列。

一、根据若干总分类账户的余额分析计算填列

根据若干总账科目余额计算填列，如货币资金、存货、固定资产等，具体填列方法见表 8-4。

表 8-4　具体填列方法

项　　目	填 列 方 法
货币资金	库存现金+银行存款+其他货币资金
存货	在途物资+原材料+周转材料+库存商品+委托加工物质+生产成本–存货跌价准备
固定资产	固定资产–累计折旧

【例 8-1】根据表 8-2 甲公司 2013 年 12 月 31 日各科目期末余额表中数据，填列表 8-3 资产负债表中固定资产项目的金额。

固定资产=固定资产–累计折旧

=620 000–80 000=540 000（元）

二、若干明细分类账户的余额分析计算填列

根据若干明细分类账户的余额分析计算填列，如应收账款、预付款项、应付账款、预收款项等，具体填列方式见表 8-5。

表 8-5　应收账款、预付款项、应收账款、预收款项的具体填列方式

项　　目	填 列 方 法
应收账款	应收账款所属各明细账借方余额+预收款项所属各明细账借方余额–坏账准备贷方余额
预付款项	预付款项所属各明细账借方余额+应付账款所属各明细账借方余额
应付款项	应付账款所属各明细账贷方余额+预付款项所属各明细账贷方余额
预收款项	预收款项所属各明细账贷方余额+应收账款所属各明细账贷方余额

【例 8-2】根据表 8-2 甲公司 2013 年 12 月 31 日各科目期末余额表中数据，填列表 8-3 资产负债表中应收账款、预付款项、应付账款、预收款项的金额。

应收账款=应收账款——A 公司借方余额–坏账准备贷方余额

=60 000–3 000=57 000（元）

预付款项=应付账款——D 公司借方余额=14 000（元）

应付账款=应付账款——C 公司贷方余额=55 000（元）

预收款项=预收款项贷方余额+应收账款——B 公司贷方余额

=5 000+10 000=15 000（元）

【例 8-3】根据表 8-2 甲公司 2013 年 12 月 31 日各科目期末余额表中的数据，编制 2013 年 12 月 31 日的资产负债表相关项目的金额。见表 8-6。

表 8-6　资产负债表（简表）2

编制单位：甲公司　　　　2013 年 12 月 31 日　　　　单位：元

资　　产	期 末 余 额	年 初 余 额	负债和所有者权益	期 末 余 额	年 初 余 额
流动资产：			流动负债：		
货币资金	76 500		短期借款	10 000	
交易性金融资产			应付账款	55 000	
应收票据	20 500		预收款项	15 000	
应收账款	57 000		应付职工薪酬	24 000	

（续）

资　　产	期末余额	年初余额	负债和所有者权益	期末余额	年初余额
预付款项	14 000		应交税费	16 000	
应收股利			应付股利	25 000	
其他应收款			其他应付款		
存货	124 000		其他流动负债		
其他流动资产			流动负债合计	145 000	
流动资产合计	292 000		非流动负债：		
			长期借款	200 000	
非流动资产：			非流动负债合计	200 000	
长期股权投资			负债合计	345 000	
固定资产	540 000		所有者权益：		
固定资产清理			实收资本（股本）	405 000	
无形资产			资本公积	32 000	
其他非流动资产			盈余公积	35 000	
非流动资产合计	540 000		未分配利润	15 000	
			所有者权益合计	487 000	
资产总计	832 000		负债和所有者权益总计	832 000	

任务三　利润表

活动一　利润表的概念和作用

工作案例

张三手上有些闲置资金想对甲企业进行投资，他应该先了解甲企业盈利能力如何。如果要了解这家公司的盈利能力，应该从哪些信息资料开始？

应从企业利润表中取得。

活动资料

甲企业主营业务收入为 1 250 000 元，其他业务收入为 250 000 元，投资收益为 31 500 元，主营业务成本为 850 000 元，其他业务成本为 190 000 元，税金及附加为 150 000 元，销售费用为 150 000 元，管理费用为 60 000 元，财务费用为 30 000 元。张三是否可以向甲企业进行投资？

基础知识

一、利润表的概念

利润表又称为损益表，是反映企业在一定会计期间经营成果的报表。

二、利润表的作用

利润表的作用主要包括以下几点：

（1）通过利润表，可以从总体上了解企业收入和费用、净利润（或亏损）等的实现及构成情况。

（2）通过利润表提供的不同时期的比较数字，可以分析企业的盈利能力及利润的变化情况和未来的发展趋势。

（3）通过利润表，可以了解投资者投入资本的保值增值情况，评价企业经营业绩。

拓展知识

利润表是依据净利润的计算公式编制的，通过“收入–费用=利润”这一会计等式计算净利润，利润表属于动态会计报表。

活动二　利润表的结构

工作案例

多步式利润表结构如图 8-5 所示：

利　润　表

编制单位：　　　　年　月　　　　单位：元　　（表首）

项　　目	行　　次	本　月　数	本年累计数
一、营业收入			
减：营业成本			
税金及附加			
销售费用			
管理费用			
财务费用			
财务费用			
加：投资收益（损失以“–”号填列）			
二、营业利润（亏损以“–”号填列）			
加：营业外收入			
减：营业外支出			
三、利润总额（亏损以“–”号填列）			
减：所得税费用			
四、净利润（净亏损以“–”号填列）			

（表体）

图 8-5　利润表结构图

活动资料

请认真观察图 8-5，说一说利润表中各项目的关系如何？

基础知识

一、利润表的结构

利润表包括表首和表体两部分。

表首列示编表单位的名称、报表名称、提供信息的期间、所用货币的名称和单位等。

利润表的格式主要有单步式利润表和多步式利润表两种。我国企业的利润表采用多步式利润表。

二、利润表的内容

利润表的内容包括：营业收入、营业成本、税金及附加、销售费用、管理费用、财务费用、投资净收益、营业外收入、营业外支出、非常净损失、以前年度损益调整、所得税费用等项目。

三、编制步骤

1．第一步，计算营业利润

营业利润=营业收入–营业成本–税金及附加–销售费用–管理费用–财务费用–资产减值损失+公允价值变动收益（–公允价值变动损失）+投资净收益

2．第二步，计算利润总额

利润总额=营业利润+营业外收入–营业外支出

3．第三步，计算净利润

净利润=利润总额–所得税费用

活动三　利润表的编制方法

工作案例

甲公司2013年度有关损益类账户的累计发生额见表8-7。

表8-7　甲公司2013年度有关损益类账户的累积发生额

账 户 名 称	借方发生额	贷方发生额
主营业务收入		1 250 000
其他业务收入		250 000
投资收益		31 500
营业外收入		40 000
主营业务成本	850 000	
其他业务成本	190 000	
税金及附加	150 000	
销售费用	150 000	
管理费用	60 000	
财务费用	30 000	
营业外支出	35 000	
所得税费用	26 625	

根据表 8-7 中甲公司 2013 年度有关损益类账户的累计发生额，计算利润表中营业收入本月数。

营业收入=“主营业务收入”账户发生额+“其他业务收入”账户发生额
=1 250 000+250 000=1 500 000（元）

活动资料

根据表 8-7，甲公司 2013 年度有关损益类账户的累计发生额，计算利润表中营业成本的本月数。

基础知识

利润表的编制方法如下：

1．“本月数”的填列

本月数应根据相关账户的本期发生额填列。

2．根据有关损益账户的发生额计算填列

营业收入、营业成本根据有关损益账户的发生额计算填列。

营业收入=“主营业务收入”账户发生额+“其他业务收入”账户发生额

营业成本=“主营业务成本”账户发生额+“其他业务成本”账户发生额

3．根据有关损益账户的净发生额直接填列

税金及附加、销售费用、管理费用、财务费用、投资收益、营业外收入、营业外支出、所得税费用等项目根据有关损益账户的净发生额直接填列。

4．根据表内其他项目的金额计算填列。

营业利润、利润总额、净利润根据表内其他项目的金额计算填列。

营业利润=营业收入−营业成本−税金及附加−销售费用−管理费用−财务费用−资产减值损失+公允价值变动收益（−公允价值变动损失）+投资净收益

利润总额=营业利润+营业外收入−营业外支出

净利润=利润总额−所得税费用

【例 8-4】根据表 8-7 甲公司 2013 年度有关损益类账户的累计发生额，编制 2013 年年末利润表见表 8-8。

表 8-8　利润表 1

编制单位：甲公司　　2013 年 12 月　　单位：元

项　　目	本　月　数	本年累计数
一、营业收入	1 500 000	
减：营业成本	1 040 000	
税金及附加	150 000	
销售费用	150 000	
管理费用	60 000	
财务费用	30 000	
加：投资收益（损失以“−”号填列）	31 500	
二、营业利润（亏损以“−”号填列）	101 500	
加：营业外收入	40 000	

（续）

项　　目	本　月　数	本年累计数
减：营业外支出	35 000	
三、利润总额（亏损以“-”号填列）	106 500	
减：所得税费用	26 625	
四、净利润（净亏损以“-”号填列）	79 875	

拓展知识

“本年累计数”的填列的计算公式如下：

本年累计数=本月数+上个会计期间的“本年累计数”

模块九
账务处理程序

【岗位工作情景】

科目汇总表账务处理程序

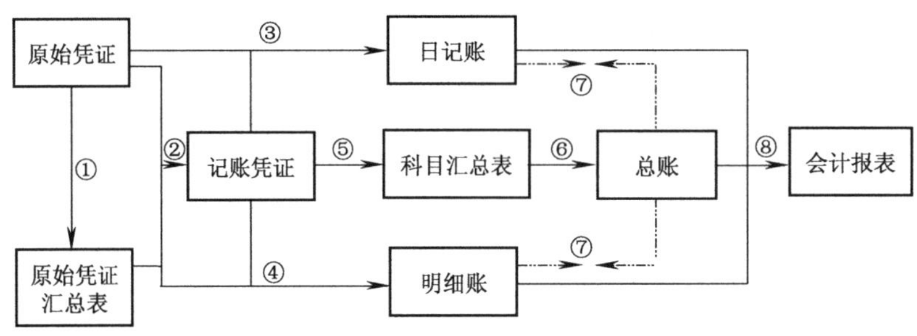

说明：①取得、填制原始凭证。根据需要编制原始凭证汇总表。审核原始凭证。
②根据原始凭证、原始凭证汇总表编制记账凭证。审核记账凭证。
③根据记账凭证、原始凭证登记日记账。
④根据记账凭证、原始凭证及原始凭证汇总表登记明细账。
⑤根据记账凭证定期编制科目汇总表。
⑥根据科目汇总表定期登记总账。
⑦期末对账。
⑧根据总账和明细账的资料编制会计报表。

小李到某企业实习，跟师傅学习一段时间后，已经掌握了填制记账凭证、登记账簿的基本技能，可是，他不理解师傅从填制记账凭证直到会计报表的形成是按照什么样的流程，通过本模块的学习为你揭开谜底。

【岗位学习目标】

一、岗位知识目标

1. 了解账务处理程序的概念和种类。
2. 理解记账凭证账务处理程序和科目汇总表账务处理程序的优缺点及适用范围。
3. 掌握记账凭证账务处理程序的基本原理。
4. 掌握科目汇总表账务处理程序的基本原理。

二、岗位能力目标

1. 通过实际操作，使学生能够熟练地运用记账凭证账务处理程序进行会计处理。
2. 通过实际操作，使学生能够熟练地运用科目汇总表账务处理程序进行会计处理。

三、职业素养目标

1. 培养学生爱岗敬业、一丝不苟的精神。
2. 培养学生严谨的工作作风。
3. 培养学生自主探究的能力，激发学生的学习热情。

任务一　记账凭证账务处理程序

工作案例

福州光明公司采用记账凭证账务处理程序进行会计核算。2013 年 8 月 1 日，该公司总账期初余额见表 9-1。

表 9-1　福州光明公司 2012 年 8 月 1 日总账期初余额　　单位：元

账户名称	借方余额	贷方余额
库存现金	2 000	
银行存款	263 000	
应收账款	105 000	
原材料	9 000	
其他应收款	46 000	
固定资产	450 000	
累计折旧		13 000
短期借款		175 000
应付账款		20 000
长期借款		87 000
应交税费		3 000
实收资本		500 000
盈余公积		16 000
本年利润		63 000
合计	877 000	877 000

原材料明细账期初资料见表 9-2。

表 9-2　原材料明细账期初资料

2013.8.1	甲材料	数量 150 千克	单价 20 元	金额 3 000 元
2013.8.1	乙材料	数量 200 千克	单价 30 元	金额 6 000 元

2013 年 8 月福州光明公司发生如下经济业务：

（1）8 月 3 日，企业从福州海沦公司购买甲材料 400 千克，单价 20 元。购买乙材料 400 千克，单价 30 元。增值税税率为 17%，已通过银行转账支票支付，并且材料验收入库。

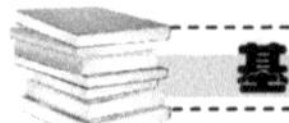

（2）8 月 9 日，采购部林玲出差预借差旅费 2 000 元，企业开出现金支票支付。

（3）8 月 13 日，企业收到福州祥和公司投入投资款 300 000 元。

（4）8 月 16 日，企业用现金购买办公用品 600 元。

（5）8 月 18 日，企业生产 A 产品领用甲材料 100 千克，单价 20 元；领用乙材料 200 千克，单价 30 元。生产 B 产品领用甲材料 200 千克，单价 20 元；领用乙材料 300 千克，单价 30 元。

（6）8 月 19 日，采购部林玲报销差旅费 2 400 元，补付现金 400 元。

（7）8 月 21 日，因福州神州公司倒闭，所欠货款 35 000 元无法支付，予以转销。

（8）8 月 25 日，企业用银行存款向灾区捐款 30 000 元。

（9）8 月 27 日，企业用银行存款支付销售产品的广告费用 5 000 元。

（10）8 月 29 日，企业销售产品给福州福旺公司，销售丙产品 300 件，每件 300 元，价款 90 000 元，增值税税额 15 300 元，款项已收。

（11）8 月 31 日，计提本月管理部门固定资产折旧 1 800 元，

（12）8 月 31 日，计提本月应交的城市维护建设税及教育费附加。

（13）8 月 31 日，结转损益类账户。

（14）8 月 31 日，按本月利润总额的 25%，计算本月应交所得税，并结转“所得税费用账户”。

一、编制记账凭证

根据上述经济业务资料编制记账凭证（以“记账凭证表”代替记账凭证）见表 9-3。

表 9-3 记账凭证登记表 10 单位：元

2013 年		凭证号数	摘要	一级科目	明细科目	借方金额	贷方金额
月	日						
8	3	记 1	购进材料	原材料	甲材料	80 00	
					乙材料	12 000	
				应交税费	应交增值税（进项税额）	3 400	
				银行存款			23 400
8	9	记 2	预借差旅费	其他应收款	林玲	2 000	
				银行存款			2 000
8	13	记 3	收到投资款	银行存款		300 000	
				实收资本			300 000
8	16	记 4	购买办公用品	管理费用	办公费	600	
				库存现金			600
8	18	记 5	生产领用材料	生产成本	A 产品	8 000	
					B 产品	13 000	
				原材料	甲材料		6 000
					乙材料		15 000
8	19	记 6	报销差旅费	管理费用	差旅费	2 400	
				库存现金			400
				其他应收款	林玲		2 000

（续）

2013 年		凭证号数	摘要	一级科目	明细科目	借方金额	贷方金额
月	日						
8	21	记 7	转销无法支付的款项	应付账款 营业外收入		15 000	 15 000
8	25	记 8	向灾区捐款	营业外支出 银行存款		30 000	 30 000
8	27	记 9	支付广告费用	销售费用 银行存款		5 000	 5 000
8	29	记 10	销售产品，款已收	银行存款 主营业务收入 应交税费	 应交增值税（销项税额）	105 300	 90 000 15 300
8	31	记 11	计提固定资产折旧	管理费用 累计折旧		1 800	 1 800
8	31	记 12	计提销售税金	税金及附加 应交税费	 应交城市维护建设税 应交教育费附加	1 190	 833 357
8	31	记 13 $\frac{1}{2}$	结转收入类账户	主营业务收入 营业外收入 本年利润		90 000 15 000	 105 000
8	31	记 13 $\frac{2}{2}$	结转费用类账户	本年利润 管理费用 销售费用 营业外支出 税金及附加		40 990	 4 800 5 000 30 000 1 190
8	31	记 14 $\frac{1}{2}$	计算本月应交所得税	所得税费用 应交税费	 应交所得税	16 002.5	 16 002.5
8	31	记 14 $\frac{2}{2}$	结转所得税费用账户	本年利润 所得税费用		16 002.5	 16 002.5

记 12 号凭证中，城市维护建设税和教育费附加的计算：

应交增值税=15 300–3 400=11 900（元）

应交城市维护建设税=（应交增值税+应交消费税）×适用税率

=11 900×7%=833（元）

应交教育费附加=11 900×3%=357（元）

记 14 号凭证中，所得税计算：

利润总额=（15 000+90 000）–（600+2 400+1 800+30 000+5 000+1 190）=64 010（元）

应纳税所得税=利润总额+（–）调整项目=64 010（元）

应纳所得税额=应纳税所得额×适用税率=64 010×25%=16 002.5（元）

二、登记现金日记账及银行存款日记账

根据记账凭证及所附原始凭证登记现金日记账及银行存款日记账，如图 9-1 和图 9-2 所示。

现 金 日 记 账 1

13年		凭证		摘要	对应科目	收入										付出										结存									
月	日	字	号			千	百	十	万	千	百	十	元	角	分	千	百	十	万	千	百	十	元	角	分	千	百	十	万	千	百	十	元	角	分
8	1			期初余额																										2	0	0	0	0	0
	16	记	4	购买办公用品	管理费用																6	0	0	0	0					1	4	0	0	0	0
	19	记	6	报销差旅费	管理费用																4	0	0	0	0					1	0	0	0	0	0
	31			本月合计																1	0	0	0	0	0					1	0	0	0	0	0

图 9-1　现金日记账 3

银行存款日记账 3

13年		凭证		摘要	结算凭证		收入										付出										结存									
月	日	字	号		种类	号数	千	百	十	万	千	百	十	元	角	分	千	百	十	万	千	百	十	元	角	分	千	百	十	万	千	百	十	元	角	分
8	1			期初余额																									2	6	5	0	0	0	0	0
	3	记	1	购买材料																2	3	4	0	0	0	0			2	4	1	6	0	0	0	0
	9	记	2	预借差旅费																	2	0	0	0	0	0			2	3	9	6	0	0	0	0
	13	记	3	收到投资款					3	0	0	0	0	0	0	0													5	3	9	6	0	0	0	0
	21	记	8	向灾区捐款																3	0	0	0	0	0	0			5	0	9	6	0	0	0	0
	27	记	9	支付广告费																	5	0	0	0	0	0			5	0	4	6	0	0	0	0
	29	记	10	销售产品					1	0	5	3	0	0	0	0													6	0	9	9	0	0	0	0
	31			本月合计					4	0	5	3	0	0	0	0				6	0	4	0	0	0	0			6	0	9	9	0	0	0	0

图 9-2　银行存款日记账 3

三、登记明细账

根据记账凭证及原始凭证逐笔登记明细账，（这里只登记原材料明细分类账、管理费用明细分类账，其余从略）如图 9-3 所示。（用 T 形账户代替账页）

借	原材料—甲材料		贷
期初余额	3 000		
（1）	8 000	（5）	6 000
期末余额	5 000		

a）

借	原材料—乙材料		贷
期初余额	6 000		
（1）	12 000	（5）	15 000
期末余额	3 000		

b）

借	管理费用		贷
（4）	600	（13 2/2）	4 800
（6）	2 400		
（11）	1 800		

c）

图 9-3　登记明细账

四、登记总账

根据记账凭证逐笔登记各总分类账户，如图 9-4 所示。

借	库存现金		贷
期初余额	2 000		
		（4）	600
		（6）	400
期末余额	1 000		

a）

借	银行存款		贷
期初余额	265 000		
		（1）	23 400
（3）	300 000	（2）	2 000
（10）	105 300	（8）	30 000
		（9）	5 000
期末余额	609 900		

b）

借	应收账款		贷
期初余额	105 000		
期末余额	105 000		

c）

借	原材料		贷
期初余额	9 000		
（1）	20 000	（5）	21 000
期末余额	8 000		

d）

借	其他应收款		贷
期初余额	46 000		
（2）	2 000	（6）	2 000
期末余额	46 000		

e）

借	固定资产		贷
期初余额	450 000		
期末余额	450 000		

f）

借	生产成本		贷
（5）	210 00		
期末余额	21 000		

g）

借	累计折旧		贷
		期初余额	130 00
		（11）	1 800
		期末余额	14 800

h）

图 9-4　登记总分类账户

借	短期借款	贷
	期初余额 175 000	
	期末余额 175 000	

i）

借	应付账款	贷
	期初余额 20 000	
（7）15 000		
	期末余额 5 000	

j）

借	应交税费	贷
	期初余额 3 000	
（1） 3 400	（10） 15 300 （12） 1 190 （14$\frac{1}{2}$） 16 002.5	
	期末余额 32 092.5	

k）

借	长期借款	贷
	期初余额 87 000	
	期末余额 87 000	

l）

借	实收资本	贷
	期初余额 500 000	
	（3） 300 000	
	期末余额 800 000	

m）

借	盈余公积	贷
	期初余额 16 000	
	期末余额 16 000	

n）

借	营业外收入	贷
（13$\frac{1}{2}$） 15 000	（7） 15 000	

o）

借	营业外支出	贷
（8） 30 000	（13$\frac{2}{2}$） 30 000	

p）

借	主营业务收入	贷
（13$\frac{1}{2}$） 90 000	（10） 90 000	

q）

借	销售费用	贷
（9） 5 000	（13$\frac{2}{2}$） 5 000	

r）

借	管理费用	贷
（4） 600 （6） 2 400 （11） 1 800	（13$\frac{2}{2}$） 4 800	

s）

借	税金及附加	贷
（12） 1 190	（13$\frac{2}{2}$） 1 190	

t）

图 9-4 登记总分类账户（续）

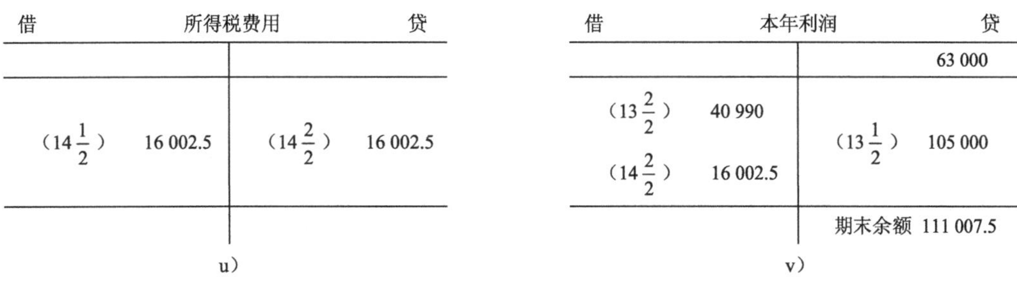

图 9-4　登记总分类账户（续）

活动资料

福州万达公司采用记账凭证账务处理程序进行会计核算。2011 年 9 月 1 日，该公司的总账期初余额见表 9-4 所示。

表 9-4　福州万达公司 2011 年 9 月 1 日总账期初余额　　单位：元

账 户 名 称	借 方 金 额	账 户 名 称	贷 方 金 额
库存现金	4 200	短期借款	100 000
银行存款	151 300	应付账款	35 000
应收账款	35 100	其他应付款	3 000
原材料	42 500	实收资本	300 000
其他应收款	27 00	盈余公积	50 540
库存商品	58 740	本年利润	142 000
固定资产	466 000	累计折旧	130 000
合计	760 540	合计	760 540

（1）明细分类账户期初余额如下：

1）应收账款——福州华森为 23 400 元。

2）应收账款——福州合协为 11 700 元。

3）原材料——甲材料为 185 千克，单价 100 元，金额为 18 500 元。

4）原材料——乙材料为 200 千克，单价 120 元，金额为 24 000 元。

（2）2011 年 9 月福州万达公司发生的经济业务如下：

1）9 月 3 日，企业向福州隆星公司购买甲材料 300 千克，单价 100 元。乙材料 200 千克，单价 120 元。增值税税率为 17%。款项已通过银行转账支付，材料已验收入库。

2）9 月 6 日，企业接受投资者投入资金 100 000 元，款项已存入银行。

3）9 月 9 日，企业开出转账支票，转账支付上月所欠福州启航公司货款 35 000 元。

4）9 月 12 日，企业向福州市天天公司销售 A 产品 200 件，单价 300 元，销售 B 产品 300 件，单价 320 元。增值税税率为 17%。款项未收。

5）9 月 15 日，企业用存款支付销售产品的广告费 5 000 元。

6）9 月 18 日，业务员陈勇出差，预借差旅费 2 000 元，用现金付讫。

7）9 月 22 日，企业收到福州天天公司购买产品的货款，并存入银行。

8）9 月 23 日，企业用存款支付违约金 20 000 元。

9）9 月 24 日，业务员陈勇报销差旅费 1 800 元，余款收回。

10）9 月 25 日，企业收到捐赠款项 10 000 元，已存入银行。

11）9 月 28 日，企业用现金购买办公用品 600 元。

12）9 月 30 日，计提本月固定资产折旧 14 000 元，其中管理部门负担 6 000 元，专设销售机构负担 8 000 元。

13）9 月 30 日，计提本月应交的城市维护建设税及教育费附加。

14）9 月 30 日，结转损益类账户。

15）9 月 30 日，按本月利润总额的 25%，计算本月应交所得税，并结转“所得税费用账户”。

要求：

1．根据经济业务编制记账凭证。以“记账凭证登记表”代替记账凭证。

2．登记现金日记账和银行存款日记账。

3．登记明细账（根据记账凭证及原始凭证逐笔登记明细账，这里只登记原材料明细分类账、管理费用明细账，其余从略，账页用 T 形账户代替）。

4．登记总账（根据记账凭证逐笔登记各总分类账户，账页用 T 形账户代替）。

基础知识

一、账务处理程序概述

1．账务处理程序的概念

账务处理程序也称会计核算组织形式或会计核算程序，是指会计凭证、会计账簿与会计报表相结合的方式，包括会计凭证和账簿的种类、格式、会计凭证与会计账簿之间的联系方法等，即由原始凭证到编制记账凭证、登记明细分类账和总分类账、编制财务报表的工作程序和方法。

2．账务处理程序的意义

在实际工作中，由于各单位的业务性质不同、经营规模大小不同、经济业务繁简不同，需要设置的会计凭证、会计账簿的种类和格式以及记账程序和方法也不相同；又由于各单位的组织结构不同、会计管理的要求不同，导致会计处理的程序和形式不同。为了把会计工作科学地组织起来，企业应该根据相关法规并结合本单位的实际情况，设计或选用恰当的会计处理程序。合理地组织会计核算账务处理程序，对于加强会计核算、提高会计核算水平具有重要意义。主要表现在以下几个方面：

（1）有利于规范会计核算组织工作。确定科学、合理的账务处理程序，使会计人员能够做到按既定顺序有条不紊地处理好各个环节的会计核算工作内容，以保证会计信息加工过程的严密性，提高会计信息的质量。

（2）有利于保证会计记录的完整性、正确性，提高会计工作质量。通过凭证、账簿及报表之间既定顺序和相互牵制的机制，增强了会计信息的可靠性与完整性。

（3）有利于提高会计核算工作效率。通过井然有序的账务处理程序，将会大大提高会计核算工作效率，保证会计信息的及时性。

（4）有利于降低会计核算工作成本。账务处理程序安排得合理，选用的凭证、账簿和报表的种类、格式适用，减少不必要的核算内容，就能够降低会计核算工作成本。

3．账务处理程序的种类

账务处理程序按照凭证、账簿的不同结合方式分为不同的类型。目前我国企业、机关、事业单位等采用的账务处理程序一般有以下五种：

（1）记账凭证账务处理程序。

（2）科目汇总表账务处理程序。

（3）汇总记账凭证账务处理程序。

（4）日记总账账务处理程序。

（5）多栏式日记账账务处理程序等。

各种账务处理程序的主要区别在于登记总分类账的依据和方法不同。本模块主要阐述前两种账务处理程序。

二、记账凭证账务处理程序

1．记账凭证账务处理程序的概念和特点

记账凭证账务处理程序是指直接根据记账凭证逐笔登记总分类账的一种账务处理程序。记账凭证账务处理程序的主要特点是：直接根据记账凭证逐笔登记总分类账。记账凭证账务处理程序是最基本的账务处理程序，其他账务处理程序都是在此基础上根据经营管理的要求发展和演变形成的。

2．记账凭证账务处理程序的具体工作步骤

记账凭证账务处理程序的具体工作步骤一般如下：

（1）根据原始凭证或原始凭证汇总表编制记账凭证。

（2）根据记账凭证逐笔登记现金日记账和银行存款日记账。

（3）根据记账凭证及所附的原始凭证或原始凭证汇总表逐笔登记明细分类账。

（4）根据各种记账凭证逐笔登记总分类账。

（5）月末，将各种日记账、明细账的期末余额和总分类账有关账户的期末余额核对。

（6）月末，根据总分类账和明细账的资料编制会计报表。

记账凭证账务处理程序的工作步骤如图 9-5 所示。

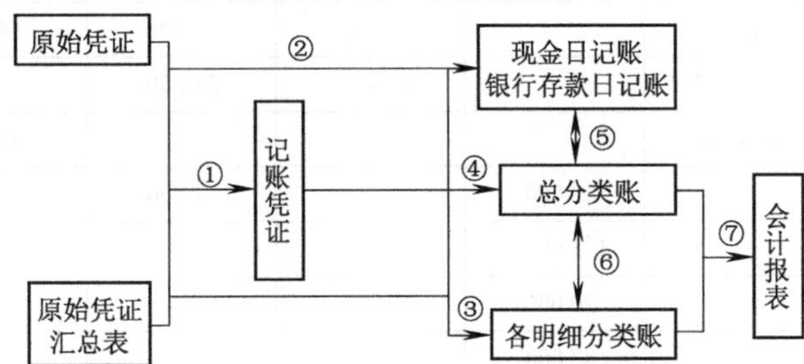

图 9-5　记账凭证账务处理程序的工作步骤

注：1．图中的①②……⑥表示记账的顺序。
2．图中的→表示填制凭证、登记账簿或编制会计报表。
3．图中的←→表示账账之间的核对。

3．记账凭证账务处理程序的优缺点及适用范围

（1）记账凭证账务处理程序优点是手续简便、易于理解。总分类账是根据记账凭证逐笔登记的，登记方法简单，便于操作与掌握，而且比较详细地记录和反映了经济业务发生的情况，来龙去脉清楚，便于了解经济业务的动态和核对账目。

（2）记账凭证账务处理程序缺点是由于总分类账是根据记账凭证逐笔登记，如果企业规模大，经济业务繁多，就会使得记账凭证较多，从而加大登记总分类账的工作量。

（3）记账凭证账务处理程序适用范围：一般适用于规模小、业务量少、记账凭证不多的企业。

拓展知识

记账凭证账务处理程序举例如下：

采用记账凭证账务处理程序的，记账凭证可采用通用记账凭证、也可采用收款凭证、付款凭证和转账凭证等专用凭证格式。会计账簿一般应设：收、付、余三栏式现金日记账和银行存款日记账；总分类账、明细账可根据核算需要采用三栏式、数量金额式或多栏式等。

各种账务处理程序的不同点，主要表现在登记总分类账的依据和方法不同。其中记账凭证账务处理程序是直接根据记账凭证逐笔登记总分类账的一种最基本的账务处理程序。

【例 9-1】在本任务的工作案例中，参照其中编制记账凭证、登记现金日记账及银行存款日记账、登记明细分类账及总账。根据记账凭证账务处理程序的具体工作步骤，月末要将各种日记账、明细账的期末余额和总分类账有关账户的期末余额核对，编制总分类账户本期发生额及余额表，见表 9-5。最后编制资产负债表和利润表，见表 9-6 和表 9-7。

表 9-5　总分类账户本期发生额及余额表

2012 年 8 月 31 日　　　　单位：元

账　户	期初余额		本期发生额		期末余额	
	借方	贷方	借方	贷方	借方	贷方
库存现金	2 000			1 000	1 000	
银行存款	265 000		405 300	60 400	609 900	
应收账款	105 000				105 000	
其他应收款	46 000		2 000	2 000	46 000	
原材料	9 000		20 000	21 000	8 000	
固定资产	450 000				450 000	
累计折旧		13 000		1 800		14 800
短期借款		175 000				175 000
应付账款		20 000	15 000			5 000
长期借款		87 000				87 000
应交税费		3 000	3 400	32 492.5		32 092.5
实收资本		500 000		300 000		800 000
盈余公积		16 000				16 000

（续）

账　　户	期初余额		本期发生额		期末余额	
	借方	贷方	借方	贷方	借方	贷方
本年利润		63 000	56 992.5	105 000		111 007.5
生产成本			21 000		21 000	
营业外支出			30 000	30 000		
管理费用			4 800	4 800		
销售费用			5 000	5 000		
税金及附加			1 190	1 190		
所得税费用			16 002.5	16 002.5		
主营业务收入			90 000	90 000		
营业外收入			15 000	15 000		
合　　计	877 000	877 000	685 685	685 685	1 240 900	1 240 900

表 9-6　资产负债表 2

编制单位：福州光明公司　　　　2012 年 8 月 31 日　　　　单位：元

资　　产	行次	期末余额	年初余额	负债及所有者权益	行次	期末余额	年初余额
流动资产：				流动负债：			
货币资金		610 900	（略）	短期借款		175 000	（略）
				应付票据			
应收票据				应付账款		5 000	
应收账款		105 000		预收款项			
预付款项				应付职工薪酬			
其他应收款		46 000		应交税费		32 092.5	
存货		29 000		应付利息			
一年内到期的非流动资产				应付股利			
				其他应付款			
流动资产合计		790 900		一年内到期的非流动负债			
非流动资产：				流动负债合计		212 092.5	
长期股权投资				非流动负债：			
				长期借款		87 000	
固定资产		435 200		应付债券			
在建工程				长期应付款			
固定资产清理				非流动负债合计		87 000	
				负债合计		299 092.5	
无形资产				所有者权益：			
				实收资本		800 000	
长期待摊费用				资本公积			
				盈余公积		16 000	
				未分配利润		111 007.5	
非流动资产合计		435 200		所有者权益合计		927 007.5	
资产总计		1 226 100		负债和所有者权益总计		1 226 100	

单位负责人：　　　财会负责人：　　　复核：　　　制表：陈云

表 9-7 利润表 2

编制单位：福州光明公司　　2012 年 8 月　　单位：元

项　目	行　次	本期金额	上期金额
一、营业收入		90 000	（略）
减：营业成本			
税金及附加		1 190	
销售费用		5 000	
管理费用		4 800	
财务费用			
资产减值损失			
加：投资收益			
二、营业利润		79 010	
加：营业外收入		15 000	
减：营业外支出		30 000	
三、利润总额		64 010	
减：所得税费用		16 002.5	
四、净利润		48 007.5	

单位负责人：　　财会负责人：　　复核：　　制表：陈 云

任务二 科目汇总表账务处理程序

工作案例

参照任务一的工作案例，福州光明公司采用科目汇总表账务处理程序进行会计核算。

假设一个月汇总一次。这里以“银行存款”总账为例说明根据科目汇总表登记总账的方法，见表 9-8。

表 9-8 总分类账户

会计科目：银行存款　　单位：元

2012 年		凭证号数	摘　要	借　方	贷　方	借或贷	余　额
月	日						
8	1		承前页			借	265 000
	31	汇 9	1～31 日汇总过入	405 300	60 400	借	609 900
	31		本月合计	405 300	60 400		609 900

活动资料

参照活动一活动资料，福州光明公司采用科目汇总表账务处理程序进行会计核算，假设一个月汇总一次。编制科目汇总表并登记“应收账款”总账。

一、科目汇总表账务处理程序的概念和特点

科目汇总表账务处理程序是根据一定期间的全部记账凭证，按照会计科目汇总编制科目汇总表，然后根据科目汇总表登记总分类账的一种账务处理程序。它的主要特点是：登记总分类账的依据是科目汇总表，在总分类账和记账凭证之间增加了编制科目汇总表这一环节。科目汇总表是根据一定期间的记账凭证归类汇总编制而成的，是一种具有汇总性质的记账凭证。

二、科目汇总表的编制方法

科目汇总表是根据一定时期内的全部记账凭证，按照相同会计科目进行归类、定期（每10天或15天，或每月一次）分别汇总每一会计科目的借方本期发生额和贷方本期发生额，并将其填列在科目汇总表的相应栏内，借以反映全部账户的借、贷方发生额。登记总分类账时，只需要将科目汇总表中该科目的本期借、贷方发生额的合计数，记入相应总分类账的借方或贷方即可。

三、科目汇总表账务处理程序的具体工作步骤

与记账凭证账务处理程序比较，科目汇总表账务处理程序多了编制科目汇总表这一步骤，其他都一样。具体工作步骤如下：

（1）根据原始凭证或原始凭证汇总表编制记账凭证。

（2）根据记账凭证逐笔登记现金日记账和银行存款日记账。

（3）根据记账凭证及所附的原始凭证或原始凭证汇总表逐笔登记明细分类账。

（4）根据各种记账凭证汇总编制科目汇总表。

（5）定期或月末根据科目汇总表登记总分类账。

（6）月末，将各种日记账、明细账的期末余额和总分类账有关账户的期末余额核对。

（7）月末，根据总分类账和明细账的资料编制会计报表。

科目汇总表账务处理程序的工作步骤如图9-6所示：

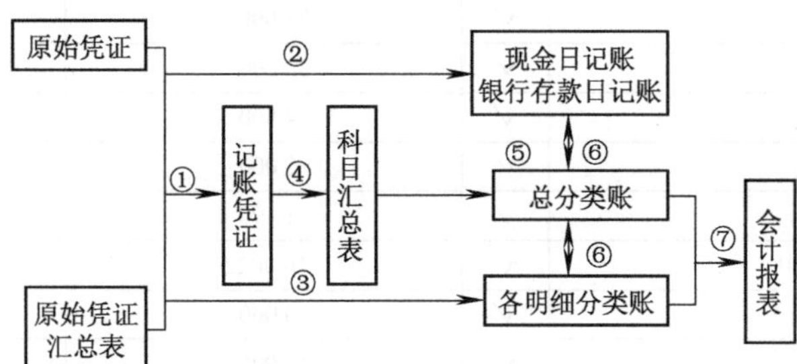

图9-6　科目汇总表账务处理程序的工作步骤

注：1．图中的①②……⑦表示记账的顺序。
2．图中的→表示填制凭证、登记账簿或编制会计报表。
3．图中的←→表示账账之间的核对。

四、科目汇总表账务处理程序的优缺点及适用范围

（1）科目汇总表账务处理程序的优点是：由于科目汇总表核算形式是根据科目汇总表登记总账，每一个总分类账户每月只登记一次或几次，对于经济业务量较大，记账凭证较多的单位来说，就大大地减少了登记总分类账的工作量。同时通过编制科目汇总表还可以对所有账户的借、贷方发生额进行试算平衡，起到检查总分类账的作用，从而保证会计核算资料的准确性、可靠性和真实性。

（2）科目汇总表账务处理程序的缺点是：由于科目汇总表是按会计科目进行汇总，不能清楚反映会计科目之间的对应关系，不便于了解分析具体经济业务的来龙去脉，不便于查对账目。

（3）科目汇总表账务处理程序适用范围：适用于规模大、经济业务较多的企业单位。

拓展知识

科目汇总表账务处理程序举例如下：

科目汇总表的编制，首先计算出全部记账凭证的会计科目的借方发生额合计数和贷方发生额合计数后，再分别填列在科目汇总表中相应会计科目栏的借方发生额和贷方发生额中。

【例 9-2】承任务一的工作案例，根据记账凭证编制科目汇总表，假设一个月汇总一次，见表 9-9。

表 9-9　科目汇总表

2012 年 8 月 31 日　　　　科汇字第 9 号　单位：元

会计科目	√	借　方	贷　方
库存现金	√		1 000
银行存款	√	405 300	60 400
其他应收款	√	2 000	2 000
原材料	√	20 000	21 000
累计折旧	√		1 800
应付账款	√	15 000	
应交税费	√	3 400	32 492.5
实收资本	√		300 000
本年利润	√	56 992.5	105 000
生产成本	√	21 000	
营业外支出	√	30 000	30 000
管理费用	√	4 800	4 800
销售费用	√	5 000	5 000
税金及附加	√	1 190	1 190
所得税费用	√	16 002.5	16 002.5
主营业务收入	√	90 000	90 000
营业外收入	√	15 000	15 000
合　计		685 685	685 685

财务主管：　　　记账：　　　复核：　　　制单：陈云

参 考 文 献

[1] 陈祥锦，陈清珠. 基础会计[M]. 大连：大连理工大学出版社，2009.

[2] 张玉森，陈伟清. 基础会计[M]. 北京：高等教育出版社，2008.

[3] 薛洪岩，隋英杰. 基础会计[M]. 上海：立信会计出版社，2007.

[4] 孟繁金，张华. 基础会计[M]. 北京：中国财政经济出版社，2007.